海外の教育のしくみをのぞいてみよう

日本、ブラジル、スウェーデン、イギリス、ドイツ、フランス

園山 大祐［編著］

明石書店

はしがき

――本書を手に取られた方へ――

本書では、日本、ブラジル、スウェーデン、イギリス（イングランド）、ドイツ、フランスの学校教育（幼児教育から高等教育まで）の紹介をしている。こうした各国の教育制度（しくみ）についてまとめられている書籍は、他にもある。主に2種類ある。ひとつには、その国の学校を経験した当事者や保護者が書いたものがある。もうひとつには、研究者が書いた教科書あるいは学術書がある。このどちらにも良さがあり、目的が異なるゆえの差異がある。

執筆者らは、海外の学校を訪問したり、教育行政担当者に会ったり、あるいは現場の教職員や保護者、生徒に聴き取りを行うことがある。そうした訪問先で、同時に日本人駐在員と接することもしばしばある。その際に、現地の教育制度について質問を受けるが、意外と回答に苦慮することがある。これは、中央集権型の日本であっても、地域の個別性があるからである。教育委員会や学校の個別性、よりミクロには教師や生徒への対応は、さまざまである。それでも、その国の法律をはじめとした原理原則について確認することは重要と考えている。まずは、その点を本書でも軸にしつつ、個別のエピソードや、肌感覚的な経験も踏まえた内容を志している。現場の考えや、当事者（行政官、教職員、生徒、保護者等）の声を踏まえた執筆者の経験を記述することも試している。これらは必ずしも学術書には馴染まないため、これまであまり文書には残していないが、ここでは経験値を盛り込んだ内容としている。こうしたリアリティを本書では大事にしている。したがってある時代や、場所（地域や学校）に固有の事例も含めているため、時期や場所によっても異なる内容があるかもしれない。

特に、8か国の座談会は、研究者の経験からくるエピソードを語っていただいており、各国の事例の違いが浮上していて比較すると興味深い点がある。ここでは、上記の6か国にくわえて、アメリカ、シンガポールも交えている点にも注目してほしい。

なお、執筆者に共通する外国研究あるいは教育制度研究であるが、執筆する国の教育制度を異国の人や、海外から帰国した人の目線で、疑問に答える形をとっている。その国に異文化な人に役立つ教育制度の紹介を試みている。近年、日本でも外国人や外国にルーツのある人々が増えているため、現場の先生からも海外の教育制度について質問を受けることが増えている。こうした声に応じることもまた教育制度学研究の意義であると考える。日本の学校で困っている当事者にも手に取ってもらえたら嬉しい。今後、同様の本が中国、ベトナム、韓国などを対象に広がることを期待したい。

また、これから教育制度について学ぼうとする学生（留学生）にも読んでもらいたいと思っている。参考文献や、サイト情報を掲載しているので、そちらもぜひ参照いただき、より深めていただければ幸いである。

執筆者を代表して

園山 大祐

海外の教育のしくみをのぞいてみよう

――日本、ブラジル、スウェーデン、イギリス、ドイツ、フランス

目　次

第 1 章

まず、日本の子どもたちは どんな学校で過ごし、 どんな進路を辿るのか？

中丸 和

掃除の時間の様子

はじめに

本書では日本を含めて6か国の教育について紹介していきます。日本の教育に関する本章では、外国から来た人が日本の教育について知ったり、他の国々について知る際に比較参照となったりするような内容について述べていきます。他の章の内容とも見比べながら、読み進めてみてください。

1 日本の学校教育の全体像をつかもう

まずは、巻末資料の学校系統図をご覧ください。年齢の早い段階から順にみていきます。就学前教育は3歳から始まります。認定こども園は保育園と幼稚園の両方の要素を併せ持ち、教育と保育をともに行う機関です。

義務教育は6～15歳の間、主に小・中学校、義務教育学校前期・後期課程、特別支援学校小・中学部に通う期間にあたります（学校教育法第17条[(1)]）。また就学《しゅうがく》義務《ぎむ》があり、日本国籍を持っている保護者は、子どもを学校に通わせ、義務教育を受けさせる義務があります。

高等学校等（高等学校・中等教育学校後期課程・特別支援学校高等部）への進学率は、2020年度で98.8%となっており、ほとんどの義務教育修了者が高等学校等へ進学していると言って良いでしょう。高等学校数が全体で4,874あるうち、全日制の数が84.0%、定時制が11.4%、通信制が4.6%（2020年度）となっています。同年度の生徒数でみると高等学校のうち全日制が91.3%、定時制が2.4%、通信制が6.3%で、大半の生徒は全日制に通っている状況です。近年、定時制高等学校の生徒数は減少傾向にあり、通信制高等学校の生徒数は増加しています（文部科学省 2021a）。学科別生徒数では普通教育を主とする学科である普通科の生徒が73.1%、専門教育を主とする学科が21.4%、普通教育と専門教育とを選択して履修することを旨として総合的に行う総合学科が5.5%となっています。このように多くの生徒は普通科で普通教育を受けています。また、高等学校で原級留置となった者の割合は0.4%です（文部科学省 2018a）。

独立した高等学校での教育に加えて、「生徒や保護者が6年間の一貫した教育課程や学習環境の下で学ぶ機会をも選択できるようにすることにより、中等教育の一層の多様化を推進し、生徒一人一人の個性をより重視した教育の実現を目指すもの」（文部科学省 a）として中高一貫教育も推進されてきました。中高一貫教育には、(1) ひとつの学校として一体的に中高一貫教育を行う中等教育学校、(2) 高等学校入学者選抜を行わずに、同一の設置者による中学校と高等学校を接続する併設型の中学校・高等学校、(3) 中学校と高等学校が、教育課程の編成や教員・生徒間交流等の連携を深めるかたちで中高一貫教育を実施する連携型の中学校・高等学校の3つの実施形態があります。

続いて、高等学校卒業後の進路は大学短大進学率が2020年度で55.8%、専修学校・各種学校進学率が21.8%、就職者割合が21.8%です。学科別に進路先をみると、まず普通科では最も多いのが大学等への進学で65.3%の生徒が大学等へ進学します。専門学科では就職が46.9%、大学等進学が26.3%で専修学校進学が21.9%と約半数が進学しており、総合学科では大学等・専修学校・就職がそれぞれ約3割とほぼ同数です（文部科学省 2021a）。

2022年度学校基本調査によると、大学数は807で前年度よりも増加しており、その内訳は国立が86（10.7%）、公立が101（12.5%）、私立が620（76.8%）となっています。また、短期大学数は309（うち、公立14・私立295）で近年減少傾向にあります。

大学（学部）・短期大学（本科）進学率をみると60.4%、大学（学部）進学率は56.6%で、過去最高の割合となりました。ただし、短期大学の学生数は減少傾向にあります。短期大学は、特に女性の高等教育の普及や実践的職業教育の場として、大きな役割を果たしてきました（文部科学省 b）が、女性の4年制大学志向や短期大学の4年制大学への統合が進んでいることなどが減少傾向の背景にあると考えられます。なお、大学（学部）の学生に占める女性の割合は45.6%です。

Q1　外国人の子どもの教育保障はどうなっているの？

就学義務については、前述のように「日本国籍を持っている」者に発生するとされており、日本国籍を持たない外国人の子どもについては義務が発生しないとされています。他方で、外国人の子どもにも就学の権利はあり、文部科学省は外国人児童が公立の義務教育諸学校へ就学を希望する場合には、日本人児童生徒と同様に無償で受け入れを行うとともに、教科書の無償配布や就学援助を含め、日本人と同一の教育を受ける機会を保障するとしています（文部科学省 c)。文科省は外国人等の子についても就学案内を家庭に送ることが適切としていますが、案内がない場合も居住する自治体にて手続きを行うことが可能です。

2022年度の「外国人の子供の就学状況調査」によると、学齢相当の外国人の子どもの人数は13万6,923人で前年度より増加し、不就学の可能性がある外国人の子どもは8,183人であると推計されており、外国人の子どもの不就学の問題が顕在化しています。

また、就学ができたとしても、編入時期によって在籍期間が短いことを理由に、卒業が認められない事例もあります。在籍期間が理由であるのならば、原級留置等を実施して在籍期間を延ばして卒業認定に繋げていくことも可能であるはずですが、原級留置もされずに実質的に学校から排除される外国人生徒が存在しています（二井 2015)。また、年齢相当の学年よりも下の学年に編入したり、原級留置を行うなどの手段を講じたりする学校もある一方で、前述のように厳格に年齢主義を貫く学校もあるなど、外国人については従来から市町村や学校によって対応に大きなばらつきがあることも指摘されてきました。こうした問題に対し、文部科学省は2009年に下学年の編入等の適切な取り扱いを講じること（文部科学省 2009）を含めた定住外国人の子どもの受け入れ施策の充実を求めるよう各都道府県へ通知しました。さらに、2011年には日系定住外国人施策推進会議が発表した「日系定住外国人施策に関する行動計画」において、学齢超過者の受け入れや下学年への受け入れなど外国人児童生徒が公立学校に入学・編入学しやすい環境の整備を促進することが明示されました（内閣官房)。2021年度「日本語指導が必要な児童生徒の受入れ状況等に関する調査」によると、日本語指導が必要な外国籍の児童生徒のうち5%ほどが一時的あるいは正式な下学年への受け入れあるいは学齢を超過してからの受け入れがなされています。

さらに、2014年度からの学校教育法施行規則の改正によって日本語指導が「特別の教育課程」として教育課程の中に位置づけられるようになりました。それまでの日本語指導は、地域や学校によって指導者や場所など、指導内容、指導体制が大きく異なっていました。特に、指導計画の作成や学習評価の実施についての規定がなかったことから児童生徒一人ひとりの日本語能力など実態に即した指導が実施されていない状況が多く見られるという課題がありました（小島 2015）。文部科学省は、日本語指導を教育課程に位置づけることによって、日本語指導の質の向上、地域や学校における関係者の意識および指導力の向上、学校教育における「日本語指導」の体制整備による組織的・継続的な支援の実現が期待されるとしています（文部科学省 2019）。2021年度では、日本語指導が必要な外国籍の児童生徒のうち、学校において特別の配慮に基づく指導を受けているのは91.0%、そのうち「特別の教育課程」による指導を受けているのは73.4%です（文部科学省 2022a）。また、この「特別の教育課程」による日本語指導は、制度化以降小中学校のみが対象となってきましたが、2023年4月から高等学校においても実施可能となりました。さらに、日本語教育の質保証に向けて2023年に日本語教育推進法が制定され、一定の要件を満たす日本語教育機関に対し国が認定をする制度と、その認定を受けた日本語教育機関で日本語教育を行う者の国家資格（「登録日本語教員」）制度が成立しました。子どもたちを対象とするものについては、基本的には学校教育の中で受け入れて必要な指導を受けることが前提とされており、成立時点では学校教育において認定日本語教育機関や登録日本語教員が協力して指導することが想定されています（鈴木 2023）。

2　義務教育

日本の義《ぎ》務《む》教《きょう》育《いく》期間の学校では、子どもたちはどのような生活を送っているのでしょうか。まずは義務教育期間や費用の有無などを確認した後、具体的な学校生活をある程度時系列に見ながら、日本の特徴として挙げられる課外活動の内容等を見ていきましょう。

Q2 義務教育はタダ？

日本国憲法には「義務教育は、これを無償とする」（第26条第2項[2]）と規定されています。また、学校教育法第5条では学校の設置者はその学校の経費を負担することになっており、ここでは学校の設置者（市区町村・特別区）が学校の経費を負担する設置者負担主義が取られていると考えられます。

他方で、憲法に定められた義務教育の「無償」は基本的に授業料不徴収の意味と捉えることが通例とされてきました[3]（文部科学省 d)。加えて、義務教育教科書無償給与制度により、義務教育諸段階において使用する全教科の教科書が国・公・私立の義務教育諸学校の全児童生徒に無償給与されます。このように、授業料と教科書に関しては無償性が達成されています。しかしながら、義務教育期間に発生する諸費用はこの2つのみではないため、保護者が私費で負担せざるを得ない「隠れ教育費」が多く存在していることが指摘されてきました（柳澤・福嶋 2019)。

「隠れ教育費」には、制服等の学校指定品や補助教材の購入費等のほか、工作等に使用するために現物で持参することが求められる新聞紙や空きペットボトルなど、見えない私費負担などもあります。一例として、小学校6年間の私費負担は50万8,600円、中学校3年間で42万2,800円にのぼるとも言われています（柳澤・福嶋 2019)。こうした私費負担は一つひとつが仮に小さいものであっても積み重なれば家庭には大きな負担となり、貧困家庭の子どもが学校行事等から排除されてしまうことにつながります。すべての子どもが教育を受ける権利を保障していくためにも、こうした「隠れ教育費」が本当に必要なものであるのか、そして必要なものであれば公費で負担をし、義務教育無償化をより実質的なものにしていくことが求められるでしょう。

Q3　学校で子どもたちはどんな１日を過ごしているの？

多くの学校では子どもたちは朝8時前後に登校します。集団登校や下校を実施している学校もありますが、地域によって異なります。学校までの距離が遠い場合などはスクールバスや自転車通学が認められていることもありますが、基本的には徒歩で子どもたちは登校します。保護者が当番で登校の引率をすることもありますが、送迎が必須ではない場合が多いです。学校によっては登下校時に地域住民による見守り活動が行われています。

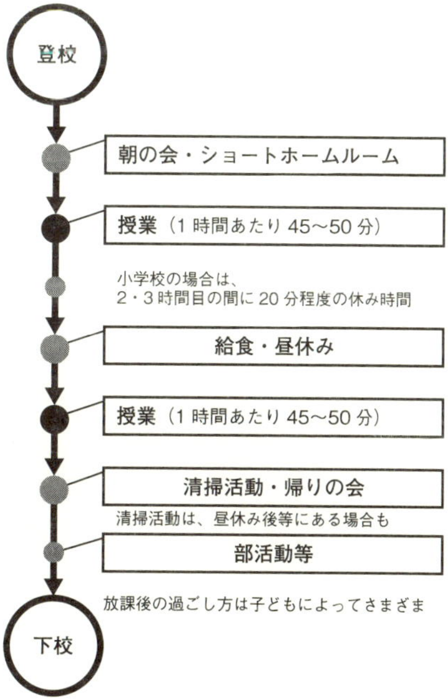

図1.1　1日の過ごし方の例

朝の会では学校・学級により多様ですが、出欠の確認・健康状態やその日の連絡事項の確認などが行われます。帰りの会では次の日の時間割の確認や連絡等を行います。

授業は、その1単位時間について、学習指導要領においては小学校が45分、中学校では50分とされつつも、各学校において適切に定めることとされています。学校によっては20分などの短い時間を組み合わせてより柔軟な時間割を編成できるモジュール制を採用しているところもあります。

また、日本のほとんどの公立学校では掃除の時間が設けられており、児童生徒と教員とで使用している教室やトイレ等を分担して掃除します。

放課後や土日・祝日には、塾や家庭教師、習い事に通う子どもも少なくありません。文部科学省「子どもの学校外での学習活動に関する実態調査（2008）」（公立学校のみの調査）によると、学校外でのなんらかの学習活動（学習塾、家庭教師、通信添削、習い事）の実施状況は小学校1年生から中学校3年生まで全体を通じて、各学年とも概ね80%前後となっています。習い事は、さまざまなものが存在しており、ピアノなどの音楽活動のほか、書道や水泳などの各種スポーツ教室などに通っている子どもが多いです。最近では、これらに加えて、プログラミング教室などの新しい習い事も人気を集めています。

通塾率は、小学生から中学生にかけて学年が上がるにつれて増加し、中学3年生が最も多く、65.2%の子どもが塾に通っています（文部科学省 2008）。これは高校受験を見据えた行動だと考えられます。習い事は小学生ではどの学年でも7割前後の子どもが実施していますが、中学生に入ると3割前後に減少します。これは中学校入学と同時に部活動に入る子どもが圧倒的に多くなることが影響しているでしょう。

他方で、文科省による「令和3年度子供の学習費調査」によると学校外活動費(4)は公立小学校では24.8万円で公立中学校では36.9万円、私立小学校では66.1万円で私立中学校では36.8万円となっています。また、小中学校の公立・私立ともに学校外活動費の中で最も多いのは補助学習費で、参考書等の購入や家庭教師・通信教育・学習塾等への支出です。

以上のように、学校外での学習活動には多くの子どもが取り組んでいると言えますが、地方など地域によっては習い事の選択肢が少なかったり、塾も隣町まで通わなくてはならなかったりするなど、その選択の幅や通いやすさにおける地域格差も存在しています。

Q4　勉強ができなかったら進級できないの？

いわゆる留年《りゅうねん》と言われる原級留置は制度的には行われることも想定されています。しかし、実際には義務教育期間である小中学校で原級留置となることはほとんどありません。また、日本の義務教育では飛び級はできないことになっています。

原級留置がほとんど実施されないことから、不登校などの理由であまり学校に通えなかったのにもかかわらず中学校の卒業が認められてしまう「形式卒業者」の存在も近年問題となっています。

Q5　どうやったら義務教育を修了したことになるの？

上記の「形式卒業者」の問題の背景として、何をもって義務教育を修了とするかについて日本が採ってきた考え方の特徴が挙げられます。制度上は原級留置が想定されていることから、進学や卒業要件として一定の課程の修了を要求する課程主義であると考えられます。しかし、実質的には所定の年齢に達すれば自動的に義務教育は修了したと認める「年齢主義」や、教育課程を一定年限の間履修すればよく、所定の目標を満足させるだけの履修の成果を上げることは求められていないとする「履修主義」となっています（文部科学省 e)。

Q6　校則って誰が何のためにきめるの？

校則《こうそく》として、登下校の時間や制服の適切な着用、髪染めやアルバイトの禁止などが定められていることがあります。校則は、児童生徒が健全な学校生活を送り、よりよく成長・発達していくために、児童生徒が遵守すべき学習上、生活上の規律として定められるものです。これまでの判例によると、校則は社会通念上合理的と認められる範囲において、教育目標の実現という観点から校長が定めるものとされています（文部科学省 2022c)。

生徒指導に関する学校・教職員向けの基本書として文科省が作成している『生徒指導提要』において、校則は社会規範の遵守について適切な指導を行うことから教育的意義を有していると考えられています。ただし、2017年10月に、元大阪府立高校の女子生徒が、学校から地毛を黒染めするように強要されたことを違法だとして府を訴えたことに端を発して、非合理的で理不尽な「ブラック校則」が社会問題にもなっています（原田 2022)。こうした状況を受け、2022年に12年ぶりに生徒指導提要の改訂が行われ、校則の見直しに関する取り組み例が追加されました。また、校則の見直し過程に児童生徒が参画する取り組みも盛り上がりを見せており、子どもたちが主体的に学校を創っていく事例として注目されています。

Q7　通知表って必ず発行されるものなの？

多くの小中学校では、「通知表《つうちひょう》」が毎学期ごとに発行されています。「通知表」は、「あゆみ」や「通信簿」などの名称が付けられていることもあります。記載内容は学校ごとに異なりますが、たとえば教科ごとの評価のほかクラブ活動など特別活動の様子や生活全般の様子、総合的な所見などが見られます。この「通知表」は、法規上の規定はなく、保護者に対して子どもの学習指導の状況を連絡し、家庭の理解や協力を求める目的で作成されてきました。作成・様式・内容等はすべて校長の裁量となっています（埼玉県教育局東部教育事務所）。そのため近年の教員の働き方改革にあたって、所見欄の削減等の取り組みが行われるようになっています（文部科学省 2021b）。

他方で、法的に規定された成績評価の記録として「指導要録《しどうようろく》」があります。これは、学校教育法施行令第31条に規定される児童等の学習および健康の状況を記録した書類の原本のことで、作成が義務づけられているものです（学校教育法施行規則第24条の1)。指導要録は「学籍に関する記録」と「指導に関する記録」からなっています。そのうち「指導に関する記録」は、「知識・理解」「技能」「思考判断・表現」「関心・意欲・態度」の観点から評価した教科・科目の学習の記録（佐藤 2021）や、行動の記録、総合所見などが記載されています。進学の際には、写しが進学先に送付されることになっています（文部科学省 f)。

Q8　外国語の学習はいつから、どんな学習をするの？

外国語の教育は小学校中学年（3・4年生）から始まります。小学校の中学年では「外国語活動」が、高学年（5・6年生）においては教科としての「外国語」が学習指導要領に定められています。

小学校学習指導要領（2017年告示）によると、中学年の「外国語活動」では、外国語による聞くこと、話すこと（［やり取り］および［発表］）の言語活動を通して、コミュニケーションを図る素地となる資質・能力を育成することが目指されています。また高学年の「外国語」では、聞くこと、話すこと（［やり取り］および［発表］）に加えて、読むことと書くことが追加され、コミュニケーションを図る基礎となる資質・能力を育成することが目標とされています。

中学校では、教科として「外国語」が設定され、英語教育が実施されています。これまでの英語教育は、文法・語彙等の知識偏重であり、「話すこと」や「書くこと」等の言語活動に関する教育が不十分であることが課題とされてきました。小学校での外国語教育の改革と併せて、中学校でも「聞く」「話す」「読む」「書く」の4技能を活用した言語活動が重視されるようになっています。

以上のようなコミュニケーションを中心とした外国語の授業を支える役割として、外国語の授業をする際の指導助手であるALT（Assistant Language Teacher）の存在があります。2018年度に行われた文科省の調査によると、ALTは小学校の外国語活動で特に活用されており、外国語の授業における活用率は約7割となっています。中学校での活用率は2割程度であるものの、活用人数は増加傾向にあります（文部科学省 2018b）。特に1987年より実施されているJETプログラム（「語学指導等を行う外国青年招致事業」）においては、ALTの任用に要する経費は地方交付税として付与されているなどその活用が推進されています。

なお、上記の「外国語」教育では、小学校・中学校ともに学習指導要領において英語を履修させることが原則となっています。ただし、あくまで原則のため、学校の創設の趣旨や地域の実情、児童の実態などによって、英語以外の外国語を取り扱うことも可能です。他方で、高等学校ではこの英語を原則とするという記述は学習指導要領には見られません。英語以外の外国語の科目を設置している高等学校等は2021年度では607校（公立430、私立174、国立3）あり、中国語や韓国・朝鮮語およびフランス語を中心に14言語について開設されています（文部科学省 2023a）。

Q9　給食は何のためにあるの？

日本の学校給食《きゅうしょく》は、「学校給食法」によって、安全で、栄養バランスの優れた学校給食が提供されるように定められており、各学校の設置者によって実施

給食の写真（福島県A小より提供）

されています。特に「学校給食衛生管理基準」に基づき、食品の選定から児童生徒へ学校給食が届くまで、食中毒などの事故が起こらないよう管理されています。また、「学校給食実施基準」に基づき、児童生徒の発達段階に応じて必要な栄養をバランス良く取ることができるよう、毎日の献立が作られています（文部科学省 v）。給食費は保護者が負担することが多く、未納が問題になることもありますが、給食無償化を実施している地域もあります。

2021年度学校給食実施状況等調査の結果によると、国公私立学校において学校給食を実施している学校数は全国で2万9,614校で、実施率は95.6%です。また、完全給食（主食、おかず及びミルクから成る給食）の実施率は94.3%でした（文部科学省 2023d）。

学校給食は、1889年山形県鶴岡町の私立小学校で貧困家庭の子どもを対象に行われたのが始まりとされていますが、戦後になると1954年に「学校給食法」が制定されたほか、1968・69年には小学校および中学校学習指導要領が改訂されて学校給食の指導が「特別活動」として位置づけられるようになりました。その後、2005年には児童生徒の栄養の指導および管理をつかさどる職として栄養教諭制度が創設されました。2009年に改正された学校給食法では、その目的として、児童生徒の心身の健全な発達および食育の推進といった、きわめて教育的な役割が期待されています（文部科学省 v）。以上のように、給食の始まりは貧困家庭の子どもに対する無料昼食であり、栄養摂取が第一目的でしたが、戦後学校給食は学校教育活動の一環として、普及・充実が図られてきたと言えます。

Q10　学習以外の指導としての生徒指導は、何を目的にどうやって行われているの？

生徒指導提要（2022年12月改訂版）において、生《せい》徒《と》指《し》導《どう》は「児童生徒が、社会の中で自分らしく生きることができる存在へと、自発的・主体的に成長や発達する過程を支える教育活動のこと」であると定義され、生徒指導主事が置かれるなど学習指導と並んで重要な教育活動とされています。その目的として「児童生徒一人一人の個性の発見とよさや可能性の伸長と社会的資質・能力の発達を支えると同時に、自己の幸福追求と社会に受け入れられる自己実現を支えること」が示されています。

生徒指導には、特定の課題を意識することなく、すべての児童生徒を対象に、学校教育の目標の実現に向けて、教育課程内外のすべての教育活動において行われるものがまずあります。また、すべての児童生徒を対象に、諸課題の未然防止をねらいとした、意図的・組織的・系統的な教育プログラムの実施も行われます。そのうえで、課題の予兆行動が見られたり、問題行動のリスクが高まったりするなど、気になる一部の児童生徒を対象に、深刻な問題に発展しないように、初期の段階で諸課題を発見し、対応します。加えて、いじめ、不登校、少年非行、児童虐待など特別な指導・援助を必要とする特定の児童生徒を対象に、校内の教職員だけでなく、校外の教育委員会等の関係機関との連携・協働による課題対応を行うこともあります（文部科学省 2022c）。

また、生徒指導を行う際には児童生徒の基本的人権への十分な配慮が必要とされ、「児童の権利に関する条約」や「こども基本法」について、基本理念の趣旨等の理解を深めることも求められています。

Q11　進路指導は学校で行われるの？

進路《しんろ》指導《しどう》は「生徒が自ら、将来の進路選択・計画を行い、就職又は進学をして、さらには将来の進路を適切に選択・決定していくための能力をはぐくむため、学校全体として組織的・体系的に取り組む教育活動」（文部科学省 2022c）で、学校で教員によって行われます。これまでの進路指導は就職や進学等に関する指導・援助の活動に焦点が絞られすぎたことで、「出口指導」であると批判を浴びてきました。しかしながら、そうした活動は進路指導の一部にしかすぎず、入学から卒業までにとどまらず、卒業後の追指導までも包含した計画的・組織的な教育活動であることを確認することは重要です（文部科学省 2011a）。

Q12 学校では教科の授業以外の時間もあるらしい？

日本の学校には教科の授業のほか正課の活動として、学級活動、児童会活動・生徒会活動、クラブ活動（小学校のみ）および学校行事で構成される特別活動というものがあります。特別活動では、「集団や社会の形成者としての見方・考え方を働かせ、様々な集団活動に自主的、実践的に取り組み、互いのよさや可能性を発揮しながら集団や自己の生活上の課題を解決することを通して、資質・能力を育むこと」（文部科学省 2017）が目指されています。日本は、特別活動について教科外課程として実施時間や種類を定めた正式な全国ガイドラインを整備している数少ない国です。そのため、日本の特別活動が社会情動的（非認知的）スキルの発達に有効であるとして、海外からも注目されています（京免 2021）。

たとえば、小学校における特別活動の内容として、それぞれ以下のようなものがあります（文部科学省国立教育政策研究所教育課程研究センター 2018）。

- **学級活動（学活）**：主に、学級生活の充実と向上に向け、他者と協働しながらよりよい学級や学校生活づくりへ参画する活動や一人ひとりのキャリア形成と自己実現に向けた活動等が行われます。たとえば、生活上の課題に関する学級会の開催やその課題の解決のための係活動や集会活動、お楽しみ会のほか、将来への個人目標の設定とそれに向けた実践に関する活動などが実施されています。
- **児童会活動**：児童会は学校の全児童をもって組織され、異年齢集団の交流や委員会活動、学校行事への協力などの活動が行われます。
- **クラブ活動**：主として小学校４年生以上の児童が自らの興味・関心に沿ったクラブに所属し、活動の計画・運営を行いながら活動を行います。活動するだけでなく、その活動の成果を全校の児童や地域の人々に発表することも想定されています。クラブ活動は学校ごとにさまざまなものがあり、たとえばバスケットボールクラブや科学クラブ、料理クラブ等があります。
- **学校行事**：特別活動の目標を達成するために、全校または学年の児童で協力して実施される体験的な活動のことです。たとえば、入学式や始業式などの儀式的行事、学習発表会や芸術観賞会などの文化的行事、運動会や避難訓練などの健康安全・体育的行事、自然教室や修学旅行などの遠足・集団宿泊的行事、地域清掃活動や飼育栽培活動などの勤労生産・奉仕的行事が挙げられます。

Q13 子どもたちが正課外で活動する場にはどんなものがあるの？

正課外《せいかがい》の活動として、ボランティア活動や学級活動、学校行事などが考えられますが、日本ではその多くが特別活動や総合的な学習の時間といった教育課程内に位置づけられています。ただし、教育課程内には位置づけられていない、地域におけるスポーツ少年団の活動や社会教育団体での活動等も存在しています。その中でも特に中等教育機関における主たる課外活動として、部活動が挙げられます。部活動は、その設置・運営が法令上の義務とはなっていないものの、ほとんどの中等教育機関において設置されており、学校によっては部活動に加入が必須の場合もあります。

中学校・高等学校段階の部活動は、学習指導要領において課外の活動ではあるものの、「学校教育の一環」として行われるものであるとされ、教科や特別活動をはじめとする教育課程内の活動との関連を図る中で、その教育効果が発揮されることが重要であることとされています（文化庁 2018）。2018年にはスポーツ庁によって運動部活動について、その後文化庁によって文化部活動についてのガイドラインが策定されました。運動部活動は主に、スポーツ活動を行うものを指します。他方で文化部活動には、芸術文化を目的とするもの以外にも、生活文化、自然科学、社会科学、ボランティア、趣味等の活動を行うものなども幅広く含まれるものと一般に捉えられています。運動部に関するガイドラインでは、生徒の心身の健康管理、事故防止、体罰等の根絶を徹底することや、適切な休養日等の設定等について言及されています。多様な活動様態がある文化部活動についても、同様の活動時間等の基準となっています。

ガイドラインが作成された背景には、部活動の顧問となる教員の長時間労働が問題となっていることや、特に運動部を中心として大会での勝利を目指すがあまりに適切な休養を取ることなく長時間活動が行われていたり、指導という名の体罰が行われていたりするといった現状の改善を目指そうとしたことが挙げられるでしょう。

部活動に関連する問題の解決に向けて、運動部活動の地域移行も推進されています。これは、これまで学校で教員が担当していた運動部活動の場や指導を地域のスポーツクラブ等に移行していくものです（スポーツ庁 2022）。教員の長時間労働の改善や指導に関する専門人材の活用等が目指されたものですが、導入に向けては過疎地域でそうした団体や人材が不足するなどの課題も存在しています。

Q14　先生が家に来る期間があるって本当？

これまで日本の多くの学校では、春頃に教員が各家庭を訪問し、子どもの学校や家庭での様子について保護者と話す「家庭訪問《かていほうもん》」が定例的に実施されてきました。この「家庭訪問」は、主に子どもたちの生活環境の把握や保護者とのコミュニケーションの機会を得ることを目的としています。家庭訪問は一定の期間にまとめて実施されることが多く、その期間は学校が午前授業になることも多くあります。近年では、こうした定例的な家庭訪問は教員および保護者の負担になることや、教員の働き方改革の流れの中で廃止する学校も出てきています。

一方で、家庭訪問には定例的なものだけではなく、不登校や引きこもりの児童生徒への対応といった観点から行われるものもあります。たとえば、『生徒指導提要』には不登校児童生徒支援としての生徒指導のひとつに家庭訪問が挙げられています。そこでは、家庭訪問の目的として教職員が児童生徒を「気にかけている」というメッセージを伝え、安心させることがあるとされています。同時に、そうした家庭訪問が逆に抵抗や不安をもたらす場合があることにも留意が必要であると記されています（文部科学省 2023b）。

Q15　逆に保護者が学校に訪問できる日もあるらしい？

学校によって異なりますが各学期に1回程度、保護者が子どもたちの授業時間に教室に入り、授業の様子を見学することができる授業参観《じゅぎょうさんかん》の日が設けられています。見学する授業の教科や単元はその時々によって担任教員によって設定され、保護者たちは学校での子どもたちの様子や学校への理解を深めることのできる機会になります。また、学校によっては保護者に限らず地域住民も見学可能にしていたり、特定の日に限らずいつでも自由に見学ができるようにしていたりするなど、「開かれた」学校づくりを試みている場合もあります。授業参観日には、授業の見学の後にPTA（Q27参照）の懇談会等が一緒に開催されることも多くあり、そこでPTAの活動に関して話し合ったり、役員決めが行われたりすることもあります。

Q16　障害のある子どものための教育にはどのようなものがあるの？

障害のある児童生徒の学びの場や形態として、特別支援学校《とくべつしえんがっこう》、特別支援学級《とくべつしえんがっきゅう》、通級《つうきゅう》による指導、通常の学級があります（小林 2018）。このいずれの場で教育を受けるかは、就学前の場合は就学時健康診断および就学先決定ガイダンスを通じて保護者・子ども自身の意思を最大限尊重したうえで市町村教育委員会が決定することとなっています。

特別支援学校は、各教科等に加えて障害や特性に応じた指導である「自立活動」の指導を実施したり、障害の状態等に応じた弾力的な教育課程を編成したりすることができる学校です（文部科学省 g）。かつては、盲学校・聾学校・養護学校というように障害種別の名称が与えられていましたが、現在は障害種を問わず特別支援学校や総合支援学校、また支援学校といった名称の場合が多いです。ただし、ほとんどの特別支援学校ではそれぞれが対象とする障害種は決まっており、障害種別の教育が行われている状況です。1,171校設置されており、在学者数は幼稚部から高等部まで合わせて14万8,635人で、増加を続けています（文部科学省 2022d）。

特別支援学級は、障害のある児童生徒に対し、障害による学習上または生活上の困難を克服するために設置される学級のことです（文部科学省 h）。基本的には、障害種別に学級が編成されます。小・中学校及び義務教育学校において特別支援学級が設置されている学校は2万4,548校で、7万3,145学級が存在し、32万6,457人が在籍しています（文部科学省 2022e）。

通級による指導は、通常の学級に在籍し、通常の学級での学習におおむね参加でき、一部特別な指導を必要とする児童生徒に対して、障害に応じた特別の指導を行う指導形態（文部科学省 h）のことです。現在、通級による指導を受けている児童生徒の数は急増しています（文部科学省 2022e）。

加えて、通常学級に在籍する児童生徒のうち学習面または行動面で著しい困難を示すとされた児童生徒の割合は8.8%（文部科学省 2022f）とされており、一定数特別な支援を要する子どもが通常学級にも在籍していると考えられます。このようなことも踏まえると、通常の学級においても、児童生徒の教育的ニーズに応じた教育をすることが求められています。

Q17　近年増加している不登校の子どもの教育保障はどうなっているの？

近年、不登校《ふとうこう》[5] 児童生徒が急増を続け、問題となっています。文科省による2022年度児童生徒の問題行動・不登校等生徒指導上の諸課題に関する調査によると、小・中学校における不登校児童生徒数は小学校が10万5,112人（在籍児童生徒のうち1.7%）、中学校が19万3,936人（6.0%）の計29万9,048人（3.2%）となりました。この数字は10年連続で増加しているとともに、過去最多の数となっています。また、小学校では80.4%、中学校では93.0%の学校に不登校児童生徒が在籍（文部科学省 2023b）しており、不登校は非常に多くの学校現場で直面している課題であると言えます。さらに、不登校児童生徒のうち38.2%は学校内外の機関等で相談・指導等を受けておらず、相談につながらず適切な支援を受けることができていない児童が3割以上いることがわかります。

以上のような状況に対し、2016年に成立した義務教育の段階における普通教育に相当する教育の機会の確保等に関する法律（いわゆる、教育機会確保法）では、不登校児童生徒に対する必要な支援や安心して教育を受けられる学校の環境整備が測られるようにすることなどが規定されています。それを踏まえ、2017年告示の小・中学校学習指導要領【総則編】においても不登校児童生徒への配慮として個々の状況に応じた支援や実態に配慮した特別の教育課程の編成について言及されました。

さらに、2021年には不登校児童生徒に対する現状と課題の検証、支援の改善充実のための不登校施策の検討を行う「不登校に関する調査研究協力者会議」が設置され、2022年6月に「不登校に関する調査研究協力者会議報告書～今後の不登校児童生徒への学習機会と支援の在り方について～」がまとめられました。この報告書では、今後重点的に実施すべき施策の方向性として、児童生徒が安心して学校に通えるような信頼関係構築やコミュニケーションを通した魅力ある学校づくりのほか、校内の別室を利用した「校内教育支援センター（いわゆる校内適応指導教室）」の設置、不登校特例校や教育支援センター、民間団体等の多様な場における多様な教育機会の確保等を挙げています。特に、不登校児童生徒の実態に配慮した特別の教育課程を編成して教育を実施する学校である不登校特例校は、内閣府「経済財政運営と改革の基本方針2022」でも全都道府県等での設置が言及されるなど、積極的にその設置が推進されています。

上記のように、通常の学級に加えて多様な場での不登校児童生徒の支援方針が打ち出されており、そうした場の充実は子どもたちの教育保障をするうえでもちろん重要です。他方で、外側の場の充実のみならず、多くの不登校を生み出しているメインストリームの学校をいかに改善すべきかを一層議論していくことも求められています。

Q18　夜間に通える中学校があるらしいけど、何のための学校なの？

学齢を超過した外国人が日本語等を学ぶ場のひとつに、「夜間中学《やかんちゅうがく》」があります。夜間中学とは、「市町村や都道府県が設置する中学校において、夜の時間帯等に授業が行われる公立中学校のこと（文部科学省 i）」です。夜間中学は戦後にそれまで教育を受けることができなかった多くの女性や引揚者等の義務教育保障を目的として設置されました。

現在では、義務教育未修了の学齢超過者のほか、不登校等の理由によりいわゆる中学校の「形式卒業者」となっている者、外国籍の者などの義務教育を受ける機会を実質的に保障するための場として期待されています。政策的にもその増設・充実が求められるようになっており、17都道府県に44校が存在します。文科省「令和4年度夜間中学等に関する実態調査」によると、回答があっ

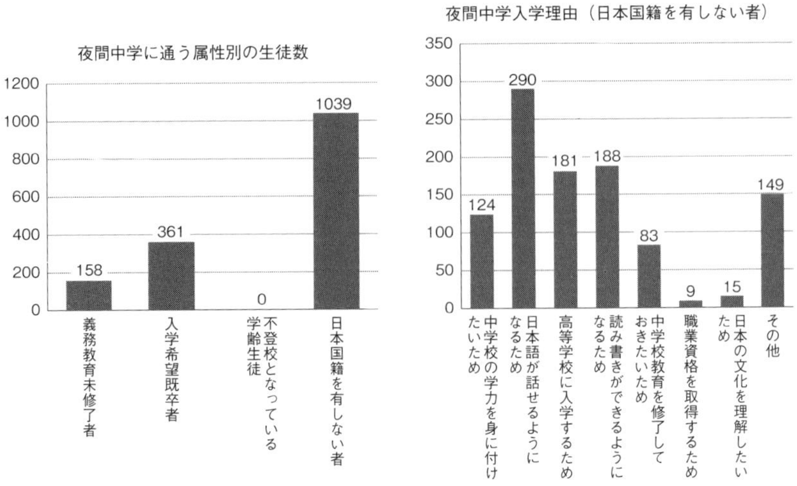

図1.2　文部科学省「令和4年度夜間中学校に関する実態調査」より筆者作成

た40校の夜間中学では男性生徒36.6%、女性生徒63.4%となっており女性の生徒のほうが多くいます。また、生徒のうち、最も多いのが日本国籍を有しない者で66.7%、続いて入学希望既卒者（形式卒業者等が考えられる）23.4%、義務教育未修了者が10.1%となっており、日本国籍を有しない者は日本語習得を目指している場合が多いです。年齢構成は16歳から70歳までで、幅広い年代の生徒が通っています（文部科学省 2023c）。

3　高校教育

日本の高校教育は義務教育ではありません。しかし多くの子どもたちが義務教育期間の終了後、高校教育を受けています。日本の高校教育にはさまざまな課程があり、それぞれ入学方法や就学方法等が異なります。また、普通教育を行う普通科のほか、専門学科に加えて総合学科といったいくつかの学科も存在します。では日本の高校教育について、まずは授業料の有無から確認していきましょう。

Q19　高校に通うにはお金がかかるの？

高校《こうこう》（高等学校）に通う際に納入が求められる入学料および授業料（年額）は、公立高校（全日制）ではそれぞれ5,650円、11万8,800円となっています。このうち授業料については、高等学校等就学支援金制度によって所得等要件を満たす世帯の生徒には授業料に充当できる支援金が支給されます（文部科学省 j）。また、私立高校の初年度納付金は、平均して入学料が16万4,196円、授業料44万5,174円に加えて施設整備等14万9,510円で合計75万8,881円（文部科学省 2022g）です。前述した高等学校等就学支援金制度は、私立高校に通う生徒にも適用され、所得等要件はあるものの、私立高校等では支給上限額が公立高校の場合よりも高い設定になっており、私立高校においても実質的な授業料無償化が目指されています。

Q20　高校はどうやったら進学・卒業できるの？

高等学校への入学には、高校入試を課していることが多く、その入試制度は公立・私立や都道府県等によってさまざまです。公立高校の入試では多くが学力検査と内申書によって合否が判断されます。進学率は90%を超えていて、ほぼすべての義務教育修了者が高等学校へ進学しているものの、高校入試における学力試験の重視や、偏差値による高等学校の序列化が見られます。加えて、高校進学における進路指導において偏差値による「輪切り指導」も問題視されてきました。そうしたなかで選抜方法の多様化や選抜尺度の多元化などが図られるようになっています。

高校卒業資格は、基本的に3年以上の高等学校への在籍、74単位以上の単位修得、特別活動への参加が要件として求められています。また、高校を卒業していない人も、高等学校卒業程度認定試験に合格することで高等学校を卒業した者と同等以上の学力があると認定されることができます。この認定試験の合格によって大学・短大・専門学校の受験資格が得られます。

Q21　高校の普通教育はどこで行われているの？

これまで高校教育において普通教育《ふつうきょういく》を主とする学科は普通科のみでした。しかし、「生徒の能力・適正や興味・関心等を踏まえた学びの実現に課題がある」ことや「『普通』の名称から一斉的・画一的な学びの印象を持たれやすい」ことなどから、普通科においても生徒や地域の実情に応じた特色・魅力ある教育を実現するための普通科改革が志向されるようになっています。そこでは、特色・魅力ある教育の実現のために、従来の文系・理系の類型分けを普遍的なものとして位置づけるのではなく、総合的な探求の時間を軸として、生徒が社会の持続的発展に寄与するために必要な資質・能力を育成するための多様な分野の学びに接することができるようにすることが目指されています（文部科学省 k)。そして普通科改革として、「普通科」以外にも普通教育を主とする学科の設置が可能となり、「学際領域学科」「地域社会学科」等が2022年度より設置できるようになりました。新たな学科では、各教科・科目及び総合的な探求の時間に加えて、教育課題に対応した学校設定教科・科目の履修が求められています。

Q22　高校の職業教育はどこで行われているの？

職業教育《しょくぎょうきょういく》は、専門教育を主とする学科を設置する高等学校（「専門高校」）を中心に実施されています。専門学科には、農業、工業、商業、水産、家庭、看護、情報、福祉等に関する学科があります。専門高校では、普通高校と共通の教科に加えて、専門に関連する科目、実験や実習を取り入れた授業が多く設けられています（文部科学省 l)。また、高等学校卒業後、専攻科に進学することで、海技士や看護師の受験資格を得ることができるなど、さらに専門的なことを学ぶこともできます。

現在の専門高校では、卒業生のうち約半数が高等教育機関へ進学しています。他方で、農業学科や水産学科などの地域の産業・社会の人材育成と結びつきの強い専門学科は、地域の活性化にも貢献してきました。こうした背景から、中央教育審議会答申「今日の学校におけるキャリア教育・職業教育の在り方について」（2011年）では、専門学科において、「卒業後の進路を問わず、将来にわたって職業人として必要とされる専門的な知識・技能の高度化に対応できる力の育成」や「地域の様々な産業・社会を担う人材を輩出する観点からは、業務を着実に遂行していくことができる能力を持った人材を育成すること」が求められていると述べられています。

在籍者数からも明らかなように、日本においては普通科志向が強く、専門教育を主とする学科は縮小傾向となってきたなど、従来日本では職業教育が軽視されてきました。しかし、近年では前述した答申でも専門学科における職業教育に言及されるなど職業教育に関する議論も活発になりつつあります（横尾 2016）。

Q23　総合学科ではどんなことができるの？

総合学科《そうごうがっか》は、普通教育と専門教育とを選択して履修し、その内容を総合的に行う高等学校の学科です。普通科、専門学科に加えた第3の学科として、1994年度に創設されました。設置が開始されて以降、設置校数は増加し続けています。普通教科から専門教科にわたり多様な開設科目の中から生徒が自由に学ぶ科目を選択できること、自己の将来の職業や生き方について考える科目である「産業社会と人間」の学習等を通して進路に関する学習が重視されていること等が特色となっています。

総合学科は生徒の興味関心に基づいた多様な進路意識を形成することにより、(1)「高校ランク」に規定されてきた高校卒業後の進路選択の幅に変化をもたらし、高校間格差構造を是正すること、(2) 学校が生徒の豊かな人間性を育成する場として機能することを目的として設立されました（三戸 2001）。

4　インターナショナル学校

Q24　インターナショナルスクールは義務教育を行う学校として認められていないって本当？

日本においては、インターナショナルスクールに明確な定義はありません。ただし、一般的にはさまざまな国籍の子どもを国籍にかかわらず受け入れ、主に英語等により教育を行っている外国人学校のことを指すと考えられています（文部科学省 2011b）。その多くは、学校教育法[(6)]第1条に規定する学校（以下、「一条校」）として認められておらず、学校教育法第134条に規定される「各種学校」か、無認可のものも存在しています。一方で、学齢児童生徒の保護者にかかる就学義務については、一条校に就学させることが前提とされているため、保護者が日本国籍を有する子を一条校として認められていないインターナショナルスクールに就学させたとしても、一部の学校を除いて、法律で規定された就学義務を履行したことにはなりません。このことから、一条校ではないインターナショナルスクールの小学部から一条校の中学校への進学や一条校ではないインターナショナルスクールの中学部から一条校の中学校への編入学などは認められないこととなってしまいます（文部科学省 m）。

インターナショナルスクールを含めた外国人学校の数は明確にはなっていません。この背景には、「外国人学校については法令上の特段の規定がないため、各種学校から無認可校まで含めたすべての外国人学校を所管する国や地方自治体の部局はなく、行政は一部しか把握していない」（二井 2020）ことがあります。数値として明らかになっているものを参考にすると、インターナショナルスクールについて2011年時点で32校が各種学校として認定されていました。加えて、IB（国際バカロレア）、WASC（米国西部地域私立学校大学協会）、ACSI（キリスト教学校国際協会）、CIS（インターナショナルスクール会議）といった国際的な評価機関の認証を受けているところもあります（文部科学省 n）。また、現在27校が日本インターナショナルスクール協議会に加盟しています。この日本インターナショナルスクール協議会は、国際的な教育枠組みを通して日本における国際的なコミュニティに貢献する質の高い英語による中等教育の推進、支援と維持をすることを目的として、加盟校に向けた情報の共有等を行っている団体です。この日本インターナショナルスクール協議会に加盟するためには、学校が安定性、継続性、専門性、国際主義への明確な取り組みなどの基準を満たすことが求められています（Japan Council of International Schools）。

2013年5月時点で各種学校として認可されているインターナショナルスクールの児童・生徒数のうち日本人児童・生徒の割合は47.2%に上っており、何らかの理由により、一条校でなく、英語で授業を行っている国際的な学校を選んでいる状況があります（勝俣 2018）。

インターナショナルスクールを卒業した者の大学入学資格については、外国の高等学校相当として指定された学校を卒業した場合であれば認められることとなっています。また、外国の大学入学資格である国際バカロレア、アビトゥーア（ドイツ）、バカロレア（フランス）、GCE Aレベル（イギリス）を保有していれば、大学への入学資格は認められるため、そうした教育プログラムを設定しているインターナショナルスクールから日本の大学へ入学することもできます。

近年では一条校となったインターナショナルスクールもあります。インターナショナルスクールを含む外国人学校には法的位置づけがない場合が多く、このように一条校として、あるいはそれと同等の正規学校として法的位置づけを行うことを提唱する声も増えています。他方で、提供される教育の質に違いがあるため、一律にすべての外国人学校が就学に値する学校とみなすのは危険であり、教育機関としての責任を果たすことができているのかを確認したうえでその適否を判断する必要性があるとも指摘されています（二井 2020）。

5 日本の教育行政制度と学校の管理

日本の教育を管理する組織として教育委員会（地方）、文部科学省（中央）が存在します。これまで日本では地方分権化が進められてきたと言われていますが、教育の管理についてどのような仕組みが存在しているのでしょうか。

Q25　国の教育行政組織と地方の教育行政組織はどうなっているの？

日本では国の教育行政組織である中央教育行政組織と地方の教育行政組織があり、地方教育行政組織は知事・市町村長と、それらから独立した教育委員会が存在します。中央教育行政組織には、内閣・内閣総理大臣・文部科学大臣・文部科学省等が国全体の教育行政に関与しています。中央と地方の教育行政機関は原則として上下関係や従属関係に置かれているものではない（佐藤 2021）とされ、地方分権改革が推進されてきましたが、指導助言の権利を国が有していたり、実際にコロナ禍には内閣総理大臣の要請によって全国一斉休校が実施されたりするなど、実質的に地方が完全に独立したものとは言いがたい状況もあります。

Q26　教育委員会って何をする機関なの？

教育《きょういく》委員会《いいんかい》は、地方の教育行政組織として、①政治的中立性の確保、②継続性・安定性の確保、③地域住民の意向の反映を実現するために、行政委員会のひとつとして首長とは独立したものとして教育行政を担当する合議制の執行機関です（文部科学省 o）。都道府県および市町村等にそれぞれ置かれ、学校教育のほか生涯学習、文化、スポーツ等に関する幅広い施策を展開しています。

教育委員会の組織（図1.4；文部科学省 2015）は、基本的に教育長および4人の委員によって構成されます（地方教育行政の組織及び運営に関する法律第三条[7]）。教育長は、教育委員会の会議の主宰者で、具体的な事務執行の責任者、事務局の指揮監督者であり、教育委員会を代表する者です。教育長と委員は、首長に

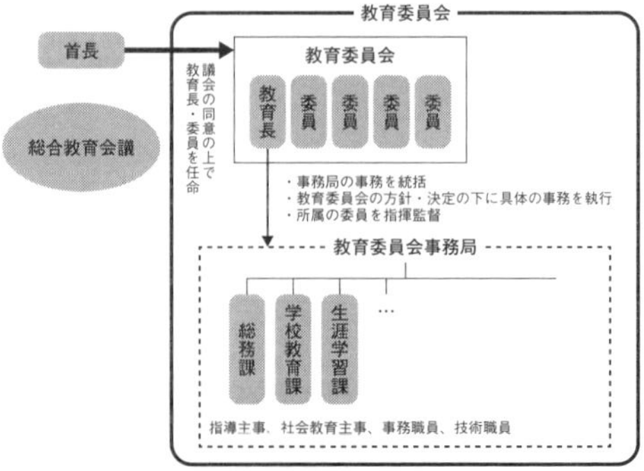

図1.4　教育委員会の組織

よって議会の同意を得て任命されることになっています。教育長の任期は3年、委員の任期は4年で、いずれも再任が可能です。

また、教育委員会の権限として行う事務を処理するものとして、教育委員会事務局が置かれています。事務局には指導主事、事務職員や技術職員のほか所要の職員が配置されます。事務局の職員には、主に学校教員の出身者のほか、一般行政職員等が採用されています。

教育委員会は、アメリカの制度を倣って戦後「教育委員会法」の制定により導入された制度です。教育委員会法では、現在とは異なり教育委員会の選任については、地域住民の主体的参画を前提として公選制が採用されていました。しかし、委員の公選を通じて政治的対立が教育委員会に流入することが問題となりました。そのため、政治的中立と一般行政との調和を目的として1956年に「地方教育行政の組織及び運営に関する法律」（以下、地教行法）が制定され、公選が廃止されることになりました（文部科学省 p)。

その後も制度発足から時代の変化等に合わせて制度の見直しが課題とされてきました。そして、2011年の大津市いじめ事件への教育委員会および教育委員会事務局の対応が批判を浴びたことを背景に、教育委員会制度の改革や廃止が大きな争点となりました（村上 2015)。それまでの教育委員会の課題として、(1) 教育委員会における責任の所在がわかりにくいこと、(2) 直接選挙で選ばれる首長との意思疎通や連携に課題があるほか、構成員の多くは教育関係者が占め、閉鎖的な教育行政を行う傾向があるなど、住民の意向が十分に反映されていないこと、(3) 非常勤の教育委員は十分な情報を持っていないこともあり、教育委員会は事務局案を追認するだけで、実質的な意思決定を行っていないなど審議のあり方に課題があること、(4) 教育委員会の会議開催は月に1～2回程度のため迅速な意思決定ができないことが指摘されていました（林 2017)。

こうした課題を乗り越えるために2015年に地教行法が改正されて定められた新しい教育委員会制度では、教育委員長と教育長を一本化した「教育長」の設置、首長による「大綱」の策定、総合教育会議の設置等がなされることとなりました。「教育長」の設置は、従来の教育委員長と教育長の統合によって責任の所在を明確にすることが目指されています。また、首長による「大綱」の策定は教育行政における地域住民の意向をより一層反映させる等の観点から導入されたものです。加えて、総合教育会議は首長と教育委員会が協議をする場で、大綱に関する協議などを行うことが想定されています。

改革に対する評価はさまざまであり、教育長への一本化による責任の明確化をポジティブに捉える見解のほか、大綱の策定や総合教育会議の設置により首長の権限が強化されることで教育委員会が形骸化するという批判や、首長に教育行政の権限を一元化するべきであるとする立場から、権限強化の不十分さを指摘する批判もあります（村上 2014）。

Q27　PTA制度はどんな機能を果たしているの？

ＰＴＡ《ぴーてぃーえー》の活動は、学校によって多様に存在しますが、学校行事のサポートや地域パトロール、清掃活動の実施などが挙げられます。PTAではこのような学校支援的な活動が行われることが多く、学校の伝達機関となっていたり、父母と教師の率直な交流がみられないPTAも多くあります。戦前には学校後援会という、学校や教員と父母等は対等ではなく、また教師も一会員にはなれず、単に学校への財政援助を目的とするものとして学校に従属する組織がありました。戦後発足時のPTAは、理念としては学校に従属するものではなく、教員と父母は対等の立場で協力し合うというものでした。しかし、学校後援会的な様相を徐々に復活させていったのです（玉井 1995）。

PTAの組織は、会員の中から選ばれた会長・副会長・会計・書記などのPTA役員を中心として、具体的な活動によって分けられる委員会等が置かれることがあります。日本のPTA制度は戦後の占領下において、CIE（民間情報教育局）と地方における占領政策の担い手である地方軍政部によって主導され導入されました。PTAは父母と教員とが協力して、家庭と学校と社会における児童、青少年の幸福な成長を図ることを目的とした団体であり、米国教育使節団の報告書の中で、教育は学校だけでなく、家庭や地域社会の協力において行われるべきであり、そのためにはPTA活動を行うことが望ましい、とされたものです（文部科学省 q）。

PTAは日本で多くの学校に存在し、学校におけるさまざまな教育活動を支えてきましたが、共働きの増加や核家族化の進行等を背景に保護者にかかる

PTA活動の負担が問題となってきています。また、本来PTAは任意団体であるため入会の義務はないのにもかかわらず、学校への入学とともに自動的に加入させられるなど強制加入の状態になっていることも問題です。この点については、2014年に熊本県で保護者が強制加入に意を唱えて提訴し、PTAは入退会自由であることが確認されました。

Q28 PTA以外に学校運営に保護者が参加できる制度はあるの？

PTA活動は、学校の教育活動について支援する形の活動が多く見られますが、より学校経営への保護者の参加が促されることを目指す制度が2000年以降設置されてきました。まず、2000年には学校評議員制度が導入されました。これは、学校や地域の実情に応じて、学校運営に関し、保護者や地域住民の意向を把握・反映しながらその協力を得るとともに、学校としての説明責任を果たしていくことを目的として、校長の求めに応じ、学校運営に関し意見を述べることのできる学校《がっこう》評《ひょう》議《ぎ》員《いん》を置くことができるものです。加えて、学校評議員のように個人として意見を述べるのではなく、合議制の機関として学校運営に関与する学校運営《がっこううんえい》協《きょう》議《ぎ》会《かい》が2004年に制度化されました。学校運営協議会には、(1) 校長が作成する学校運営の基本方針を承認する、(2) 学校運営に関する意見を教育委員会または校長に述べることができる、(3) 教職員の任用に関して、教育委員会に定める事項について、教育委員会に意見を述べることができるという3つの役割があります（文部科学省 2020）。これらを通して学校と地域住民や保護者等がともに学校運営に取り組むことが目指されています。これらの制度では保護者の意見の反映や学校経営への参加が促進されることが期待されているものの、仲田（2010）の事例研究によると学校運営協議会において保護者に発言の少ない委員が多く、地域の社会関係等を背景として保護者が劣位に置かれがちな状況もあります。また、こうした保護者の劣位性については学校評議員においても同様の傾向があり、さらに全国的な傾向としても保護者の消極性が見られることが指摘されています（仲田・大林・武井 2011）。以上のように、これまでも学校経営における保護者の主体としての位置づけが弱いとされてきた日本において、学校支援に傾倒しがちなPTAに加えて学校経営に意見を述べることのできる制度の導入が図られてきたものの、保護者が教員等と対等に積極的な参加をするのはいまだ難しい状況にあり、より積極的な参加の推進が求められます。

6　高等教育

高等教育《こうとうきょういく》への進学率は日本で歴史的に増加してきました。日本の高等教育は学校系統図を参照すると大学のほかにもさまざまに存在しますが、ここでは大学《だいがく》を中心に、授業料や大学への入学方法について見ていきます。

Q29　大学に通うにはどのくらいお金がかかるの？

日本は高等教育段階における私費負担の割合が高く、その割合は67%に達し、OECD平均31%を大きく上回っています（OECD 2022）。これまで独立行政法人日本学生支援機構によって実施されてきた奨学金事業は貸与型の返還義務があるものでしたが、2017年に給付型の奨学金事業が導入されました。また、授業料や入学金の免除・減額や猶予制度についても、大幅な拡充を行う高等教育修学支援新制度が新設されました（文部科学省 r）。

なお、大学における入学料および授業料について、国立大学は「国立大学等の授業料その他の費用に関する省令(8)に定める「標準額」を踏まえて、各国立大学法人がそれぞれ定めることとなっています。その標準額は2021年では入学料が28万2,000円、授業料が53万5,800円です。また、公立大学における納付金（平均）では入学料39万1,305円、授業料53万6,363円で、私立大学（平均）では入学料24万5,951円、授業料93万943円となっています（文部科学省 s）。

Q30　大学に入るためには何が求められるの？

大学入学者選抜については大学ごとに異なり、多くの国公立大学では大学入試センターによる共通テストおよび個別大学の入試が行われ、私立大学では個別入学の入試による選考を基本としながらも、大学入試センターによる共通テストを利用する場合もあります。大学入試センターによる共通テストの前身である大学入試センター試験は、大学入学志願者の高等学校段階における基礎的な学習の達成の程度を判定することを主たる目的として、大学が共同して実施する試験です。このセンター試験における「問題評価・改善の蓄積を生かしつつ、高等学校教育の成果として身に付けた、大学教育の基礎力となる知識・技能や思考力、判断力、表現力を問う問題を重視」（高大接続システム改革会議 2016）した試験として、大学入試改革の一貫として2021年より導入された試験が大学入学共通テストです。

こうした共通テストの利用有無のほか、選抜の方法は総合型選抜（AO入試）、学校推薦型選抜（推薦入試）、一般選抜の3つに区分されるものがあります。総合型選抜は、入学志願者自らの意思で出願する公募制の入試で、知識・技能の修得状況に重点を置かずに入学志願者の能力・適性や学習に対する意欲、目的意識等を総合的に判定する入試方法です。他方で学校推薦型選抜は、出身高等学校長の推薦に基づき、原則として学力検査を免除し、調査書を主な資料として判定します。これら2つの方法を取る選抜は近年増加傾向にあります（高大接続システム改革会議 2016）。

Q31　日本の大学生活はどのようなイメージ？

大学生活について、かつては「大学のレジャーランド化」と表現された時代もありましたが、近年では学生たちの授業出席率が上昇し、大学のカリキュラムに従順になる学生の「生徒化」というイメージをもって語られることもあります（新立 2010）。

学生の卒業後の進路は、2022年度学校基本調査によると大学院等への進学率は12.4%、就職者の割合は74.5%となっています。また、大学院に進学する者のうち女性の割合は約27%です。

7　教員の養成と現状

近年、日本の「教師不足」や教員の多忙化は大きな問題となっています。では、日本の学校の教員はどのような資格を持っていたらなることができるのでしょうか。ここではそうした教員の資格や教員を育てる教員養成の課程について見ていきます。

Q32　教員になるための教員免許はどこで取得できる？

日本の戦後の教員養成は「免許状主義」「大学での教員養成」「開放性の原則」の3つの原則によって成り立ってきました（町田 2019）。学校の教員になるためには、教員免許《きょういんめんきょ》状を取得すること（「免許状主義」）と、教員として採用されることが求められます。教員免許状を取得するためには、取得したい免許状に対応した教職課程のある大学・短期大学等に入学し、必要な科目・単位を修得して卒業することが必要です（「大学での教員養成」）（文部科学省 t）。特定の学部・大学に限らず、国立・公立・私立のいずれの大学でも、教員免許状取得に必要な所要の単位に係る科目を開設できます（文部科学省 u）（「開放制の教員養成」）。

原則として、幼稚園・小学校・中学校・高等学校・特別支援学校といった学校の種類ごとの教員免許状が必要です（教育職員免許法第2条・第3条[9]）。教員免許状には普通免許状、特別免許状、臨時免許状があります。特別免許状とは、社会的経験を有する者に、教育職員検定を経て授与される教諭の免許状です。特別免許状の例として、外国人の英会話学校講師に中学校の教科「英語」の特別免許状を授与すること等が考えられます（文部科学省 2022h）。臨時免許状とは、普通免許状を有する者を採用することができない場合に限って、教育職員検定を経て授与される助教諭や養護助教諭の免許状です。

免許状主義の例外として、特別非常勤講師制度や免許外教科担任制度等があります。特別非常勤講師制度は、任命・雇用する者が、あらかじめ都道府県教育委員会に届出をすることで教員免許状を有しない非常勤講師が、教科の領域の一部を担任することができる制度です。これは多様な専門的知識・経験を有する人を教科の学習に迎え入れることにより、学校教育の多様化への対応や活性化を図ることを目的としています。免許外教科担任制度は、中学校、高等学校等において、必要な教科の免許を持つ教員を教科担任として採用することができない場合に、校内の他の教科の教員免許状を持つ教員が、1年に限り、免許外の教科の担任をすることができるという制度です（文部科学省 2022h）。こうした制度が活用される背景には山間地・へき地などの生徒数が少ない中学校においてすべての教科に対応した教員を1人ずつ採用できないといったことがあります。

Q33　最近の先生は忙しすぎる？

近年の教員に関わる問題として、教員の長時間労働や教員不足が挙げられます。2016年度に行われた教員勤務実態調査では、教員の長時間労働の実態が明らかとなり、小学校教員の33%、中学校教員の57%の時間外労働は「過労死ライン」を超えていました。こうした教員の勤務実態に対し、2019年の「新しい時代の教育に向けた持続可能な学校指導・運営体制の構築のための学校における働き方改革に関する総合的な方策について（答申）」では、学校における働き方改革に関する方針が示されました。そこでは学校における働き方改革に向けて、学校および教師が担う業務の明確化・適正化を図る必要性が示されました。そして、ボランティア等として地域人材の活用することなどによって教員の業務を軽減させるよう提案しています。それと同時に、文科省は「公立学校の教師の勤務時間の上限に関するガイドライン」を周知し、在校等の超過勤務時間の上限を定めています（佐藤 2021）。

他方で、文科省による「『教師不足』に関する実態調査」によると、2021年度始業日時点で小・中学校の「教師不足」人数（不足率）は合計2,086人（0.35%）で、教師不足が生じている学校数は1,586（5.6%）あります（文部科学省 2022i）。また、特別支援学校の「教師不足」人数は255人（0.32%）で、学校数は142（13.1%）でした。ここでの「教師不足」は、臨時的任用教員等の講師の確保ができず、実際に学校に配置されている教師の数が、各都道府県・指定都市等の教育委員会において学校に配置することとしている教師の数（配当数）を満たしておらず欠員が生じる状態を指します。欠員が生じると、業務負担は増加し長時間労働の問題にも直結してきます。さらに、小学校を中心に公立学校教員採用試験の倍率低下や教員希望者の減少も進行していることも問題です。

注

(1) e-Gov法令検索「昭和二十二年法律第二十六号 学校教育法」
https://elaws.e-gov.go.jp/document?lawid=322AC0000000026［2023年10月25日最終閲覧］

(2) e-Gov法令検索「昭和二十一年憲法日本国憲法」
https://elaws.e-gov.go.jp/document?lawid=321CONSTITUTION［2023年10月28日最終閲覧］

(3) なお、ここでは私立において授業料を徴収することは差し支えないとされている。

(4) 参考書の購入や家庭教師、通塾費用などの学校教育に関係する学習をするために支出した経費のほか、スポーツや芸術活動等のいわゆるならいごとなどのその他の学校外活動費を含むもので、保護者が子どもの学校外活動のために支出した経費のこと（文部科学省 2022b）。

(5) 「不登校」とは、「令和4年度児童生徒の問題行動・不登校等生徒指導上の諸課題に関する調査」に倣い、連続又は断続して年間30日以上欠席し、「何らかの心理的、情緒的、身体的、あるいは社会的要因・背景により、児童生徒が登校しないあるいはしたくともできない状況にある者（ただし「病気」や「経済的理由」、「新型コロナウイルスの感染回避」による者を除く。）とする。

(6) e-Gov法令検索「昭和二十二年法律第二十六号 学校教育法」
https://elaws.e-gov.go.jp/document?lawid=322AC0000000026［2023年10月27日最終閲覧］

(7) e-GOV法令検索「昭和三十一年法律第百六十二号 地方教育行政の組織及び運営に関する法律」
https://elaws.e-gov.go.jp/document?lawid=331AC0000000162［2023年10月31日最終閲覧］

(8) e-Gov法令検索「平成十六年文部科学省令第十六号 国立大学等の授業料その他の費用に関する省令」
https://elaws.e-gov.go.jp/document?lawid=416M60000080016［2023年10月29日最終閲覧］

(9) e-GOV法令検索「昭和二十四年法律第百四十七号 教育職員免許法」
https://elaws.e-gov.go.jp/document?lawid=324AC0000000147_20220701_504AC0000000040［2023年10月31日最終閲覧］

文献一覧

勝俣文子（2018）「日本の国際バカロレアの推進における政策的動向の一考察」『国際バカロレア教育研究』2, 20-32頁.

京免徹雄（2021）「アメリカ人研究者からみた日本の特別活動の特質―日本型教育モデルの発信を視野に入れて―」『日本特別活動学会紀要』29, 41-50頁.

高大接続システム改革会議（2016）「高大接続システム改革会議「最終報告」」
https://www.mext.go.jp/component/b_menu/shingi/toushin/__icsFiles/afieldfile/2016/06/

02/1369232_01_2.pdf
小島祥美（2015）「特別の教育課程導入と外国人児童生徒の教育」『移民政策研究』7, 56-70頁.
小林秀之（2018）『特別支援教育：共生社会の実現に向けて（MINERVAはじめて学ぶ18）』ミネルヴァ書房.
埼玉県教育局東部教育事務所「通知表（票）・通信簿の作成～学期の学校生活の様子を伝える連絡簿～」https://www.pref.saitama.lg.jp/documents/28045/gakkyuukeiei7-4.pdf［2024年10月11日最終閲覧］
佐藤晴雄（2021）『現代教育概論第5次改訂版』学陽書房.
三戸親子（2001）「総合学科における生徒の進路意識形成」『教育社会学研究』69, 103-123頁.
新立慶（2010）「大学生の『生徒化』論における批判的考察」『名古屋大学大学院教育発達科学研究科教育科学専攻「教育論叢」』53, 67-75頁.
鈴木健太（2023）「日本語教育の適正かつ確実な実施を図るための日本語教育機関の認定等に関する法律案の概要と国会論議―日本語教育機関の認定制度と日本語教師の国家資格の創設―」『立法と調査』459, 129-143頁.
スポーツ庁（2022）「運動部活動の地域移行について」
https://www.mext.go.jp/content/20220727-mxt_kyoiku02-000023590_2-1.pdf
玉井康之（1995）「地域に開かれた学校運営とPTAの役割―北海道農村小規模学校における地域との連携―」『北海道教育大学紀要 第1部C』45（2）, 31-46頁.
内閣官房「「「生活者としての外国人」に関する総合的対応策」、「日系定住外国人施策に関する行動計 画 」」https://www.cas.go.jp/jp/seisaku/gaikokujin/jyoukyou130517.pdf［2023年10月27日最終閲覧］
仲田康一（2010）「学校運営協議会における『無言委員』の所在―学校参加と学校をめぐるミクロ社会関係―」『日本教育経営学会紀要』52, 96-110頁.
仲田康一・大林正史・武井哲郎（2011）「学校運営協議会における保護者／地域住民の活動特性―教員との比較および学校評議員との比較を中心に―」『日本学習社会学会年報』7, 35-44頁.
原田琢也（2022）「『ブラック校則』が生み出されるメカニズムに関する一考察―学校内部の視点から―」『金城学院大学論集 社会科学編』19（1）, 26-45頁.
林紀行（2017）「教育委員会制度改革とその課題」『法政治研究』3, 1-18頁.
二井紀美子（2015）「日本の公立学校における外国人児童生徒教育の理想と現実―就学・卒業認定基準を中心に―」『比較教育学研究』51, 3-14頁.
二井紀美子（2020）「外国人の子どもの教育保障に関する一考察―施策動向と就学の義務化をめぐる議論を中心に―」『日本教育政策学会年報』27, 39-52頁.
文化庁（2018）「文化部活動の在り方に関する総合的なガイドライン」
https://www.bunka.go.jp/seisaku/bunkashingikai/kondankaito/bunkakatsudo_guideline/h30_1227/pdf/r1412126_01.pdf［2024年10月11日最終閲覧］
町田健一（2019）「戦後の開放制養成の意義と課題―リベラルアーツ教育を基盤とした教員養成の再考―」『日本教師教育学会年報』28, 8-17頁.
村上祐介（2014）「教育委員会改革からみた地方自治制度の課題」『自治総研通巻』430, 75-91頁.
村上祐介（2015）「教育委員会制度改革と教育行政の専門性」『日本教育行政学会年報』41, 70-86頁.
文部科学省（a）「中高一貫教育の概要と設置状況」
https://www.mext.go.jp/a_menu/shotou/ikkan/2/1316125.htm［2023年10月30日最終閲覧］
文部科学省（b）「短期大学について」
https://www.mext.go.jp/a_menu/koutou/tandai/index.htm［2024年10月11日最終閲覧］
文部科学省（c）「外国人の子どもの公立義務教育諸学校への受入について」

https://www.mext.go.jp/b_menu/shingi/chousa/shotou/042/houkoku/08070301/009/005.htm ［2024年10月11日最終閲覧］
文部科学省（d）「教育基本法第4条（義務教育）」
https://www.mext.go.jp/b_menu/kihon/about/004/a004_04.htm［2023年10月28日最終閲覧］
文部科学省（e）「（参考）履修主義と修得主義、年齢主義と課程主義」
https://www.mext.go.jp/a_menu/shotou/new-cs/senseiouen/mext_01515.html ［2023年10月25日最終閲覧］
文部科学省（f）「指導要録について」
https://www.mext.go.jp/b_menu/shingi/chukyo/chukyo0/gijiroku/__icsFiles/afieldfile/2017/12/25/1399722_14_1.pdf ［2023年10月25日最終閲覧］
文部科学省（g）「特別支援教育の充実について」
https://www.mhlw.go.jp/content/000912090.pdf ［2023年10月29日最終閲覧］
文部科学省（h）「2. 特別支援教育の現状」
https://www.mext.go.jp/a_menu/shotou/tokubetu/002.htm ［2023年10月29日最終閲覧］
文部科学省（i）「夜間中学の設置促進・充実について」
https://www.mext.go.jp/a_menu/shotou/yakan/index.htm ［2023年10月30日最終閲覧］
文部科学省（j）「高校生等への修学支援」
https://www.mext.go.jp/a_menu/shotou/mushouka/1342674.htm［2023年10月29日最終閲覧］
文部科学省（k）「新しい時代の高等学校教育の実現に向けた制度改正等について（概要）」
https://www.mext.go.jp/content/20211207-mxt_koukou02-000019354_03.pdf ［2024年10月11日最終閲覧］
文部科学省（l）「専門高校パンフレット」
https://www.mext.go.jp/a_menu/shotou/shinkou/data/20201222-mxt_koukou02-1.pdf ［2024年10月11日最終閲覧］
文部科学省（m）「11. 学齢児童生徒をいわゆるインターナショナルスクールに通わせた場合の就学義務について」
https://www.mext.go.jp/a_menu/shotou/shugaku/detail/1422252.htm ［2024年10月11日最終閲覧］
文部科学省（n）「2.1 インターナショナルスクールとブラジル人学校の現状」
https://www.mext.go.jp/b_menu/shingi/chousa/kokusai/011/attach/1319310.htm ［2024年10月11日最終閲覧］
文部科学省（o）「教育委員会制度について」
https://www.mext.go.jp/a_menu/chihou/05071301.htm ［2024年10月11日最終閲覧］
文部科学省（p）「〔1〕教育委員会制度の現状と課題」
https://www.mext.go.jp/b_menu/shingi/chukyo/chukyo1/003/gijiroku/attach/1421695.htm ［2024年10月11日最終閲覧］
文部科学省（q）「三 社会教育関係団体の再編成」
https://www.mext.go.jp/b_menu/hakusho/html/others/detail/1317782.htm ［2024年10月11日最終閲覧］
文部科学省（r）「奨学金事業の充実」
https://www.mext.go.jp/a_menu/koutou/shougakukin/main.htm［2023年10月30日最終閲覧］
文部科学省（s）「私立大学等の令和3年度入学者に係わる学生納付金等調査結果について（参考2）国公私立大学の授業料等の推移」
https://www.mext.go.jp/content/20211224-mxt_sigakujo-000019681_4.pdf ［2023年10月29日

最終閲覧]
文部科学省（t）「教員免許状に関するQ&A」
https://www.mext.go.jp/a_menu/shotou/kyoin/main13_a2.htm［2023年10月29日最終閲覧］
文部科学省（u）「4. 教員養成・免許制度の現状と課題」
https://www.mext.go.jp/b_menu/shingi/chukyo/chukyo0/toushin/attach/1337002.htm［2023年10月31日最終閲覧］
文部科学省（v）「日本の学校給食と食育」
https://www.mext.go.jp/content/20230920-mxt_kenshoku-000008678_1.pdf［2023年10月27日最終閲覧］
文部科学省（2008）「子どもの学校外での学習活動に関する実態調査報告」
https://www.mext.go.jp/b_menu/houdou/20/08/08080710/001.pdf［2023年10月30日最終閲覧］
文部科学省（2009）「定住外国人の子どもに対する緊急支援について（通知）」
https://www.mext.go.jp/a_menu/shotou/clarinet/004/1296671.htm［2023年10月27日最終閲覧］
文部科学省（2011a）「中学校キャリア教育の手引き」
https://www.nier.go.jp/shido/centerhp/26career_shiryoushu/1-9.pdf［2023年10月27日最終閲覧］
文部科学省（2011b）「国際交流政策懇談会 最終報告書（案）我が国がグローバル化時代をたくましく生き抜くことを目指して―国際社会をリードする人材の育成―」
https://www.mext.go.jp/b_menu/shingi/chousa/kokusai/009/toushin/1310853.htm
文部科学省（2015）「平成27年度 文部科学白書」.
文部科学省（2017）『小学校学習指導要領（平成29年告示）解説 特別活動編』.
文部科学省（2018a）「2017年度児童生徒の問題行動・不登校等生徒指導上の諸課題に関する調査」
https://www.mext.go.jp/component/a_menu/education/detail/__icsFiles/afieldfile/2019/10/25/1412082-29.pdf［2024年7月26日最終閲覧］
文部科学省（2018b）「英語教育実施状況調査」
https://www.mext.go.jp/component/a_menu/education/detail/__icsFiles/afieldfile/2019/04/17/1415043_01_1.pdf［2023年10月25日最終閲覧］
文部科学省（2019）「外国人児童生徒等教育の現状と課題」
https://www.bunka.go.jp/seisaku/kokugo_nihongo/kyoiku/taikai/r01_tokyo/pdf/91949502_05.pdf［2024年7月26日最終閲覧］
文部科学省（2020）「コミュニティ・スクールのつくり方」
https://www.mext.go.jp/a_menu/shotou/community/school/detail/20210119-mxt_chisui02_001.pdf［2024年10月11日最終閲覧］
文部科学省（2021a）「高等学校教育の現状について」
https://www.mext.go.jp/a_menu/shotou/kaikaku/20210315-mxt_kouhou02-1.pdf［2024年10月11日最終閲覧］
文部科学省（2021b）「全国の学校における働き方改革事例集」
https://www.mext.go.jp/content/20210330-mxt_kouhou01-100002245_1.pdf
文部科学省（2022a）「日本語指導が必要な児童生徒の受入状況等に関する調査結果について」
https://www.mext.go.jp/content/20230113-mxt_kyokoku-000007294_2.pdf.［2023年10月27日最終閲覧］
文部科学省（2022b）「令和3年度子供の学習費調査の結果を公表します」

https://www.mext.go.jp/content/20221220-mxt_chousa01-000026656_1a.pdf［2023年10月30日最終閲覧］
文部科学省（2022c）「生徒指導提要」
https://www.mext.go.jp/content/20230220-mxt_jidou01-000024699-201-1.pdf［2023年10月27日最終閲覧］
文部科学省（2022d）「2022年度学校基本調査」.
文部科学省（2022e）「令和3年度 特別支援教育資料 第1部データ編」
https://www.mext.go.jp/content/20221206-mxt_tokubetu02-000026303_2.pdf［2023年10月29日最終閲覧］
文部科学省（2022f）「通常の学級に在籍する特別な教育的支援を必要とする児童生徒に関する調査結果について」
https://www.mext.go.jp/content/20230524-mext-tokubetu01-000026255_01.pdf
文部科学省（2022g）「令和4年度私立高等学校等初年度授業料等の調査結果について」
https://www.mext.go.jp/a_menu/koutou/shinkou/1412179_00004.htm［2023年10月29日］
文部科学省（2022h）「教員免許制度の概要」
https://www.mext.go.jp/a_menu/shotou/kyoin/20220913-mxt_kouhou02-1.pdf
文部科学省（2022i）「『教師不足』に関する実態調査」
https://www.mext.go.jp/content/20220128-mxt_kyoikujinzai01-000020293-1.pdf［2023年10月31日最終閲覧］
文部科学省（2023a）「令和3年度高等学校等における国際交流等の状況についてお知らせします」
https://www.mext.go.jp/a_menu/koutou/ryugaku/koukousei/20230403-mxt_kouhou02-1.pdf［2023年10月29日］
文部科学省（2023b）「令和4年度児童生徒の問題行動・不登校等生徒指導上の諸課題に関する調査結果について」
https://www.mext.go.jp/content/20231004-mxt_jidou01-100002753_1.pdf［2023年10月30日 最終閲覧］
文部科学省（2023c）「令和4年度夜間中学校に関する実態調査」
https://www.mext.go.jp/content/20230123-mxt_syoto02-100003094_1-1.pdf［2024年10月11日最終閲覧］
文部科学省（2023d）「令和3年度学校給食実施状況等調査の結果をお知らせします。」
https://www.mext.go.jp/content/20230125-mxt-kenshoku-100012603-1.pdf［2024年10月11日最終閲覧］
文部科学省国立教育政策研究所教育課程研究センター（2018）「特別活動指導資料 特別活動 小学校編」
https://www.nier.go.jp/kaihatsu/pdf/tokkatsu_h301220-01.pdf
柳澤靖明・福嶋尚子（2019）『隠れ教育費：公立小中学校でかかるお金を徹底検証』太郎次郎エディタス.
横尾恒隆（2016）「今日の職業教育をめぐる問題状況と職業教育の公共性」『教育学研究』83（2）. 69-81頁.
Japan Council of International Schools, “ABOUT JCIS”, https://www.jcis.jp/［2023年10月31日最終閲覧］
OECD（2022）“Education at a Glance 2022: OECD Indicators”, https://doi.org/10.1787/3197152b-en［2023年10月31日最終閲覧］

より深めたい人に参考になる本やサイト

（義務教育制度）

- 文部科学省「（参考）履修主義と修得主義、年齢主義と課程主義」
  https://www.mext.go.jp/a_menu/shotou/new-cs/senseiouen/mext_01515.html
- 文部科学省「小・中学校等への就学について」
  https://www.mext.go.jp/a_menu/shotou/shugaku/index.htm
- 文部科学省「1. 就学義務の猶予又は免除について」
  https://www.mext.go.jp/a_menu/shotou/shugaku/detail/1422228.htm

（校則）

- 文部科学省（2022）「生徒指導提要」
  https://www.mext.go.jp/content/20230220-mxt_jidou01-000024699-201-1.pdf
- 苫野一徳（監修）・古田雄一・認定NPOカタリバ（編著）（2022）『校則が変わる、生徒が変わる、学校が変わる：みんなのルールメイキングプロジェクト』学事出版.

（高校教育・大学入試）

- 文部科学省「高大接続改革」https://www.mext.go.jp/a_menu/koutou/koudai/index.htm

（特別支援学校・学級）

- 小林秀之（2018）『特別支援教育：共生社会の実現に向けて（MINERVAはじめて学ぶ教職18）』ミネルヴァ書房.
- ラニ・フロリアン（著）・倉石一郎・佐藤貴宣・渋谷亮・濱元伸彦・伊藤駿（訳・監修）（2023）『インクルーシブ教育ハンドブック』北大路書房.

（不登校）

- e-GOV法令検索「平成二十八年法律第百五号 義務教育の段階における普通教育に相当する教育の機会の確保等に関する法律」https://elaws.e-gov.go.jp/document?lawid=428AC1000000105_20230401_504AC0000000076
- 倉石一郎（2018）「『教育機会確保』から『多様な』が消えたことの意味―形式主義と教育消費者の勝利という視角からの解釈―」『教育学研究』85（2）, 150-161頁.
- 文部科学省「不登校」https://www.mext.go.jp/a_menu/shotou/seitoshidou/1302905.htm

（教育委員会）

- e-GOV法令検索「昭和三十一年法律第百六十二号 地方教育行政の組織及び運営に関する法律」
  https://elaws.e-gov.go.jp/document?lawid=331AC0000000162
- 新藤宗幸（2013）『教育委員会：何が問題か』岩波新書.

（外国人の子どもの教育）

- 金南咲季（2024）「移民背景を持つ子どもと教育」原田琢也・伊藤駿編『インクルーシブな教育と社会：はじめて学ぶ人のための15章』ミネルヴァ書房, 70-86頁.
- 文部科学省「帰国・外国人児童生徒等の現状について」
  https://www.mext.go.jp/a_menu/shotou/clarinet/genjyou/1295897.htm
- 文部科学省（2019）「外国人児童生徒等教育の現状と課題」
  https://www.bunka.go.jp/seisaku/kokugo_nihongo/kyoiku/taikai/r01_tokyo/pdf/91949502_05.pdf

（夜間中学）

- 江口怜（2022）『戦後日本の夜間中学：周縁の義務教育史』東京大学出版会.
- 添田祥史（2018）「夜間中学をめぐる動向と論点整理」『教育学研究』85（2）, 60-69頁.

(教師・養成)
- 文部科学省 (2022)「教員免許制度の概要」https://www.mext.go.jp/a_menu/shotou/kyoin/20220913-mxt_kouhou02-1.pdf
- 山崎洋介・杉浦孝雄・原北祥悟・教育科学研究会 (編) (2023)『教員不足クライシス:非正規教員のリアルからせまる教育の危機』旬報社.
- 高橋哲 (2022)『聖職と労働のあいだ:「教員の働き方改革」への法理論』岩波書店.

(課外活動)
- 文化庁「文化部活動の在り方に関する総合的なガイドライン」https://www.bunka.go.jp/seisaku/bunkashingikai/kondankaito/bunkakatsudo_guideline/h30_1227/pdf/r1412126_01.pdf
- スポーツ庁「運動部活動の地域移行について」https://www.mext.go.jp/content/20220727-mxt_kyoiku02-000023590_2-1.pdf
- 内田良 (2015)『教育という病:子どもと先生を苦しめる「教育リスク」』光文社.

(給食)
- 藤原辰史 (2018)『給食の歴史』岩波新書.

(保護者 (PTA))
- 葛西耕介 (2023)『学校運営と父母参加:対抗する《公共性》と学説の展開』東京大学出版会.

(その他)
- 坪谷美欧子 (監修)・西村明夫 (編) (2021)『学校通訳学習テキスト 公立高校・特別支援学校編』松柏社.

第 2 章

世界最大の日系社会を有し、広くて多様なルーツの人々が集うブラジルでは、どんな教育が行われているのか？

二井 紀美子

小学校4年の授業風景
（スニーカーでもサンダルでもOKです）

はじめに

ブラジルは、南米大陸随一の大国です。851万平方キロメートルの国土は、日本のおよそ22.5倍で、南アメリカ大陸の約47％を占めています。2022年ブラジル国勢調査によると、人口は2億306万人で、人種構成は、混血系の褐色人種（パルド）45.3％、白人43.5％、黒人10.2％、先住民0.6％、東洋系の黄色人種0.4％となっています。先住民と、入植者であるポルトガル人や奴隷制時代に受け入れたアフリカ系黒人、そして19世紀末以降の世界各国からの移民とその子孫が、多様性に富んだ社会を築いています。なかでもブラジル27州・連邦区の中で最大のサンパウロ州は4,441万人が居住しており、州都サンパウロ市は南米大陸で最も経済発展している都市として知られています。

日本とのつながりも深く、1908年に最初の移民船笠戸丸がサントス港に到着して以来、日本から移民した人々はブラジルの地に生活の基盤を築いてきました。2022年時点で全世界に約400万人の日系人がいますが、ブラジルにはその47.5％に相当する190万人がいると推定されています（海外日系人協会調べ）。日本人移民のブラジル社会への貢献は、なんといっても農業です。ジャガイモやトマト、果実、花卉、養鶏を普及させたのは日本人移民だといわれています(1)。また、日本人移民は教育熱心なことでも知られていました。ブラジル移民100周年の2008年時点では、ブラジルで最も優れた大学のひとつであるサンパウロ大学において学生の15～18％を、そして教員の8％を日系人が占めているほどでした(2)。日系人人口は全体のわずか1％にも満たないことを考えると、サンパウロ大学における日系人の存在感の大きさがわかるでしょう。また90年代からは日本人移民の子孫である日系人が来日し、今では日本国内において身近な隣人となっています。日本国内でブラジル人と接する機会のある方にも是非ブラジルの教育のことを知っていただければと思います。

また、ブラジルは社会格差の大きい国でもあります。1,143万人がスラム街（ファベーラ）に居住しています（2010年国勢調査）。下水道設備のない世帯は36.8％もあります。自治体の財政状況によって、提供される公的サービスにも大きな差があります。教育においても同様です。義務教育までは、主に州や市（ムニシピオ）の管轄なので、全国的な大枠のルールはありますが、地域によって実際の学校の状況は異なります。本章では、全体的なルールを基本に、サンパウロなどいくつかの地域の例を挙げています。それでは見ていきましょう。

1 教育制度

ブラジルの教育制度の大枠は全国共通です。公立学校には連邦立（国立）、州立、市立の3種類ありますが、州や市の財政状況等によって、提供されるサービスの質に差があります。まずは大枠がどうなっているか、みていきましょう。

Q1 ブラジルの教育制度はどうなっているのかな？

ブラジルの教育制度は、基盤教育（Educação Básica）と高等教育（Educação Superior）の2つに大きく分けられます。基盤教育（Educação Básica）は、「基礎教育」と日本語に翻訳されることもありますが、小・中学校段階の「基礎教育（Ensino Fundamental）」と同じ訳語になってしまうので、本書では「基盤教育」と訳しています。基盤教育は、中等教育以下の教育を指し、高等教育は大学・大学院を指します。基盤教育は、年齢段階に合わせて以下のように、幼児教育（Educação Infantil）、基礎教育（Ensino Fundamental）、中等教育（Ensino Médio）で構成されています。

<table>
<tr><th></th><th></th><th>学校種</th><th>年齢</th><th>期間</th><th></th></tr>
<tr><td rowspan="5">基盤教育
Educação Básica</td><td rowspan="2">幼児教育
Educação Infantil</td><td>保育所
Creche</td><td>0～3歳</td><td>4年間</td><td></td></tr>
<tr><td>幼稚園
Pré-escola</td><td>4～5歳</td><td>2年間</td><td rowspan="4">義務教育</td></tr>
<tr><td rowspan="2">基礎教育
Ensino Fundamental</td><td>小学校
Anos Iniciais（EF1）</td><td>6～10歳</td><td>5年間</td></tr>
<tr><td>中学校
Anos Finais（EF2）</td><td>11～14歳</td><td>4年間</td></tr>
<tr><td>中等教育
Ensino Médio</td><td>高校</td><td>15～17歳</td><td>3年間</td></tr>
</table>

Q2　ブラジルにはどんな種類の学校があって、どのくらいの生徒が通っているのかな？

基盤教育の設置者別学校割合

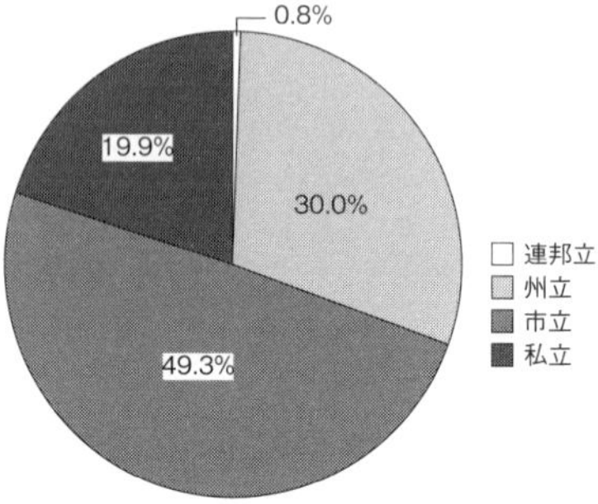

出典：学校センサス（Censo Escolar 2023）

現在ブラジルには、保育所から高校までおよそ18万（17万8,476校、2023年）の学校があります。ブラジルの行政は、国（連邦政府）、州（27州・連邦区）、市（ムニシピオ、5,570自治体）の三層構造になっており、連邦立、州立、市立の学校を合わせて公立学校と呼びます。基盤教育の学校全体では、図の通り8割が公立、2割が私立となります（数は少ないですが、国防省や州憲兵隊の軍学校（Escola Militar）もあります→Q27「軍の学校とは、どんなところなのかな？」参照）。基盤教育全体では、連邦立学校はわずか0.8%しかありません。州立や市立の学校は、全国的な法律には則っていても、細かなルールはそれぞれの裁量で決めることができるため、地域間格差や学校間格差があるのがブラジルの学校の特徴です。

幼児教育については、公立園のほとんどが市立で、市政府は市立と私立の保育所・幼稚園を管轄しています。0歳から3歳までの子どもたちの36.0%が保育所に通っています（2022年）。保育所は7万6,648か所あり、保育所に通う子どもたち（約412万人）の3分の2が市立園に、残りの3分の1が私立園に通っています（2023年）。4歳から5歳の子どもたちの91.5%が幼稚園に通っています（2022年）。幼稚園は、9万9,796園あり、幼稚園に通う子どもたち（約534万人）の77%が市立園に、22%が私立園に、1%が州立園に通っています（2023年）。

基礎教育については、私立は州政府が管轄します。6歳から10歳の子どもの99.5%が学校に通っています。小学校は10万3,785校あり、約1,443万人の生徒のうち、70%は市立に、19%は私立に、11%は州立に通っています。11歳から14歳までの子どもたちの99.4%が学校に通っています。中学校は6万1,806校あり、約1,168万人の生徒のうち、40%が州立に、44%が市立に、16%が私立に通っています。

中等教育については、私立は州政府が管轄します。15歳から17歳までの子どもたちの91.9%が学校に通っています。高校は2万9,754校あり、約768万人の生徒のうち、84%が州立に、13%が私立に、3%が連邦立に通っています。

大学は、連邦立と私立は連邦政府が、州立と市立は州政府が管轄しています。

Q3　学校には必ず通わなくてはならないのかな？

教育は、「すべての人の権利で、国および家族の義務」（連邦憲法第205条）であり、義務教育は、4歳から17歳までと定められています（連邦憲法第208条）。つまり、幼稚園（4・5歳）、小学校・中学校（基礎教育6～14歳）、高校（中等教育15～17歳）の14年間が義務教育です。就学義務があり、ホームスクーリングは認められていませんから、病気などの特別な理由がない限り、学校には必ず通わなければなりません。連邦最高裁判所（STF）は2018年にホームスクーリングは違法であるという判決を下しています。しかしながら、国家レベルの法律では合法ではないものの、すでにパラナ州やサンタカタリーナ州、ブラジリア連邦区ではホームスクーリング（educação domiciliar）を規定する法律を独自に制定しており、地域によってはホームスクーリングを認める方向で動いています。2024年6月現在、上院ではホームスクーリングを認めるための法改正が議論されており、今後はブラジルでもホームスクーリングが合法化する可能性があります(3)。

Q4　義務教育は無償なのかな？

ブラジル共和国連邦憲法には、「適切な年齢で教育を受けられなかったすべての者に対する無償の提供を含む、4歳から17歳までの義務的かつ無償の基盤教育」（第208条、2009年修正）と規定されています。そのため、連邦立・州立・市立（ムニシパル立）を問わず公立学校であれば、授業料はかかりません。教科書は貸与制ですが、無償です。ノートや鉛筆、ハサミ、ノリなどの学用品は、多くの公立学校では年度始めに生徒に無償で配布されます。しかしながら、学校が保護者に購入を求めることもあります。法律で学校が保護者に購入を求めることができるのは、色鉛筆、筆、ボンド紙（生徒ごとに数量限定）、模型用粘土など、授業期間内に教育活動や授業で生徒が実際に使用する学用品のみです。2023年には、教科書以外の学用品についても、公費で負担すべきという法案が下院に提出され、検討中です。貧困層の家庭であっても平等に教育を受けられるように、という考え方に基づいています。Tシャツなどの制服も無償で配布される地域もあります。

一方、私立学校では、授業料や教科書代も支払わねばなりません。私立学校の授業料は地域や学校によって大きく異なります。2023年において、主要9州の州都のうち、保育園から高校までの私立学校の平均月額授業料が最も高いのは、エスピリトサント州ビトリア市の1,805.59レアル[4]（5万4,168円）で、最も安いのはバイア州サルバドール市683.19レアル（2万496円）でした[5]。州によって平均月謝が倍以上違うことがわかります。同じ地域内でも授業料の差は大きいです。たとえば、南半球最大の都市であるサンパウロ州の州都サンパウロ市では、平均月額授業料はビトリア市に次ぐ1,539.54レアル（4万6,186円）となっていますが、市内の私立学校の月額授業料は220レアル（6,600円）から1万5,488レアル（46万4,640円）まで幅があります。

Q5　どうやったら義務教育を修了したことになるのかな？

ブラジルの義務教育年齢は、4歳から17歳までです。ですから、18歳の時点で高校を卒業（中等教育を修了）していることが理想的な義務教育修了の形です。しかし実際には、留年制度があるため、義務教育年齢を過ぎても高校を卒業できていない人もいます。年齢上の義務は17歳までですから、18歳以上の若者が中等教育を未修了なのに学校に通っていなくても、違反とはなりません。義務教育年齢を過ぎたら就学の義務はないのです。ただし、義務ではなくなっても、教育を受ける権利はあります。国は年齢を超過した人でも高校までの基盤教育を無償で受ける権利を保障しています（Q25「18歳までに義務教育を修了することができなかった人のために、特別な教育はあるのかな？」参照）。

Q6　ナショナルカリキュラムはあるのかな？

あります。基盤教育のカリキュラムの基本は、全国共通基礎カリキュラム

（BNCC, Base Nacional Comum Curricular）です。教育段階ごとに示されています。幼稚園から高校までの義務教育段階を通じて、生徒は10の一般コンピテンシーの獲得を目指します。一般コンピテンシーとは、現実を理解し学び続けて協働して民主的な社会を構築するための「知識」、知的好奇心を働かせる「科学的・批判的・創造的思考」、さまざまな芸術的および文化的表現を尊重する「文化的レパートリー」、自分自身を表現し相互理解につなげる「コミュニケーション」、重要で有意義かつ倫理的な方法でデジタル技術を理解・使用・作成する「デジタル文化」、仕事の世界を理解して自由・自主性・責任をもってキャリアを選択できるようにする「仕事とライフ・プロジェクト」、人権意識などをもって事実やデータ・情報に基づく「議論」、自分自身を知り、人間の多様性を理解し、自らを大切にする「自己知識とセルフケア」、いかなる偏見も持たずに多様性を歓迎し、他者や人権を尊重する「共感と協力」、価値観や適切な知識と経験を育む「責任と自律性」です。この10の一般コンピテンシーは、すべての知識分野に共通する包括的な能力であり、その能力を伸ばす内容が各教育段階のカリキュラムに盛り込まれています。

Q7　ブラジルの学校では、授業は１日何時間あるのかな？

ブラジルの2023年の学校センサスによると、各教育機関の1日当たりの全国平均授業時間数は、以下のとおりになっています。

1日当たりの平均授業時間数

保育所（0～3歳）	7.5時間
幼稚園（4～5歳）	5.0時間
小学校（1～5年生）	4.9時間
中学校（6～9年生）	5.3時間
高　校（1～3年生）	5.7時間

出典：学校センサス（Censo Escolar 2023）

ブラジルの学校の多くは、半日制なので、生徒も先生も学校に長居はせず、授業が終わったら速やかに帰宅しますから、学校滞在時間はほぼ授業時間といえるでしょう。日本の小学生の平均学校滞在時間は1日当たり7時間11分という研究結果があります[6]。ブラジルの小学校の生徒たちは、日本と比べると、学校に滞在する時間がおよそ2時間短いことがわかります。

ちなみに、授業は、小学校で40分、中学校や高校では45分から50分のところが多いですが、遅刻したら、次の授業の開始まで図書室などで待機させる学校もあります。

Q8　ブラジルの教員になるためにどうしたらいいのかな？

幼児教育と小学校の教員になるためには、大学の教育学部を卒業する必要があります。体育と芸術は、小学校でも教科担任制なので、その専門学部を卒業する必要があります。

中学校と高校は、教科担任制なので、大学でその教科を専門とする学部の教員養成課程を修了する必要があります。つまり、歴史の教員になるためには、歴史学部（学科）に入学し、歴史学の教員免許を取得する必要があります。

Q9　ブラジルの教員はどのくらいで異動（転勤）するのかな？

教員の異動のルールも自治体によって方法が異なりますが、異動せずに同じ学校に20年以上勤務している例も珍しくありません。多くの州では、教員の異動受け入れ枠の一覧（どこの学校にどんな教科・役職の募集枠があるか）を公開し、正規の小学校・中学校・高校教員で異動を希望する人からの応募を一定期間内に受け付けて、勤務校の配置換えをしています。セアラ州では、希望者は、配属を希望する学校、勤務シフトの有無、関連する科目などのリクエストを3つまで登録することができます(7)。サンパウロ州では、異動先の学校に異動希望者が重なった場合、公務員としての勤務時間、子どもの数、年齢を考慮して決定しています(8)。

2　幼児教育

幼児教育は、ブラジル政府が近年とても力を入れている分野です。まだ公立の施設は足りていないのが実情ですが、今後の改善が期待されています。

Q10　幼児教育の制度はどうなっているのかな？

幼児教育（Educação Infantil）は、0歳から3歳までの保育所（Creche）と4歳・5歳の幼稚園（Pré-escola）の2つの教育段階に分かれています。それぞれ別個の施設として運営されていることもあれば、保育所と幼稚園を合わせた施設として運営されているところもあります。施設の名称は、地域によって異なっています。サンパウロ市の公立幼児教育施設の例を紹介します。保育所に相当するのが「幼児教育センター（CEI, Centro de Educação Infantil）」で、0歳から3歳11か月の子どもを対象としています。幼稚園に相当するのが、4歳から5歳11か月の子どもを対象としている「市立幼児教育学校（EMEI, Escola Municipal de Educação Infantil）」です。保育所と幼稚園を合わせた統合施設で0歳から5歳11か月の子どもを受け入れるのが、「市立幼児教育センター（CEMEI-Centro Municipal de Educação Infantil）」です。リオデジャネイロ市では、この統合施設を「幼児発達スペース（EDI-Espaço de Desenvolvimento Infantil）」と呼称します。いろんな呼び方がありますね。

2022年時点の0歳から3歳までの保育所の在籍率は36％で、4歳・5歳の幼稚園の在籍率は91.5％です（ブラジル地理統計院IBGE調べ）。ブラジル政府は、国家教育計画（PNE）で2024年までに3歳までの子どもの50％以上の保育所入所と、義務教育である4歳・5歳の幼稚園の在籍率100％を目指していますが、まだ達成できていません。その第一の理由は、施設が足りないことにあります。公立の保育所と幼稚園は、無償です。保育所と幼稚園を提供する行政責任は市にあります。すべての子どもが公立保育所・幼稚園に通う権利を有しています。ただし、実際には公立保育所や幼稚園が不足しており、多くの公立保育所・幼稚園では、低所得世帯や特別な支援を必要とする子ども、社会的に弱い立場にある子どもを優先して受け入れているため、定員超過で希望する園に入れないこともあります。

3　基礎教育

小学校と中学校段階に相当するのが、基礎教育です。制度は全国共通ですが、細かなルールや提供されるサービスの質や量については、同じ公立学校であっても地域差がとても大きいです。留年制度もありますよ。基礎教育の学校生活がどうなっているかみていきましょう。

Q11　基礎教育の制度はどうなっているのかな？

小学校の教室

基礎教育（Ensino Fundamental）は、6歳から14歳までの9年間です。基礎教育は、「初等教育」と訳されることもありますが、日本の小学校（初等教育）と中学校（前期中等教育）を合わせた教育段階なので、本書では誤解を防ぐために「基礎教育」と訳しています。かつてはこの教育段階は、「第一レベル（primeiro grau）」と呼ばれていました。

基礎教育は、第1学年から第5学年の前期（anos iniciais）と、第6学年から第9学年の後期（anos finais）に分けられます。前期をEF1（基礎教育1）、後期をEF2（基礎教育2）と呼ぶことが多いです。本書では、基礎教育の前期（EF1）の学校を小学校、後期（EF2）の学校を中学校と呼んでいます。学年は、基礎教育の9年間を通して1年生から9年生となっています。

小学校は、6歳から10歳の5年間（1年生から5年生）です。子どもの読み書き能力と言語、社会的スキル、認知的スキル、運動スキルの発達に焦点が当てられます。特に、最初の2年間（1年生・2年生）は、読み書き能力に重点を置いた教育活動が進められています。基本科目は、算数、理科、歴史、地理、ポルトガル語、芸術、体育、宗教教育で、自治体によっては英語などの科目が加わります。一般的に音楽は芸術の授業の中に含まれますが、学校によっては、音楽を独立した科目として扱っているところもあります。宗教教育は、必修科目ではありません。小学校の授業は、1人の教員が担当するクラス担任制ですが、芸術、体育、宗教教育は、その教科を専門とする教員が教えます。

中学校は、11歳から14歳の4年間（6年生から9年生）です。生徒の自主性を高め、より複雑なコンテンツを導入することに重点が置かれます。生徒が自分自身の学習の主体となるような教育実践が意識されています。基本教科は、小学校の基本科目に英語が加わります。自治体によっては、スペイン語などの科目も行われています。授業は、各教科の専門の教員が教える教科担任制です。

基礎教育の授業時間は、年間800時間以上で、少なくとも200日の授業日を確保することが決められています。

Q12 勉強ができなかったら進級できないのかな？

ブラジルには、留年制度があります。まず1年間の総授業時間の25％以上を病気などの理由なく欠席したら、進級できません。また学業の評価が低くても進級できません。小学校1年生・2年生には、学業を理由にした留年はありませんが、実際には小学校入学時点ですでに適正年齢を過ぎている子どもたちもいます（Q25「18歳までに義務教育を修了することができなかった人のために、特別な教育はあるのかな？」参照）。

かつては小学校から高校までどの教育段階であっても、毎学年、進級判定をしていて留年することがありましたが、現在では、複数学年をまとめてひとつの学習期（サイクル）とみなし、各学習期の最終学年でのみ進級判定をする学校も増えています。この方式を「継続的な進級（progressão continuada）」と呼びます。基礎教育での学習期の分け方は、1～3年生、4・5年生、6・7年生、8・9年生だったり、1～3年生、4～6年生、7～9年生だったりと、地域によって異なります。高校では3年間をひとつの学習期とみなしています。各学年の進級判定方式と「継続的な進級」方式のどちらを採用するかは、州や市ごとに異なります。

また、学業の評価の仕方も、期末試験で進級の合否を決めるところもあれば、年間通じて学習のパフォーマンス評価で決めるところもあり、学校によって異なります。

Q13　通知表はあるのかな？

通知表は、ポルトガル語ではboletim escolar（ボレチン・エスコラール）といいます。近年ではavaliação（アバリアサォン、「評価」）と呼ぶことが多いようです。2か月（各四半期）ごと、および半年ごとの平均（成績）や欠席などの生徒の教育学的情報を記載した文書です。公立学校においては、紙ベースで個別に配布されていますが、コロナ禍を境にデジタル化が進み、ウェブ上でもデジタルプラットフォームにログインすれば、24時間いつでも保護者は確認することができる地域が増えました。

Q14　学校で子どもたちはどんな１日を過ごしているのかな？

ブラジルの学校は、地域ごとに差はありますが、平均すると今も公立小学校・中学校のおよそ9割は半日制です。一般に、半日制の公立学校では、学年などによって午前クラスと午後クラスに分かれています。高校では、午前クラス・午後クラスのほか、夜間クラスが開講されているところもあります。おおよその授業時間帯は、午前クラスは7時から12時、午後クラスは13時から18時、夜間クラスは19時から23時です。授業は、小学校で40分、中学校や高校は45分または50分のところが多いです。

ここで、午後クラスの流れを見ておきましょう。

午前中の過ごし方は、生徒それぞれです。午前中にシャワーを浴び、宿題をやります。学校までの登校手段は、生徒の年齢によって異なりますが、徒歩や自転車、自家用車での送迎、スクールバスなどがあり、保護者は学校に登校手段を申告します。

学校に到着後、朝の会、帰りの会といった時間はありません。小学校では、その代わりに1限目の授業の最初に連絡事項が伝えられたりします。帰りの会も同様に、最後の授業の終わりに次の日の確認や連絡などを行います。中学・高校は教科担任制なので、それもありません。

掃除の時間はありません。生徒は掃除はしません。

途中、休憩の時間が15分から30分ほどありますが、その時にランチ・軽食が出ます。

ピアスなどのアクセサリーの着用は認められています。また、ランドセルではなく、コロコロのついたキャリーリュックを使っている子が多いです。

Q15　給食はあるのかな？

ブラジルの学校にとって、給食はとても大切です。2009年の法律11,947号で、学校給食は「公立基盤教育の生徒の権利」かつ「国家の義務」であり、学校給食は「特別な配慮を必要とする生徒と社会的に弱い立場にある生徒の年齢と健康状態の間の生物学的差異を尊重しながら、平等にアクセスできる形で、生徒の食料と栄養の安全を保証すること」が目的であると定義されました。そして、全国学校給食プログラム（PNAE, Programa Nacional de Alimentação Escolar）が始まりました。PNAEは、連邦（国家）の予算を、給食のために州や市に割り当てる仕組みです。給食は、幼児教育から中等教育までの基盤教育の公立学校・公立園に通う生徒すべてに無償で提供されています。回数や内容は、地域や学校によって異なりますが、PNAEが定めた栄養基準を満たさねばなりません。半日制の小学校・中学校や高校では、午前の部では朝食・午前のおやつ・昼食の3食が、午後の部では昼食・午後のおやつの2食が提供されるところが多いようです。全日制の保育所では回数が多く、朝食、午前のおやつ、昼食、午後のおやつ、夕食の5食が提供されています。私立学校では、有償で給食が提供されていたり、校内の売店で買うなど各自で用意したりします。

Q16　部活動や遠足、修学旅行はあるのかな？

部活動は、基本的にブラジルの公立学校にはありません。半日制の学校が多いため、授業が終わればすぐに帰宅します。日帰りで行われる遠足や社会見学は、公立学校でも行われることがありますが、地域によって差があります。自治体によっては、遠足・社会見学用の予算を組み、バス運賃などを行政が負担するところもあります。動物園や博物館、大きな公園、遊園地などに行くケースが多いようです。宿泊を伴う修学旅行は、公立学校ではありませんが、私立学校の中には行っているところもあります。

生徒だけが参加して恒常的に行う部活動はありませんが、ブラジルの学校では、学校プロジェクトと呼ばれる各種活動がよくあります。これは、たとえばNGOなどが学校で手話講座を無償開催したい時、校長が許可すれば開くことができ、プロジェクトによっては生徒でも教職員でも保護者でも参加できるといった具合です。部活動と異なり、単発企画や期間限定だったり、プロジェクトを企画したり参加するのが生徒に限らなかったりします。

Q17 保護者と学校の関係はどうかな？

ブラジルでは、全員の生徒を対象とした教員の家庭訪問はありません。ただし、コロナ禍で学校閉鎖中に、教員が各家庭を訪問し、勉強の進捗状況を確認したりするケースはありました。また、問題のある生徒については家庭訪問することも、まれにですがあります。

保護者であっても、学校内に自由に入れないのがブラジルです。建物の入り口は固く施錠され、事前連絡が不可欠です。保護者は入学初日に子どもに同行してガイダンスを受けたりします。また、保護者会は四半学期ごとに1回、合計年4回行われる学校が多いです。一般的に授業参観は行われていません（なお、一部の私立学校では積極的に保護者の学校訪問を受け入れています）。

このように、公立学校においては保護者と学校の関係は伝統的に淡白でした。しかし、学校と保護者の良好な関係が教育の質向上に役立つという見地から、2024年4月にブラジル教育省は「学校とコミュニティプログラム（Proec）」を開始することを決定しました。これにより、保護者の学校参加を促進するプロジェクトが進められていくと思われます。

4 中等教育

中等教育（高校）も、ブラジル政府が力を入れている分野です。義務教育で公立高校は無償です。新しい中等教育改革が進行中で、完全実施は2029年度になる見込みです。高校中退者を減らすことが重要な課題となっています。それでは、みていきましょう。

Q18 中等教育の制度はどうなっているのかな？

中等教育（Ensino Médio）は3年間で、対象年齢は15歳から17歳です。日本の高校に相当します。かつては、「第二レベル（segundo grau）」と呼ばれていました。本書では、中等教育課程の学校を高校と呼ぶことにします。高校は、小学校・中学校で習得した知識を深めることが目的とされ、より一層自律的な学習が生徒に求められます。

ブラジルは、2024年現在、中等教育改革を進めている過渡期にあります。2017年に新しい中等教育改革が承認され、2022年の1年生からこの新しい高校のルールに則ったカリキュラムが始まり、2024年からはすべての高校がこの改革の内容を実施する予定でした。しかし、2019年からの新型コロナ・パンデミックの影響もあり、十分な議論を尽くさずに改革を実施しようとしたために改革への反対が強く、政府は、改革の一時停止をし、2023年10月にはさらなる改革修正案を提出しました。その後、部分修正を重ねて、2024年6月に上院で、7月に下院で可決された後、2024年7月31日にルーラ大統領によって部分拒否権付きで承認されました。

主な変更点は、次のとおりです。まず、年間最小授業時間は1,000時間で、高校3年間の総授業時間数は3,000時間ですが、普通教育課程の場合、必修科目に2,400時間、選択科目に600時間を費やすことになりました。必修科目も拡大しました。2018年からは高校3年間でポルトガル語と数学だけが必修で、あとは選択科目でしたが、今後の必修科目は、言語（ポルトガル語、英語）、数学、芸術、体育、自然科学（生物、物理、化学）、人間科学（哲学、地理、歴史、社会学）となりました。スペイン語の必修化も議論されましたが、スペイン語は最終的に選択科目となりました。選択科目は、自然科学、人間科学、言語、数学の4分野の中から、生徒は関心のある知識分野に焦点を当てて学び、知識をより深めていくこととなります。

一方、職業教育を行う技術課程では、必修科目と技術関連科目の履修時間は2,100時間と決まりました。職業訓練は、その技術内容によって900時間から最大1,200時間となります。

さらに、各自治体は夜間中等教育を提供する公立高校を少なくとも1校設置しなければならないというルールもできました。

以上の内容は、2025年度入学者からの適用が見込まれていますが、中退者を減らすことや現代的課題に対応する即戦力づくりを意識した改革はこれからも続くでしょう。

Q19　高校にはどんな種類があって、どのくらいの人が進学するのかな？

高校には、普通教育課程（Ensino médio propedêutico）と、普通教育と職業教育を統合した職業教育統合型課程（EMIEP, Ensino Médio Integrado a Educação Profissional）があります。2023年の中等教育就学者数はおよそ768万人で、そのうち、普通教育課程の生徒は685万人でした（職業教育統合型課程については、Q20「高校レベルの職業教育はどうなっているのかな？」参照）。

高校生の84.8％が昼間に学習し、15.2％が夜間に学んでいます。大半は半日制の学校ですが、全日制高校は公立高校の21.9％、私立学校の11.0％で、年々少しずつ増えています。

2023年の全国世帯サンプル継続調査によると、15歳から17歳の若者の91.9％[(9)]が、いずれかの教育段階の学校に通っています。この年齢層は高校に在籍しているのが標準ですが、15歳から17歳の若者人口のうち、高校に在籍している者と飛び級してすでに高校を卒業した者を合わせた割合（調整済み純就学率）は、2023年は75.0％でした。つまり、4人に1人は、中学校以下に在籍している、もしくは学校から離れてしまっているということになります。

2022年のOECD調査によると、25歳から64歳までブラジル人の5人に2人（41.5%）は、高校を卒業していません。さらに、ブラジル国立教育研究所INEPが発表した2022年高等教育センサスによると、18歳から24歳のブラジル人の5人に1人（22.1%）は高校を卒業していないうえに学校に在籍していません。

高校中退はブラジル社会にとって大きな経済損失だという研究結果も出ています。リオデジャネイロ州産業連盟（Firjan SESI）が国連開発計画（UNDP）と協力して実施した調査研究（2023年）では、最貧困層の若者の高校卒業率はわずか46%しかないのですが、この最貧困層の若者の高校卒業率が84%まで上がれば、国庫に年間1,110億レアル（約3兆3,433億円）の貯蓄が生まれるだろうと推測しています[10]。

特に公立高校の生徒の家庭の経済状況は深刻です。公立学校を経済的理由で中退する生徒が多いことが問題となっています。そこでブラジル政府は、2024年から貯蓄プログラム（Pé de meia）[11]を開始しました。14歳から24歳までの公立高校の生徒、もしくは19歳から24歳までの青年・成人教育（EJA、後述）に通う生徒で、貧困層向けの現金給付制度ボルサ・ファミリアの受給家庭の人が対象となっています。年度初めに在籍登録すると200レアル（約6,000円）、総授業時間数の80%以上出席すると200レアルを年間9回（1年で1,800レアル、約5万4,000円）、最終年度に全国中等教育試験ENEMもしくは青年・成人能力認定国家試験ENCCEJAを受験すると200レアル（約6,000円）、中等教育修了証書を取得すると1,000レアル（約3万円）が与えられます。

このように、いかに高校中退させないかが、ブラジルの教育施策のひとつの大きな柱になっています。

Q20　高校レベルの職業教育はどうなっているのかな？

高校レベルの職業教育（技術課程Curso Técnico）は、専門分野における特定のスキルと能力を開発することを目的としています。生徒は、特定の職業に就くために必要な実践的かつ理論的な知識を身につけることができます。

高校レベルの職業教育、すなわち技術課程には、実施形態別に、統合型、併修型、後続型の3つがあります[12]。どの型の技術課程でも最低限の総履修時間は同じで、得られる資格も同じ中級レベルの職業技術資格となります。

統合型（Curso Técnico Integrado、職業教育統合型課程EMEIPとのこと）は、普通中等教育に職業教育を統合した課程で、ひとつのカリキュラムの中に、普通教育と職業教育の内容が組み込まれています。日本でいうところの工業高校などの職業高校をイメージするといいでしょう。期間は3年間です。中学校を卒業した者が入学できます。この課程を修了すると、中等教育修了資格と特定の職業技術資格の両方を得ることができます。2023年はおよそ78万人が統合型で学びました。

併修型（Curso Técnico Concomitante）は、普通中等教育と並行して実施される職業訓練で、普通中等教育のカリキュラムとは別です。対象生徒は、普通高校の在学者です。普通高校に通いながら、同時に別の教育機関でこの併修型を受講します。統合型の在籍者は併修型を受講することはできません。併修型の生徒は、1日のうち、半日は普通高校の授業を履修し、半日は併修型技術課程で学んでいます。いわゆるダブルスクールです。併修型技術課程と普通中等教育課程は、別々の機関で行われるので、修了すると、普通高校では中等教育修了資格を、併修型を実施する機関では特定の職業技術資格を取得します。2023年は約33万人が併修型で学びました。

後続型（Curso Técnico Subsequente）は、高校を卒業した人を対象にした職業訓練です。就職市場に迅速に参入するために、特定の技術スキルを習得するための課程で、修了すると、特定の職業技術資格を得ることができます。2023年には約108万人が後続型で学びました。

そして、統合型、併修型、後続型を問わず、すべての技術課程で提供する具体的な技能コースとその内容（必要授業時間数等）は、国が定めており、技術課程国家カタログ（Catálogo Nacional de Cursos Técnicos）[13]として公開されています。国が認めた技能コースは大きく分けて13の専門分野があり、その中に合計215のコースがあります。各コースの履修に最低限必要な総時間数は、800時間、1,000時間、1,200時間とコースによって異なっており、併修型や後続型の技術課程の期間は、おおよそ1年（例：学校事務技師）から2年半（看護技師、放射線技師）です。実習はコースによって必須であったり、なかったりします。

雇用市場の需要に応えるため、特に医療（26.5%）、経営管理（25.4%）、ICT（13.5%）、生産管理（11.9%）などの専門分野の履修者が多いです（学校センサス2023）。

Q21　高校はどうやったら進学・卒業できるのかな？

高校までは義務教育なので、中学校を卒業した生徒は、家から最も近い公立高校には入学試験無しで入学できます。しかし、高校にも定員があるため、第二希望、第三希望の学校への進学となる場合もあります。私立高校への進学を望む場合は、入学試験があります。

高校を進級・卒業するためには、各科目を履修し、合格する必要があります。留年もあります。ただし、科目ごとの合否は必ずしも試験で決まるとは限っていません。学校や教員によって、評価方法は異なります。

ENEM（Exame Nacional do Ensino Médio、エネン）と呼ばれる全国中等教育試験（Q35「全国中等教育試験（ENEM）はどんな試験なのかな？」参照）がありますが、これは高校3年生や高校既卒者が受験する試験で、大学入学許可のための試験のひとつなので、高校を卒業するだけなら受験する必要はありません（高校1、2年生が試しに受けることもできます）。

Q22　高校卒業後は、どんな進路に進むのかな？

高校卒業後の進路としては、進学せずに働く人が多いです。2022年の高等教育センサスによると、18歳から24歳の若者のうち、高校を卒業した後に進

18歳から24歳人口の就学状況割合

中等教育（高校）を卒業し、進学していない	43.4%
中等教育（高校）を卒業しておらず、通ってもいない	21.2%
高等教育機関（大学等）に通っている	20.2%
中等教育（高校）に通っている	9.9%
高等教育機関（大学等）を修了した	4.0%
基礎教育（基礎学校）に通っている	1.2%

出典：高等教育センサス（Censo da Educação Superior 2022）

学していない人が43.4％で、大学などの高等教育機関をすでに卒業した人と在籍中の人を合わせて25.2％でした。つまり、大学に進学した人は、4人に1人の割合でした。

Q23　どんな校則があるのかな？

ブラジルの学校規則（regimento escolar）は、州や市が定める基準に基づいて各学校が独自に定める管理的規範的な文書を指します。生徒の守るべきルール（権利と義務）や罰則だけでなく、校長や教職員の権利と義務のほか、指導計画や学校の管理運営規則全般が定められています。

地域による多少の違いはありますが、一般に、公立学校の学校規則は、州教育局や市教育局が示す方針や学校行動総則に則り、学校ごとに教員代表のほか、保護者や生徒の代表が参加する学校評議会（Conselho Escolar）で作成・審議されたのち、州教育局、もしくは市教育局で承認・批准されて発効となります。

かつてはブラジルの学校は、上意下達で管理主義的でした。ブラジルは、1964年から20年間、軍事独裁政権でした。ここではサンパウロ州の例をみていきましょう。1978年には、サンパウロ州議会は州立高校の共通規則を承認しました（政令11,625号）。そこでは、生徒は、学校の規律規範と教員の命令に従う必要があり、逆に、学校長には、規則の設定、課外活動や集団活動の許可、生徒への処罰など多くの決定権が集中して与えられました。

しかし、1985年に軍事政権から再び文民政権に戻り、社会の民主化が進むと、軍事政権時代の独裁的かつ懲罰的な校則ルールを変更する必要が出てきました。1998年に、サンパウロ州教育審議会（CEE）はこのようなニーズに対応するため、意見書67/98号を承認し、学校が「管理・共存規則」（第25条）を作成する際の一般的ガイドラインを規定しました。その意見書の考え方は、1978年の政令とはまったく異なり、校則は、保護者、生徒、職員とともに作成すべきであり、校則の範囲は、単に生徒の行動に限定されるものではなく、教職員についても指標を設定すべきだと示しました。学校での行動の決定における民主化の推進に加え、意見書は、1990年の児童青少年憲章を考慮し、生徒の権利を尊重すべきであると勧告しました。そして、2009年には、サンパウロ州教育局は、「学校行動総則」の冊子を作成し、州立学校に配布しました。法的拘束力はありませんが、現在でも各学校の校則策定の参考となっています。その冊子の中には、生徒の権利として「無償で質の高い公教育を受ける権利」「個人の自由と表現の自由に対する権利」「公正で友好的な待遇を受ける権利」の3つが掲げられています。また、生徒の義務と責任の一覧には、12の項目があります。抜粋したものが下記の表です。

見てわかるとおり、服装や髪形に関する規則はありません。

ブラジルの学校では、学校での暴力事件が大きな問題になっており、暴力や飲酒・麻薬に係わる行動を禁じる規則が重要視されています。

サンパウロ州立学校における生徒の義務と責任

1	規則正しく時間通りに登校し、教育のさまざまな分野で進歩するために必要な努力をすること。
2	授業の準備をし、個人または集団で使用する本やその他の教材を適切に管理すること。
3	教室や校内への出入りに関する規則を守ること。
4	年齢、性別、人種、肌の色、信条、宗教、社会的出自、国籍、身体的または精神的な状態、障害、配偶者の有無、性的指向、政治的信条にかかわらず、他の生徒、校長、教員、職員に敬意を払い、礼儀正しく接すること。
5	すべての生徒の学習する権利を保障すること。協力的で安全な学習環境の創造と維持に貢献すること。
6	学校コミュニティのメンバーの権利の自由な行使を否定したり、脅迫したり、またはいかなる形であれ否定的に妨害したりする行動を慎むこと。
7	学校の建物、設備、校章を尊重し、大切にし、その保存に協力し、公私を問わず他人の所有物を尊重すること。
8	学校コミュニティの健康、安全、福利を危険にさらす可能性のある問題について、学校経営陣と情報を共有すること。
9	けんかやもめごとの解決には平和的手段を用いること。
10	常に平和的に話し合いを行い、話し合いに参加したくない生徒の意思を尊重すること。
11	アルコール、合法・非合法薬物、有害物質、凶器のない学校環境を保つことに協力すること。
12	学校の事柄、特に学習の進捗状況、社会的・教育的行事の計画や進行状況について、保護者または法定保護者に常に情報を提供し、学校職員から保護者宛に送られた連絡事項を保護者が確実に受け取り、適切な時期に、正当な承認を得て校長に返却すること。

出典：サンパウロ市教育局「学校行動総則」2009年（Secretaria de Educação do Estado de São Paulo. "Normas Gerais de Conduta Escolar"）

5 特別な教育ニーズに対応する教育

不登校の生徒、留年してしまった生徒や学校をいったん離れてしまった生徒、障害を持つ生徒やギフテッドの生徒に対して、ブラジルの学校はどんな対応をしているのでしょうか。また、ブラジルには軍の関係する学校もあるので、それもみていきましょう。

Q24　不登校の子どもはいるのかな？

不登校の子どもは、います。いますが、ブラジルでは、国家教育指針基本法LDB（エリデーベー）で、病気などの理由のある者は除き、通常認められる欠席は1年間当たりの総授業時間数の25％までと決められています。つまり、総授業時間数が800時間ならば、その25％の200時間以上を欠席すると進級できません（さらに小学校3年生以上であれば成績不良でも進級できないこともあります）。日本のように、長期間の不登校状態であっても進級や卒業できたりはしません。通常、不登校の生徒のための教室などもありません（ただし、欠席超過した生徒や成績不良だった生徒への救済策として、長期休暇中に集中補習授業を実施する自治体もあります）。

総授業時間数の25％以上を欠席して進級資格を失ってしまう生徒を減らすために、2019年には新たな法律を作りました。総授業時間数の欠席制限の上限時間数の30％を超えて生徒が欠席した場合、学校は後見審議会[(14)]（Conselho Tutelar）に即時通知する義務を負うこととなりました。たとえば、総授業時間数800時間ならば、欠席制限上限の200時間の30％、すなわち60時間以上欠席したら、学校は後見審議会に通知します。学校から欠席時間数の基準を超過した生徒の連絡が入ると、後見審議会は家庭の状況を確認し、正当な理由なく学齢期の子どもを学校に行かせていない場合は虐待事例として介入することとなります。

また、友人関係の不和や不適応など、さまざまな理由で登校できない場合、他校に定員の空きがあり、生徒が望んで手続きをすれば、転校することも可能です。

Q25　18歳までに義務教育を修了することができなかった人のために、特別な教育はあるのかな？

ブラジルの学校には留年制度があるので、在籍学年との間にずれが生じることがあります。標準年齢を2歳以上超過して在籍している生徒の割合は以下の表のとおりです。

18歳までに義務教育を修了できないからといって、学校を追い出されたりすることはありません。その代わり、18歳を過ぎて義務教育を修了せずに学校を中途退学しても、学校に戻らねばならないわけではありません。

しかし、義務教育を修了し、その後必要に応じて就業に有利な技能を身に付けることは、経済的自立に欠かせないものです。そこで、ブラジルには、義務教育を修了せずに学校を離れてしまった人のための特別な教育課程があります。それを、青年・成人教育（EJA-Educação de Jovens e Adultos）といいます。

青年・成人教育には、15歳以上で基礎教育を修了していない人を対象とした基礎教育水準と、18歳以上で中等教育を修了していない人を対象とした中等教育水準があります。2023年の基礎教育水準の生徒数は約158万人、中等教育水準の生徒数は約101万人で、合わせて259万人が青年・成人教育で学んでいます。生徒の47％は市立、45％は州立、8％は私立で学んでいます。公立の学校が提供する青年・成人教育課程は無償です。学齢児が通う普通教育課程の学校に比べ、およそ半分の期間で青年・成人教育課程は修了することができます。昼間コースのほか、夜間コースがあり、毎日通学するフル通学制のほか、

学年別年齢超過生徒の在籍割合

教育段階		学年	標準年齢	標準年齢を2歳以上超過して在籍している生徒の割合
基礎教育	前期	1年	6歳	3.1%
		2年	7歳	5.1%
		3年	8歳	8.2%
		4年	9歳	9.4%
		5年	10歳	11.5%
	後期	6年	11歳	15.8%
		7年	12歳	17.2%
		8年	13歳	17.9%
		9年	14歳	16.9%
中等教育		高1	15歳	22.4%
		高2	16歳	19.1%
		高3	17歳	15.8%

出典：学校センサス（Censo Escolar 2023）

遠隔教育を利用した授業や、半通学制（週2日程度通学）など、さまざまな人が通いやすいように、柔軟な授業形式が用意されています。

さらに、日本の中学卒業程度認定試験や高等学校卒業程度認定試験と同様に、通学せずとも、合格すれば基礎教育もしくは中等教育の修了証書を得られる認定試験も行われています。この試験を、青年・成人能力認定国家試験（ENCCEJA-Exame Nacional para Certificação de Competências de Jovens e Adultos）といいます[15]。ENCCEJAの受験可能年齢は、基礎教育水準で15歳以上、中等教育水準で18歳以上です。ENCCEJAには、ブラジル国内の一般向け（ENCCEJA Nacional）のほかに、国内の刑務所に収監されている人向け（ENCCEJA Nacional PPL）、海外に居住するブラジル人一般向け（ENCCEJA Exterior）と海外の刑務所に収監されているブラジル人向け（ENCCEJA Exterior PPL）の4種類があります。この4つのENCCEJAは、いずれも年に1度行われますが、試験日は異なります。毎年、国立教育研究所（INEP）がそれぞれの日程を発表します。2023年の海外居住者向けENCCEJA Exteriorは、日本の名古屋、浜松、東京を含む12か国16都市で実施されました。また海外の刑務所の収監者向けのENCCEJA Exterior PPLは、世界の中でも日本でのみ行われ、駐名古屋ブラジル総領事館の監督の下、名古屋刑務所にて12名が受験しました[16]。

Q26　障害のある子どものための教育にはどのようなものがあるのかな？

身体障害、発達障害、またはギフテッドの子どもたちは、2023年時点で幼児教育から中等教育まで合計177万人在籍しています。ブラジルでは、特別支援教育（Educação Especial）の対象は、障害、広汎性発達障害の子どもたちだけでなく、高い能力・才能を持つギフテッドの生徒も含まれます。

特別支援を必要とする生徒の障害は、最も多いのが知的障害（95万2,904人）で、自閉症（63万6,202人）、身体障害（16万3,790人）、重複障害（8万8,885人）、弱視（8万6,867人）、難聴（4万1,491人）、ギフテッド（3万8,019人）と続いています（複数回答あり）。

特別支援教育に関する国のガイドラインでは、すべての生徒が補完的・専門的な支援を得ながら通常学級で授業を受けられるように保障することが謳われています。つまり、障害や特別な教育的ニーズを持つ子どもも他の子どもたちと同じ教室で学んでいくインクルーシブ教育が目指されているのです。特別支援学級や特別支援学校がないわけではありませんが、特別支援教育で登録している生徒のうち、特別支援学級や特別支援学校で学んでいる割合は、基礎教育段階で8%、幼児教育段階で3%、中等教育段階ではわずか0.5%にしかすぎません。圧倒的多数の子どもたちは、通常学級で他の子どもたちと一緒に学んでいます。しかし、2023年時点で、特別支援教育を必要とする177万人のうち、特別な支援を受けているのは47%だけで、53%は特別な教育支援を受けずに通常学級に在籍しており、支援はまだ足りていない状況です。

各州は、特別支援教育の資料を集めたリソースルームや特別支援専門の教育サービスセンターを設置したり、特別支援教育専門の教員や支援員が生徒の在籍する学校を訪問して生徒に合わせた支援を行う巡回サービスを導入したり、インクルーシブ教育実践の教員研修の実施、障害者支援をするNGO団体との協定締結、校舎のバリアフリー化などをしています。

Q27　軍の学校とは、どんなところなのかな？

ブラジルでは、18歳から45歳までのブラジル国籍を持つすべての男性には1年間の兵役が義務づけられています。国外に居住する人も領事館で徴兵登録を済ませる必要がありますが、外国で3か月以上居住している人は兵役免除を申請することができます。ただし、平時であれば、定職についていることや大学進学、健康上の理由など正当とみなされる理由があれば兵役免除を受けることができます（良心的兵役忌避）。さて、そんなブラジルには、10代の子どもたちが入学できる軍に関係する学校がいろいろあります。軍学校（Colégio Militar）、市民軍学校（Escola cívico-militar）、州立軍学校（Escola Militar Estadual）などです。軍に関係する学校は、全国におよそ800校あると推測されています(17)。

ブラジル陸軍の軍学校は全国に15校あります。軍学校は、国防省の管轄で、教育省の管轄外となります。軍学校には中学校と高校の課程があります。軍は軍学校のカリキュラムを定義する自治権を持っています。生徒の大半は軍人の子どもですが、民間人でも入学選抜試験に合格すれば入学できます。教員の給与は高く、ロボット工学などのさまざまな研究室、運動場などが完備され、教育の質の高さに定評があります。一般校とは異なり、厳格な制服や髪形の校則があります。

市民軍学校は、ボルソナロ政権期（2019-2022年）の2019年に市民軍学校全国プログラム（Pecim）が導入されたことにより、全国に普及しました。中学校と高校段階の学校です。市民軍学校の管轄は教育省で、カリキュラムは州教育省が責任を負っています。授業は一般の教員が行い、予備役軍人が主に生徒指導や懲戒問題の監視員として教室の外で勤務しています。市民軍学校は、市や州の公立学校ネットワークとつながっており、通常の公立学校の入学手続きと同じです。しかし2023年、ボルソナロ政権の次に政権を奪取したルーラ大統領は、Pecimを停止し、市民軍学校を通常の公立学校に戻すことを決定しました。しかし、一部の州や市ではPecim終了後もそれぞれの自治体の責任の下で市民軍学校を存続させることを決めています。その場合は、それぞれの教育局と公安局が共同で市民軍学校を管理することになります。軍の影響下に置かれる学校の存在については、政治的立場によって賛否が分かれています。

6　外国語学習・移民（外国人）の教育・インターナショナル学校

近年、バイリンガル教育やトリリンガル教育などさまざまな外国語学習に力を入れる学校が増えました。日本とのつながりの深いブラジルには、日本人学校もありますし、日系の現地校もありますよ。

Q28　学校では外国語の学習はいつから始まるのかな？

ブラジルでは、2016年までは、中学校および高校で少なくともひとつの外国語を教えることが定められていましたが、どの言語を教えるのかについては、学校、または州や市の教育局に任されてきました。2017年の法改正により、中学校（6年生から）での英語が必修化されました。私立では、小学校から英語を学ぶ学校が多いです。一部の公立学校でも小学校から英語を取り入れています。

学校教育の中で外国語学習がより一層重視される潮流にあるのは間違いありません。たとえば、サンパウロ州では、第二言語を学ぶことができる言語研究センター（CEL）を整備し、サンパウロ州内の167校で、7つの外国語（スペイン語、ドイツ語、日本語、英語、フランス語、イタリア語、北京語）と、ブラジル手話、ポルトガル語（中学校から入学する外国人向け）のコースを提供しています。サンパウロ州立と一部の市立の中学校、高校、および青年・成人教育（EJA）の生徒であれば、無料でコースを受講することができます。このコースを修了すると、修了証書に加えて、コースの成績と履修時間数が正式に学業成績（通知表）に記録されます。

Q29　学校で日本語を学ぶこともできるのかな？

あまり一般的ではありませんが、一部の公立学校で学ぶことができます。前述のサンパウロのCELのほか、パラナ州（パラナ州立学校現代外国語センターCELEM）やブラジリア連邦区（ブラジリア連邦区州立学校言語センターCIL）、アマゾナス州、リオデジャネイロ州などで実施されています。ほとんどは、中学校や高校の課外活動として日本語の授業が開講されていますが、なかには、アマゾナス州のDjalma da Cunha Batista州立中学校のようにバイリンガル学校の選択語学に日本語が位置づいている学校もあります。この学校では「日本語」科目のほか、数学と理科を日本語とポルトガル語の二言語で学んでいます(18)。

一方、日系の私立校では、幼稚園から中学校までの10年近く日本語教育を行う私立学校が全国に10数校存在します。なかには、幼稚園や小学校から日本語を必修科目としている学校もあります。

Q30　移民（外国人）の子どもの教育保障はどうなっているのかな？

ブラジルでは、2017年の移民法の成立により、公的には、「外国人（estrangeiros）」ではなく「移民（imigrantes）」が使われるようになりました。

移民も、ブラジル人の子どもや若者と同様に公教育を受ける権利を持っています。教育省は、2020年の決議第1号で、すべての児童および青少年は、基盤教育および青年・成人教育の両分野において、過去の就学歴を証明する書類を示さなくても、ブラジルの学校に無料で入学する権利が保障されていることを定めました。1988年連邦憲法（第5条・第6条）、1990年児童青少年憲章（第53条から第55条）、1996年国家教育指針基本法LDB（第2条・第3条）、2017年移民法（第3条・第4条）においても、移民の教育を受ける権利は確認できます。

移民に対する特別な教育支援については、国レベルでは、具体的には進んでいません。高校までの学校のカリキュラムの基本的な考え方を示した全国共通基礎カリキュラム（BNCC）でも、移民生徒への対応は書かれていません。

しかし、移民を多く受け入れている地域では、独自に移民生徒の受け入れ施策を進めています。たとえば、移民受け入れを目的とした学校向けの指針には、サンパウロ市教育局の『Povos migrantes（移民の人々）』(19)（2021年）のほか、サンパウロ州教育局の『Estudantes Imigrantes :Acolhimento（移民生徒：ホスピタリティ』（2018年）(20) や、ブラジル全国司教協議会の『Alunos Imigrantes na Escola（学校の移民生徒）』（2019年）があります。サンパウロ州や市のガイドラインには、移民向けの教材や移民向けポルトガル語コース、移民サポートを行う各種団体などさまざまな情報が紹介されています。

サンパウロ市では、そのほか、移民へのポルトガル語教育なども市移民施策計画に盛り込んでいます。また、サンパウロ州では、言語研究センター（CEL）を州内167か所に設置し、すべての州立中学校及び高校（一部の市立校含む）に在籍する生徒は、移民向けのポルトガル語の授業を無料で受講することができます。

Q31　ブラジルにもバイリンガル学校やインターナショナル学校はあるのかな？

ブラジルには、インターナショナル学校のほかに、バイリンガル学校があります。

ブラジルの学校教育では、先住民族を除き、ポルトガル語を唯一のコミュニケーション言語とすることが、1996年の国家教育指針基本法（LDB）で規定されていますが、90年代から外国語教育を重視した様々な形態の「バイリンガル学校」を名乗る学校が増えました。そこで、2020年に国家教育評議会（CNE）は、「多言語教育提供のための教育課程指針」を決議し、バイリンガル学校とインターナショナル学校の定義を明確にしました。

バイリンガル学校の指定を受けるには、幼稚園から高校までのすべての教育段階において、カリキュラムは、ブラジルの学習指導要領に相当するBNCCに従い、カリキュラムの一定割合（中学校以下は30％以上50％まで、高校は20％以上上限なし）まで追加言語（ポルトガル語以外の言語）を教授言語として使用する学校でなければなりません。つまり、ブラジルのカリキュラムの内容を、ポルトガル語ともうひとつの言語で同時に学んでいきます。たとえば、算数の掛け算について、最初の授業で掛け算の仕組みをポルトガル語で学び、次の授業では英語で掛け算の練習問題を解く、といった具合です。二言語の学習バランスが計算されています[21]。

一方、インターナショナル学校は、他国のカリキュラム・ガイドラインに従った学校です。ポルトガル語ではない言語を第一言語とし、ポルトガル語は外国語の扱いになります。ポルトガル語やブラジル文化の授業は組み込まれていますが、ほとんどを第一言語で学ぶので、モノリンガルに近いです。他国のカリキュラムだけに沿ったインターナショナル学校は、ブラジルの法律では正式な学校ではないため、卒業してもブラジルの教育課程修了資格を得ることはできません。一方、他国のカリキュラムを維持しつつ、ブラジルの法律やBNCCなどの基準を遵守するインターナショナル学校もあります。その場合、他国とブラジルの両方の教育課程修了資格、つまりダブル・ディグリーを得ることができます。日本人学校は、前者に当たり、ブラジルの教育課程修了の資格を得ることはできません。

また、国際的なカリキュラム、たとえば国際バカロレアを取得するためのカリキュラムを有するブラジルの学校もあります。その特徴は、大規模な国際的ネットワークと提携して、他国の教材やカリキュラムを使い、ポルトガル語やその他の言語による指導を提供している点にありますが、国際的なカリキュラムがブラジルのカリキュラムにおける生徒の発達と評価を損なうことのないようにしなければなりません。この種の学校が、バイリンガル学校と呼ばれることを希望する場合は、バイリンガル学校と同じ基準に従わねばなりません。

さらに、バイリンガル学校を名乗るためには、教員の能力も問われます。言語能力レベルの証明書の提出や、バイリンガル教育に関する補完的なトレーニング(120時間以上のエクステンションコース)を受講することなどが求められます。

インターナショナル学校は2017年時点で全国に28校と言われています。内訳は、サンパウロ州11校、リオデジャネイロ州5校、ブラジリア連邦区4校、リオグランデドスル州2校、アマゾナス州、バイア州、ミナスジェライス州、パラ州、パラナ州、ペルナンブコ州に各1校です[(22)]。

2018年以降に開校したインターナショナル学校もありますので、実数は増えている可能性があります。たとえば、2018年にはサンパウロでアベニューズ・サンパウロ校（Avenues São Paulo）が開講しています。

インターナショナル学校はすべてが私立学校です。バイリンガル学校もほとんどが私立ですが、公立バイリンガル学校もリオデジャネイロ州やアマゾナス州などにごくわずかあります。一般に私立ですので、インターナショナル学校もバイリンガル学校も授業料が高いことで知られています。インターナショナル学校のほうが、バイリンガル学校よりも授業料が高い傾向にあります。最も高いと言われるのが、先に挙げたインターナショナル学校のAvenues São Paulo校で、2024年度の授業料は年間19万8,000レアル（約600万円）です。

バイリンガル学校も増加傾向にあります。民間団体のブラジルバイリンガル学校協会（Abebi）によると、全国約4万校の私立学校のうち、おおよそ1,200校がバイリンガル教育プログラムを導入しているといいます[(23)]。

Q32　ブラジルに来た日本人の駐在員家庭のお子さんは、どんな学校で学んでいるのかな？

日本から来た子どもたちにとっては、ブラジルの公立学校はハードルが高いといえるでしょう。公立学校の教授言語はポルトガル語なので授業を理解するのが難しく、また学校内の暴力など安全面の問題も懸念されるからです。そこで、日本人生徒の多くは、日本人学校かインターナショナル学校、もしくは日系移民によって設立され今も日本語教育に力を入れる現地校や英語教育中心の現地のバイリンガル学校に通っています。

日本の外務省のホームページ（外務省「諸外国、地域の学校情報」https://www.mofa.go.jp/mofaj/toko/world_school/index.html）には、世界中の日本人学校や、日本人児童生徒が在籍している、または過去に在籍していた学校の一覧があります。2024年1月1日時点の情報では、ブラジル国内の日本人学校3校、インターナショナル学校（国際学校）26校、現地校19校の合計48校が掲載されています（補習授業校除く）。そのうち、公立校は、現地校の7校のみで、私立現地校の中には、ブラジルの学校の教育課程修了資格と同時に海外の修了資格（IBなど）を得ることができる学校が含まれています。また、サンパウロ州のアルモニア学園（http://www.ceharmonia.com.br/）や大志万学園（http://oshiman.com.br/）、赤間学院（https://www.pioneiro.com.br/）のように、日系移民が設立に尽力した学校では、日本語教育に力を入れているところもあり、日本人生徒や日本から帰国したブラジル人生徒も通っています。

Q33 ブラジルの日本人学校はいくつあって、どんな感じなのかな？

日本人学校は3校あります。サンパウロ日本人学校（http://world.nethall.com.br/）、リオデジャネイロ日本人学校（http://www.rionichigaku.com/）、マナウス日本人学校（http://www.manausnihon.justhpbs.jp/）です。この3校は小規模校で、少人数教育の丁寧な指導が特徴です。日本人学校とは、現地の日本人会の団体などが設立した全日制の教育施設であり、日本の学校教育法や学校教育法施行規則により、文部科学大臣から日本国内の小・中学校（または高等学校）と同等の教育課程を有すると認定されている学校のことです。日本人学校を卒業すると、日本の小・中学校（や高校）の卒業者と同じ資格を有すると認められています。ただし、ブラジルの基礎教育課程を修了したとは認められないので注意が必要です。

日本人学校の教育課程は、原則として日本の学習指導要領に基づいています。教授言語は日本語です。ただし、現地語（ポルトガル語）やブラジルの政治・経済・文化などの現地事情に関する授業を取り入れるなど、学校ごとに特色がみられます。たとえば、マナウス日本人学校では、現地校に通うブラジル国籍の生徒（主に日系人の子弟）を受け入れる日本文化コースを設置しており、全日コースの日本人生徒との合同授業なども行っています[24]。

日本人学校には、日本からの派遣教員と、現地で採用された教員がいます。学年暦の始まりは、通常の現地校は2月始まりが多いですが、日本人学校は日本と同じく4月始まりとなっています。通学はバス（バン）の利用、保護者の送り迎え、タクシーの利用など学校によって通学可能手段の範囲が決められています。学費を見てみましょう。リオデジャネイロ日本人学校の2023年度の場合、入学金13万7,000円、授業料（月額）12万7,737円、PTA会費（年間）2,970円、バス代（月額）3万3,588円となっています[25]。学校給食や問題集、修学旅行、宿泊研修などの費用は別途徴収されます。

ちなみに、日本には、ブラジル教育省が認可した在日ブラジル人学校が33校あります（2024年4月22日現在）[26]。

7 大 学

ブラジルも大学進学者が増えてきました。不利な学習環境にある貧しい人たちでも進学できるように、入試を工夫したり、奨学金制度を充実させています。

Q34 大学入試はどんな仕組みなのかな？

ほとんどの公立大学は、教育省の統一選抜システム（SiSU）を使って入学者選抜を行っています。SiSUとは、全国中等教育試験（ENEM）の点数（ENEMスコア）を使って国内の公立大学への入学枠を提供するシステムのことです。ですから、公立大学を目指す人は、一般にENEMを受験しますし、多くの場合、ENEMだけで合否が決定します。

しかし、なかには入試にENEMを必要としない公立大学もあります。たとえば、首都ブラジリアにあるブラジリア大学（UnB）は独自の入学試験を実施しています。試験は、2日にわたり、初日は知識試験Ⅰ（外国語各30問）、知識試験Ⅱ（120問）、筆記試験が行われ、2日目に知識試験Ⅲ（150問）があります。専攻によっては実技試験が行われたりします。

サンパウロ連邦大学（Unifesp）のように、ENEMだけでなく、大学独自の試験を課している大学もあります。日本の大学共通テストと二次試験と同じ仕組みです。

一部の私立大学はENEMの結果を使用した入学試験を行っています。

Q35　全国中等教育試験（ENEM）はどんな試験なのかな？

全国中等教育試験（ENEM）は、連続する日曜日2回にわたって行われます。2024年は10月3日と10日に行われました。4つの知識分野からの合計180問のテストと、小論文で構成されています。4つの知識分野とは、言語系（ポルトガル語、外国語、文学、芸術）、数学系、人間科学系（歴史、地理、社会学、哲学）、自然科学（生物、物理、化学）です。最初の試験日は、言語系45問、人間科学系45問、小論文です。試験時間はブラジリア時間の午後1時半に始まり、午後7時に終了します。解答時間は5時間半です。次の日曜日の2回目は、数学系45問と、自然科学系45問の合計90問を5時間で解答します。

また、ENEMは、私立大学進学者のための奨学金Prouniや学生支援基金（Fies）にチャレンジするためにも必要です。

Q36　ブラジルの大学には、入試の特別枠はあるのかな？

ブラジルの公立大学には、特別枠があります。2012年の法律第12,711号（クォータ法）で、入学定員の50%を公立学校出身者に割り当て、さらにその中の半分を低所得者層の家庭[27]出身の学生に割り当てることが定められました。2023年11月に法改正され、公立高校出身者の特別枠の対象は、低所得家庭、黒人、褐色人種、先住民族、障害者に加え、キロンボラ（奴隷制時代の逃亡奴隷によって形成された地域であるキロンボ出身者）と細分化されました。

図は2024年の教育省統一選抜システム（SiSU2024）のリオデジャネイロ連邦大学医学部の定員分布図です[28]。200人定員のうち、一般枠は100人で、公立学校出身者の特別枠は、100人です。その公立学校出身者枠を、一人当たりの世帯収入が最低賃金以下の者50人、最低賃金以上の者50人の2つに分け、そ

大学入試における公立学校出身者の特別枠の割り当て
(2024年リオデジャネイロ連邦大学医学部)

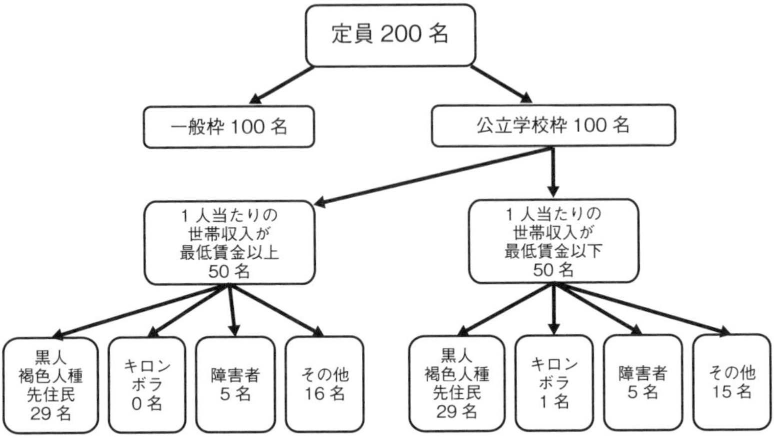

れぞれのグループの中で、黒人・褐色人種・先住民29人、キロンボラ0～1人、障害者5人、その他15～16人と割り当てています。各人種や障害者への割り当て人数は、各大学で決めることができます。

また、以前は受験登録の時点で特別枠か一般枠のどちらかを選ばねばなりませんでしたが、2023年の法改正により、特別枠の対象者でも、まず一般枠で合否判定を行い、もし一般枠で不合格だった場合に、特別枠での合否判定を受けることになりました。

Q37　大学はいくつあって、どれくらいの人が進学するのかな？

2022年高等教育センサスによると、18歳から24歳人口のうち、高等教育を受けているのは20.2%、これにすでに高等教育を修了した者を加えると24.2%となります。つまり、18歳から24歳の若者の4人に1人は、高等教育に在籍中もしくは修了ということです。

ブラジルには、2,595の高等教育機関があります（2022年高等教育センサス）。そのうち、私立は2,283校で全体の88%を占めています。一方、公立は、連邦立120校、州立133校、市立59校の合計312校（12%）です。しかし、私立は単科大学が多く、公立は規模の大きな総合大学が多いので、在籍者で見ると私立が737万人（78%）に対し、公立は208万人（22%）と公立の割合が増えます。

ブラジルの大学には、対面式の課程と、通信制課程があり、かつては圧倒的に対面式ばかりでしたが、近年は対面式課程の在籍者が減り、通信制課程の在籍者が急激に増えています。2022年時点の在籍者数は、対面式511万人（54%）に対し、通信制は433万人（46%）と拮抗しています。通信制はほぼ私立大学であることも特徴のひとつです。公立大学の場合、定員の90%以上は、対面式課程が占めています。

ブラジルの大学の課題のひとつは、大学中退者の多さです。2022年高等教育センサスによると、2013年の大学入学者のうち、10年後の2022年の時点で、大学を卒業できたのは41%（公立45%、私立40%）しかいませんでした。さらに調査結果を細かく見ると、大学に入学した年（2013年）にすぐに退学したのが11%（公立8%、私立12%）おり、その後年々中退者が増え続け、5年目の2017年には50%（公立43%、私立52%）、つまり入学者の2人に1人は退学してしまっているのでした。

Q38　大学に通うにはどのくらいお金がかかるのかな？

公立大学は、2024年7月現在、授業料は無償です。しかし、公立大学の授業料の徴収が議論されています。2017年に世界銀行の報告書でブラジルは国内の公立大学の授業料無償化の廃止を勧告されています。2019年には、公立大学の授業料徴収を可能とする連邦憲法の改正案（PEC206/2019）が議会に提出されました。その時は採決には至りませんでしたが、もしかすると、公立大学でも授業料が徴収される日が来るかもしれません。

一方、私立大学の月額授業料は250レアル（7,540円）から1万5,000レアル（45万1,800円）まで大きな差があります。この授業料のための奨学金制度があります。給付型の奨学金Prouni（Programa Universidade para Todos：すべての人のための大学プログラム）は、全国中等教育試験ENEMの成績に基づき、私立大学で学ぶ低所得家庭の学生に、学費の半額（50%）もしくは全額（100%）に相当する奨学金を割り当てる連邦政府の制度です。また、貸与型奨学金の学生支援基金Fies（Fundo de Financiamento Estudantil）も連邦政府のプログラムですが、卒業後に返還します。Prouniの50%奨学金など他の奨学金との組み合わせが可能となっています。

注

(1) https://www.ndl.go.jp/brasil/column/nokyo.html
(2) https://www.saopaulo.sp.gov.br/spnoticias/ultimas-noticias/nikkeis-nas-universidades-publicas-licao-de-talento-e-dedicacao/
(3) https://www.congressonacional.leg.br/materias/materias-bicamerais/-/ver/pl-3179-2012
(4) 本書では、1レアル＝30円で計算しています。
(5) 経済誌Exame「As cidades com as mesalidades de escola mais cara do Brasil（ブラジルで最も学費が高い都市）」(2023年11月23日付記事)（https://exame.com/brasil/as-cidades-com-as-mensalidades-de-escola-mais-caras-do-brasil/）に掲載された、ブラジル国内の4万校以上の私立教育機関の授業料を比較するウェブサイトSchoolAdvisorが実施した調査（2023年）の結果です。
(6) 松村祥子（2014）『子どもの生活時間に関する調査研究［報告書概要］』こども未来財団。https://www.mhlw.go.jp/file/05-Shingikai-12601000-Seisakutoukatsukan-Sanjikanshitsu_Shakaihoshoutantou/0000184127.pdf
(7) https://www.seduc.ce.gov.br/2023/11/16/divulgados-procedimentos-e-cronograma-para-solicitar-remocao-de-professores-em-2024/
(8) https://www.educacao.sp.gov.br/educacao-sp-publica-regras-para-transferencia-de-professores-e-inscricoes-para-interessados-comecam-nesta-quarta-feira-15/
(9) 15歳から17歳ですでに中等教育を修了し、高等教育を受けていない生徒を分子に加えると、94.3%になります。
(10) ニュースサイトCorreio Braziliense「Brasil ganharia R$ 111 bi se elevasse taxa de alunos que concluem o ensino médio（ブラジルは中等教育修了率を上げれば1,110億レアルの利益を得られる）」(2023年4月19日記事)。https://www.correiobraziliense.com.br/euestudante/educacao-basica/2023/04/5088369-brasil-ganharia-rs-111-bi-se-elevasse-taxa-de-alunos-que-concluem-o-ensino-medio.html
(11) https://www.gov.br/mec/pt-br/pe-de-meia
(12) https://educacao.rs.gov.br/cursos-tecnicos
(13) http://cnct.mec.gov.br/
(14)「後見委員会」と訳すこともあります。後見審議会とは、1990年に制定された児童青少年憲章の規定に従って創設された子どもの権利を守るための自律した公的機関で、3年の任期で地域コミュニティによって選ばれた5名以上の審議員で構成されています。
(15) ENCCEJAの情報は、https://www.gov.br/inep/pt-br/areas-de-atuacao/avaliacao-e-exames-educacionais/encceja で確認できます。
(16) ルイス・アボッチ・ガウヴォン（駐名古屋ブラジル総領事）「ブラジル中高卒業認定試験を名古屋で実施」中日新聞、2023年12月24日。https://www.chunichi.co.jp/article/826956
(17) ニュースサイトCarta Capital「Por que o anúncio do MEC não garante o fim das escolas militarizadas no País（教育省の発表が国内の軍事化された学校の廃止を保証しない理由）」

(2023年7月13日付記事)。https://www.cartacapital.com.br/educacao/por-que-o-anuncio-do-mec-nao-garante-o-fim-das-escolas-militarizadas-no-pais/

(18) 国際交流基金日本語教育国・地域別情報ブラジル https://www.jpf.go.jp/j/project/japanese/survey/area/country/2022/brazil.html

(19) サンパウロ市教育局（Secretaria Municipal de Educação de São Paulo）の『Povos migrantes』（第2版、2023年）の本文は、以下のページに掲載。https://acervodigital.sme.prefeitura.sp.gov.br/acervo/curriculo-da-cidade-povos-migrantes-orientacoes-pedagogicas/

(20) サンパウロ州（Governo de Estado de São Paulo）の『Estudantes Imigrantes :Acolhimento』（2018年）の本文は以下のページに掲載。https://www.educacao.sp.gov.br/wp-content/uploads/2018/12/ACOLHIMENTO_FINAL-compressed.pdf

(21) ニュースサイトg1「Escolas bilíngues e internacionais no Brasil cobram mensalidades de até R$ 12 mil; saiba como funcionam（ブラジルのバイリンガル学校とインターナショナル学校の月額は最大R$12,000です：どんなところか知ろう）」(2023年1月12日付記事)。https://g1.globo.com/educacao/noticia/2023/01/12/escolas-bilingues-e-internacionais-no-brasil-cobram-mensalidades-de-ate-r-12-mil-saiba-como-funcionam.ghtml

(22) 教育情報サイトInfoescola「Saiba quais são as Escolas Internacionais no Brasil e como elas funcionam（ブラジルのインタナショナルスクールとは何か、そしてその仕組みを知ろう）」(2017年11月3日付記事)。https://www.infoescola.com/noticias/saiba-quais-sao-as-escolas-internacionais-no-brasil-e-como-elas-funcionam/

(23) ニュースサイトMetrópoles「Cresce o número de escolas com programas bilíngue no Brasil（ブラジルでバイリンガルプログラムを行う学校が増加）」(2021年11月25日付記事)。https://www.metropoles.com/dino/cresce-o-numero-de-escolas-com-programas-bilingue-no-brasil

(24) 在マナウス総領事館「マナウス日本人学校日本文化コースに対する在外公館長表彰の授与」(2023年10月23日記事)より。https://www.manaus.br.emb-japan.go.jp/itpr_ja/11_000001_01145.html

(25) 同校のホームページでは、1ドル＝137円、1レアル＝27円で計算されており、そのまま転記しました。http://www.rionichigaku.com/

(26) ブラジル教育省の以下のホームページに日本語で在日ブラジル学校名が掲載されています。https://www.gov.br/mre/pt-br/embaixada-toquio/escolas-brasileiras/30e930eb655980b277018a8d53ef6821

(27) 2023年までは一人当たりの世帯収入が国の定める最低賃金の1.5倍以下の家庭を指しましたが、2024年からは1倍以下に引き下げられました。

(28) https://vestibular.brasilescola.uol.com.br/cotas/lei-das-cotas.htmを基に、筆者作成。

関係ホームページ

- 外務省「諸外国、地域の学校情報」: https://www.mofa.go.jp/mofaj/toko/world_school/index.html
- ブラジルにおける日本の教育・日本語関係機関：

・サンパウロ日本人学校：http://world.nethall.com.br/
・リオデジャネイロ日本人学校：http://www.rionichigaku.com/
・マナウス日本人学校：http://www.manausnihon.justhpbs.jp/
・ブラジル日本文化福祉協会（文協）［日本語・ポルトガル語］：https://www.bunkyo.org.br/jp/
・日伯文化連盟（アリアンサ）［日本語・ポルトガル語］：https://site.aliancacultural.org.br/ja/

関連文献

江原裕美（2006）「貧困に立ち向かう学校―ブラジル―」二宮皓（編）『世界の学校：教育制度から日常の学校風景まで』学事出版.

園山大祐・二井紀美子「第15章 コロナ2019が浮上させたデジタル教育と学校のあり方」園山大祐・辻野けんま（編）『世界の学校』放送大学教育振興会.

田村梨花・三田千代子・拝野寿美子・渡会環（編）（2024）『ブラジルの人と社会（改訂版）』上智大学出版.

二井紀美子（2024）「第4章 ブラジルの学校教育」園山大祐・辻野けんま（編）『世界の学校』放送大学教育振興会.

二井紀美子（2024）「第9章 ブラジルの生徒・教員・保護者」園山大祐・辻野けんま（編）『世界の学校』放送大学教育振興会.

コラム1
ブラジルの公立学校と在日ブラジル人学校の共通点と相違点

Eri Hachiman（翻訳：二井紀美子）

【在日ブラジル人学校とは】

1990年代に在日ブラジル人の増加に伴い、特に工業地域では、日本の公立学校に通っていないブラジル人の子どもたちの教育が懸念されるようになりました。そのなかで、在日ブラジル人学校の多くは、最初は、母親が働きに行くために近所の誰かの家に子どもを預けるインフォーマルな形で始まり、子どもの数が増え、年齢が上がるにつれて、ブラジル人学校として設立されました。現在、日本のいくつかの県にブラジル人学校があります。一般に「ブラジル人学校」と呼ばれる施設は、日本の法律では、各種学校・準学校法人の認可を得ている施設と、認可を得ていない私企業の施設のどちらかとなります。日本の学校教育法1条で定められた学校には含まれません。一方、ブラジルの法律上、ブラジル国外に正式な学校はありません。ただし、在日ブラジル人学校の中には、教育省（MEC）によってブラジルで有効な学修証明書を発行する権限を与えられた認可校と、認められていない無認可校があります。認可を受けるには、2013年のブラジル国家教育評議会CNE/CEB決議第1号に基づき、教育省に認可申請をしなければなりません。2024年現在、日本全国で33校がブラジル教育省によって認可されています。つまり、ブラジル人学校と一口で言っても、制度的には、ブラジル政府の認可校と、ブラジル政府の認可校であると同時に日本政府（県）からも各種学校・準学校法人として認められた学校、そしてブラジル政府からも日本政府からもなんの認可もされていない学校の3つが存在します。認可の有無を問わず、ブラジル人学校は、幼児教育から中等教育（高校）までの、いずれかまたはすべての教育段階の学校教育をポルトガル語で提供しています。

【共通点】

では、ブラジルの公立学校と在日ブラジル人学校の共通点を見ていきましょう。

カリキュラムは、ブラジルの学校もブラジル人学校も共通しています。どちらも、「ブラジル教育指針基本法（LDB）」として知られる、ブラジルのあらゆる段階の教育制度を規定する法律第9,394/1996号と、ブラジルの全国共通基礎カリキュラム（BNCC）に基づいていますし、ポルトガル語で授業を行います。授業科目も基本的に同じです。しかし、オプションの部分では違いがあります。在日ブラジル人学校の認可校の場合、日本語と日本文化の教育を提供しなければならないという決まりがあり、日本語の授業を実施しています。一方、ブラジルの公立学校でも、先住民や農村地域の学校など特定の集団を対象とする教育については、これらの集団のユニークな側面を教育カリキュラムに盛り込まなければならないという決まりがあります。さらにブラジルの小学校（基礎教育）の中には1年生から英語や音楽の授業を行っている学校もありますが、これは地方自治体が独自に設定したものです。

教科書については、どちらもブラジルのカリキュラムに準拠していますが、在日ブラジル人学校では、通常、ブラジルの私立教育機関から購入した教材を使用しています。一方、ブラジルの公立学校では、全国教科書プログラム（PNLD）が提供する教科書を無償で使用しています。ただし、教科書をどのように使うかは各教員の自由であり、教科書を使っても使わなくても授業を自由に組み立てることができます。

学校の清掃の仕方は、ブラジルの公立学校と在日ブラジル人学校はよく似ています。掃除は清掃員がします。先生や学校によっては、1日の終わりに生徒に簡単に教室の床のごみを拾わせたりすることもありますが、生徒が教室以外のところまで掃除することは普通はありません。

制服については、どちらも、学校のロゴ入りのTシャツ、ズボンまたは短パン、トレーナーが一般的で、共通しています。ただし、違いもあります。ブラジルの公立学校では生徒は土足のままですが、日本のブラジル人学校では、上履きに履き替える学校がよく見られます。

また、ブラジルの公立学校もブラジル人学校も、学年暦は基本的に2月から始まり、12月に終わります。ただし、祝日については、ブラジル人学校は、ブラジルの暦ではなく、日本の暦に合わせており、ゴールデンウイークは休みになりますし、カーニバル期間はブラジルの公立学校は休みですが、日本のブラジル人学校は休みにはなりません。

学校と保護者との関係も共通しています。ブラジルの公立学校も、在日ブラジル人学校も、保護者との関係は主に保護者会を通してであり、通常2か月に1度、保護者とクラス担任が集まっています。先生によっては、保護者とWhatsAppアプリを使ってグループを作り、保護者とのコミュニケーションチャンネルを持っている人もいます。また、日本のブラジル人学校ではGoogle Classroomを利用している先生や学校もあります。

遠足は、ブラジルの公立学校でもブラジル人学校でも共通して行われている教育活動です。動物園や博物館、大きな公園などに行くことがあります。一方、宿泊を伴う修学旅行」は、ブラジルの公立学校ではまず見られません。在日ブラジル人学校では、卒業旅行という形で希望者を教員が引率して東京ディズニーリゾートに行くケースが見られます。

【相違点】

生徒が学校で過ごす時間には大きな違いがあります。ブラジルの公立学校の大半は、午前か午後のどちらかだけの半日制で、休憩時間を除いて１日の平均授業時間は４時間です（しかし、近年は全日制学校が増えています）。ブラジルには部活動の文化はなく、授業が終わったらすぐに帰宅します（多くの子どもたちは学校外でスポーツや芸術、外国語学習をしています）。一方、日本のブラジル人学校の場合、一般的に長時間労働が多いブラジル人の保護者のニーズに応えるため、多くの学校が設立当初から全日制で運営されています。さらに授業前や授業後も含めて長時間子どもを預かるブラジル人学校もあります。

学級については、ブラジルの大半の公立学校では、同一学年の子どもで編制される単式学級ですが、在日ブラジル人学校の中には、２つ以上の学年が同じクラスになる複式学級を持つところもあります。これは、スペース、教師、生徒のいずれかが不足していることに起因します。

通学方法も異なります。ブラジルでは、特に低学年のうちは、多くの親が子どもを学校まで送るか、民間のスクールワゴン車を利用します。学年が上がると、公共交通機関（バス）を使って通学する生徒をよく見かけます。自宅から最も近い学校に入学するため、スクールバスを利用するのは一般的に農村部に住む子どもに限られています。しかし、日本では、多くのブラジル人学校が送迎を有償で提供しており、運転手が教師や校長であることも珍しくありません。

校舎に関しては、ブラジルの公立学校とブラジル人学校では大きく異なります。ブラジルの公立学校は、日本の公立学校ほど標準化されていないので、多様な学校形態がありますが、筆者が通学したり訪問したりした学校には、教室、トイレ、食堂、職員室、校長室兼事務室、中庭（小運動場）、スポーツコート、図書室が必ずありました。しかし、2023年国勢調査のデータによると、図書室があるのは義務教育段階の学校の半数強、理科室があるのは13％未満、スポーツコートがあるのは40％未満です。一方、日本のブラジル人学校の中には、元塾の校舎や、元工場や居住用建物など教育施設ではなかった建物をリフォームして借りている学校もあれば、新規に自前で校舎を建築した学校もあります。運動できる広いスペースを持っている学校は少なく、地域の公園やプールに生徒を連れていく在日ブラジル人学校も珍しくありません。

学校の出入り口にも違いがあります。ブラジルの公立学校は生徒の登下校の時だけ門を開け、それ以外は施錠されているのでベルを鳴らし門扉を開けてもらう必要がありますが、在日ブラジル人学校の多くは、学校に人がいる時間は自由に出入りすることができます。

食堂にも違いがあります。ブラジルの公立学校では、調理担当者が作る給食が出ます。授業が始まる前に軽食をとる学校もあります。これに加えて、多くの学校には、小さなコンビニエンスストアのような売店があり、休み時間に軽食を販売しています。一方、在日ブラジル人学校には独自の食事システムがあります。外注して弁当を購入する学校もあれば、調理担当者を雇用している学校もあります。小規模校では、校長が自ら給食を作る場合もあります。ブラジルの学校でも日本のブラジル人学校でも、親が用意したり買ってきたりした軽食を生徒が持参するのが一般的です。

最後に生徒への支援については、大きな違いがあります。ブラジル政府は、公立学校の生徒、特に低所得の生徒に対し、さまざまな形で援助を行っています。たとえば、州政府や市役所が、学年の始めに全生徒に配布する学用品キット（鉛筆、ノート、はさみなどの学用品が入ったキット）や、子どもたちが学校に就学していることが受給条件のひとつとなっているボルサ・ファミリア（Bolsa Família）と呼ばれる現金給付プログラムがあります。さらに全国学校給食プログラム（PNAE）で無償の給食を実施しています。ブラジルの自治体によっては、生徒に制服を無料で支給しているところもあります。しかし、日本にあるブラジル人学校はこのような支援の対象外となります。

ブラジルの公立学校と在日ブラジル人学校という２つの大きなグループの違いや共通点を特定するのは簡単ではありません。ブラジルの公立学校といっても、地域や対象によって大きな違いがあり、特徴を単純化することは困難です。したがってここに記した見解は、私自身の学校での体験、研究、両国の学校での経験に関連したものであり、このコラムではカバーしきれない違いや共通点が多くあります。しかし、ブラジルの公立学校や在日ブラジル人学校について、読者の皆さんに少しでも理解していただけたら幸いです。

第3章

スウェーデンの学校は子どもの権利が第一、でもほったらかしにも見える？

林 寛平

基礎学校低学年の教室

はじめに——北欧の教育は理想郷なのか？

日本では北欧の教育に強いあこがれを持つ人も多く、理想郷のように紹介されることもあります。しかし、実際に住んでみると日本との考え方の違いに戸惑うこともあります。

スウェーデンの学校は平等や民主主義を大切にしていますが、最近では教室の規律をより重視すべきだ、という声も強くなってきました。慢性的な人手不足のため、教員の労働環境を守る必要もあり、日本では学校がやって当然のこと、簡単なことでも、スウェーデンでは役割分担が異なることがあります。また、学校や行政は訴えてから動くまでに時間がかかる、ということが多くあります。日本との違いに驚いたり、時に「冷たい」と感じたりすることもあるかもしれません。一方で、主張が妥当であれば移民の声もきちんと聞いてもらえるという側面もあります。自分から声を上げないと助けてくれないことが多いですが、これは、人に迷惑をかけないように生きることが良しとされ、相手の意思を尊重する態度の現れでもあります（ヘルリッツ 2005）。

地理的には遠く離れていますが、歴史的にみると、日本の教育はスウェーデンから多くのことを学び、取り入れてきました。実は日本で初めて教鞭をとった西洋人はカール・ツンベルクというスウェーデン人でした。オランダ東インド会社の医師として長崎の出島に赴任した彼は、1776年に長崎市内や江戸で日本人医学生たちに医学を教えました。また、1873年には岩倉使節団がスウェーデンを列車で横断し、ストックホルムで男女共学の学校を見学しています。さらにその約40年後の1913年には、永井道明が学校向けにスウェーデン体操の教本を編集し、日本の学校体育の礎を築きました。スウェーデンの体育館で、うんていや跳び箱、平均台など、日本と同じ器具を見かけるのにはこうした経緯があります。2000年以降は、環境教育やインクルーシブ教育、ICT活用や市民教育など、北欧の教育に幅広い関心が寄せられています。一方で、スウェーデンからも、日本の落ち着いた教室やモラルの高さ、国際学力調査での好成績や問題解決学習、レッスンスタディ（授業研究）など、さまざまな視点から注目されています（Hayashi 2022）。最近では、研修旅行なども増え、オンラインセミナーやブログなどを通じて、リアルタイムな情報に触れる機会も増えてきました。

本章では、生活者としての視点からスウェーデンの教育や子育ての仕組みを紹介したいと思います。

1 スウェーデンの教育行政

スウェーデンの教育行政は、国（中央政府）、コミューン（kommun《コムーン》, 日本の市町村にあたる基礎自治体）、学校の三層になっています。プリスクール（förskola《フォシュコーラ》, 1歳から5歳頃）、就学前学級（förskoleklass《フォシュコーレクラス》, 6歳頃）、基礎学校（grundskola《グルンドスコーラ》, 7歳から9年間）と適応基礎学校（anpassade grundskola《アンパッサデ・グルンドスコーラ》）、高校（gymnasieskola《ユムナシースコーラ》, 3年間）と適応高校（anpassade gymnasieskola《アンパッサデ・ユムナシースコーラ》）、成人教育（vuxenutbildning《ヴクセンウートビルドニング》）はコミューンが管轄しています。大学や大学院、先住民族のためのサーメ学校などは国が管轄しています。

スウェーデンは議院内閣制を採っています。国会は一院制で、4年ごとに選挙が行われています。国会で選ばれた首相が内閣を組織して、行政にあたります。教育政策は国会議員か内閣が立案します。教育に関する行政は教育省（utbildningsdepartement《ウートビルドニングスデパルテメント》）が所掌します。教育大臣の他に、学校大臣や高等教育・研究大臣などの担当大臣が任命されることもあります。文化政策は文化省が、スポーツ政策は社会省が所掌します。行政府は政策立案と施行が分離されていて、教育省の立案した政策を、学校教育庁（Skolverket《スコールヴェルケット》）や学校査察庁（Skolinspektionen《スコールインスペクショーネン》）、中央学生支援委員会（CSN《セーエスエヌ》）、特別教育庁（SPSM《エスペーエスエム》）、各国立大学や研究機関などが実施します。教育省は法律の制定や改正、教育政策の立案、予算策定などを担当します。教育省の方針に従って、ナショナル・カリキュラム（läroplan《ラーロプラン》とtimplan《ティムプラン》）を改訂したり、全国統計を整備したり、教員資格の認証をしたりするのは学校教育庁の仕事です。

コミューンにも議会（kommunfullmäktige《コムーンフルメクティゲ》）があり、直接選挙で選ばれた議員が政策立案にあたります。議会は各分野の担当議員を選任します。大きな自治体では、複数の担当議員を選任して教育委員会（utbildningsnämnd《ウートビルドニングスネムン》）などを設置する場合もあります。また、市長に相当する事務長（kommunchef《コムーンフェフ》など）を任命します。事務長は教育部（utbildningsförvaltning《ウートビルドニングスフォヴァルトニング》）などを組織して、市役所の行政職員を配置します。議会や市役所の組織は各自治体が決められるため、コミューンごとに異なります。

公立学校の設置者はコミューンの教育部です。学校選択も認められているため、隣の自治体の学校に通う生徒もいますが、この場合にも住んでいる自治体の予算が使われます。一方で、運営費の大半が公費で賄われる私立学校として、自立学校（fristående skola《フリーストーエンデ・スコーラ》）と呼ばれる基礎学校や高校があります。自立学校の設置は国（学校査察庁）が審査しています。

学校には、教育部で採用された校長が配置されています。予算と人事は校長の権限になるので、教員は学校ごとに採用されます。

2　プリスクール

幼児教育は幼保一体化したプリスクールで提供されています。昔の名残りで、保育園（dagis《ダーギス》あるいはdaghem《ダーグヘム》）と呼ぶ人もいますが、現在では学校教育の第一段階に位置づけられていて、ナショナル・カリキュラムも定められています。

Q1　プリスクールには誰でも無料で通える？

プリスクールには公立園と自立園があります。自立園は、株式会社立や宗教団体立、保護者協働などの形態があります。基本的には希望する園に通わせることができますが、都市部の園は定員に余裕がなく、近所の園にすんなり入れるとは限りません。1月頃になると自治体から入園申込の案内が送られてきて、希望する順に3園程度回答します。希望調査が締め切られると、自宅から近い人、きょうだいが通っている人などの条件で機械的に園が割り振られます。この時、希望していない園に割り振られることもあります。遠くの園になることもありますが、その場合にも登園は保護者の責任になります。

一般的なプリスクールは平日の朝から夕方まで開所しています。ニーズの少ない長期休暇の時期には、近隣から1か所の園に子どもと先生を集めることがあります。その場合は、一時的に普段とは別の園に通わせます。夜間保育を提供する自治体もあります。

プリスクールは無償だとよく誤解されますが、保護者の所得などに応じて保育料を支払う必要があります。ただし、3歳からは年間525時間まで（1日3時間程度）、無料で通う権利が与えられます。また、保護者が支払う保育料の上限（maxtaxa）が決められています。

1歳から通うことができますが、通園は任意です。1歳児では半分程度、5歳児では95%超の子どもが通園しています（Skolverket 2023b）。核家族が多く、専業主婦（主夫）もほとんどいないため、保護者の育休が終わるとプリスクールに通わせるのが一般的です。

給食は昼食とおやつはもちろんのこと、朝食や夕食を提供する園もあります。小さい子どもには先生が取り分けて食べさせますが、次第にブッフェ形式や、子どもが自分の好きなものを好きな量取る形式になっていきます。嫌いなものを無理に食べさせることはなく、たくさん食べれば褒められるということもありません。食事は日本人からすると単調で濃い味付けに感じることもあります。おやつはリンゴ、バナナ、洋ナシなどの場合が多いです。

Q2　通園時の持ち物は？

プリスクールには毎朝ほとんど手ぶらで通います。手を拭くときはペーパータオルを使います。おむつを保護者が持っていくべきか、園が用意すべきかという論争は続いていて、現状では自治体によって対応が異なります。行政裁判所は2019年に、おむつ代は保育料に含まれるという判決を出しました（Kammarrättens dom 2019-06-20 mål nummer 10160-18, Högsta förvaltningsdomstolens beslut 2019-12-19, mål nr 4309-19）。しかし、地方自治体組合（SKR《エスコーエル》）は教育に直接必要なものではないという独自の判断を示し、一部の自治体は保護者におむつの持参を求め続けています。おむつを持参する場合には、毎日使う分だけを小分けにして持っていくという方式ではなく、おむつパックを丸ごと棚に置いておき、足りなくなったら次のパックを補充する、というやり方が一般的です。使用済みのおむつは家に持ち帰る必要はありません。

着替えは保護者が準備する必要があり、入り口にある個人の棚に、どのような天候でも外遊びができるような雨具や防寒着を入れておきます。北欧の幼児教育は「森の幼稚園」で広く知られていますが、自然保育をアピールしていない園でも、子どもたちは毎日外に出て遊びます。そのため、泥んこになって地面を這いつくばっても破れない丈夫なつなぎを用意する必要があります。これはすぐに傷むうえに、意外と値が張るので、多くの保護者はお古を買ったりもらったりしてしのいでいます。

Q3　子どもの権利が第一、でもほったらかしにも見える？

日々の活動の様子はアプリを使って保護者と共有されることが多いです。子どもの個人情報や肖像権の取り扱いに非常に敏感なため、保護者であっても園で勝手に写真を撮ることは許されません。行事の写真販売もありません。

日本のように、クラス全員で特定の遊びに取り組むことはまれで、その日の活動は子どもが自分で選びます。様子を覗くと、それぞれの子どもが別々のことをして過ごしていて、一日中ほったらかされているように見えることもありますが、誰かに言われたことをやるのではなく、自分のやりたいことに没頭することを良しとする価値観があります。一方で、最近は学力向上を意識する園も増えてきていて、遊びながら音韻とアルファベットの対応を学ぶボーンホルム・モデル（Bornholmsmodellen《ボーンホルムスモデッレン》）などを取り入れる教員もいます。

プリスクールでは認証を受けた教員の他に、保育士や無資格の職員が働いています。子どもの年齢に応じた小グループが編成されることが一般的です。平均的には15人の子どものグループを3人の大人が担当しています（Skolverket 2023b）。シフト制を敷いているために日によって担当する職員が入れ替わることがあります。

3　基礎学校

義務教育は6歳になる年の秋学期に始まります。最初は就学前学級（F年生あるいはゼロ年生ともいう）からスタートし、1年生から3年生までが低学年（lågstadiet《ローグスタディエト》）、4年生から6年生までが中学年（mellanstadiet《メーランスタディエト》）、7年生から9年生までが高学年（högstadiet《ホグスタディエト》）という区分になっています。ナショナル・カリキュラムもこの区分で編成されています。すべての基礎学校はこのカリキュラムに従っているため、教育内容に大きな違いはありません。

地域によって、5年生までの学校と6年生以降の学校が分かれていたり、4年生までの学校だったり、F年生から9年生までがひとつの校舎に入っていたりと、学校組織にはさまざまな形態があります。ひとつの建物に複数の学校が入居している場合もあります。さらに、最近では校長区制度を採用する自治体も増えてきました。これは、複数の公立学校を1人の校長が担当し、各地区の校舎には副校長を配置するという形態です。このような学校では、専科の教員が日替わりで複数の学校の授業を担当することもあります。また、生徒数の増減に伴って、校長区内で組織の再編が行われることもあり、進級のタイミングで別の校舎に通うようになる場合もあります。

一般的に、低学年学校に高学年が増設されて拡張した学校はアットホームな雰囲気が強く、高学年学校に中学年・低学年が統合された学校では「学校的な」雰囲気が強い傾向があります。地域による学校の雰囲気の違いも大きくあります。学校教育庁のウェブサイトから、各学校の成績や移民の背景を持つ生徒の割合などを調べることができます。

Q4　学校には必ず通わなくてはいけないの？

スウェーデンに住民登録されたすべての子どもは学校に通わなければなりません。就学義務の運用は厳しく、無断欠席は許されません。意図的な欠席が続いた場合には、保護者に罰金が科される場合もあります。また、登校拒否についても日本ほど寛容ではなく、遅刻や欠席が一定回数に達すると調査の対象になります。この調査は理由にかかわらず行われるもので、早期に介入することで問題を特定し、子どもの学習権を保障しようとする取り組みです。子供の権利条約が国内法にもなっているため、保護者と子どもの意見は区別され、子どもの意思が尊重されます。

学校の授業機関は8月から6月までです。年度が終わると、ほとんどの子どもたちは次の学年に進級します。校長が必要と認めた場合には、原級留置（留年）になることもあります。一方で、年度末や学期途中での飛び級も認められています。保護者の希望により、就学前学級に1年早く入学する子どももいます。

Q5　現地校以外の選択肢はあるの？

いわゆる現地校には、コミューンが設置する公立学校の他に、自立学校もあります。自立学校は民間が設置していますが、運営費の大半が補助金で賄われているため、入学者を選抜したり、授業料を徴収することはできません。そのため、保護者にとっては公立でも自立でも負担はあまり変わりません。公立学校は学校選択の時期に一斉に入学希望を募り、あらかじめ定められた条件に従って配属校が決まりますが、自立学校は先着順のところもあります。子どもが生まれたらすぐに申し込まないと入れない人気校もあります。

いわゆる現地校以外には、インターナショナル・スクールもあります。授業は英語で行われます。世界中のさまざまな地域から来た子どもたちが通いますが、スウェーデン人の子どもが通うこともあります。また、最近ではスウェーデンのカリキュラムを英語で教える自立学校も登場し、インターナショナル・スクールとの垣根が低くなっています。

スウェーデンには日本人学校はありませんが、ストックホルムとヨーテボリには、日本人補習校があります。ストックホルム日本人補習学校（1）では土曜日に授業があります。ヨーテボリ日本人補習校[2]では、金曜日の夕方に幼児から小学生までが集まります。補習校では、日本の教科書を使って国語と算数の学習をします。また、季節ごとの行事などもあります。マルメやスウェーデン南部に住む子どもたちは、コペンハーゲンにある補習学校[3]に通う選択肢もあります。なお、補習校はスウェーデンの正規の課程ではないため、就学義務を果たしていることにはなりません。

Q6　タクシーで登校する子がいる？

街中に住んでいれば、通学の問題は気にならないかもしれません。しかし、駐在する家族の多くは、通常の学校選択手続きが終わったころに赴任するため、希望に反して定員に空きがある学校に振り分けられることが多くあります。その場合、自宅から離れた学校が指定されて、路線バスで通ったり、場合によっては通学タクシーを手配されることもあります。低学年までは学校から2キロメートル以上、中学年からは4キロメートル以上離れていたらバスカード等を支給する、といった形でそれぞれの地域でルールを明確にしています。また、教育予算の削減などによって、それまで提供されていたスクールタクシーが翌年度には提供されなくなる、といったことも起こります。これらの判断は法律上、自治体に任されているため、不服を訴えても認められないことがほとんどです。また、自治体には通学手段を提供する義務がありますが、子どもの通学は保護者の責任となっているため、子どもが小さいうちは、保護者が学校やバス停まで送り迎えする必要があります。

Q7　鉛筆もノートも無料でもらえる？

基礎学校は授業料、学用品、給食代を含めて無料です。教科書は学校で貸ります。ワークブックや鉛筆、ノートも学校で配られます。遠足に出かけるときは、学校がサンドイッチなどを用意するため、保護者がお弁当を作る必要はありません。工作に使う紙箱を持ってきてほしい、といった連絡が来ることはありますが、これも任意で、持って来ない子の分は学校で用意します。体育でスケートやそり滑りに出かける際にも、道具を持っていない子には学校から貸し出されます。トイレにはペーパータオルが用意されているので、ハンカチやティッシュを持参する必要もありませんし、朝の会での持ち物チェックをすることもありません。

学校が遠足代の実費や試験料を徴収することは認められていますが、支払うかどうかにかかわらず、すべての子どもが参加できるようにすることが求められるなど、学校側に厳しい制約があります[4]。このようなごく限られた例外を除き、学校は保護者から代金を徴収できないため、クラスでクリスマスバザーを開いたりして遠足代を稼ぐこともあります。

Q8　どうしたらスウェーデンの学校に馴染めるの？

日本から移住した場合、スウェーデン語でのコミュニケーションが差し迫った課題になるでしょう。移民を多く受け入れている学校では、準備クラスを用意してスウェーデン語を集中的に学ばせることもあります。ただ、ほとんどの学校ではそういった特別学級はなく、初日から普通の教室に行き、翻訳アプリなどで補って授業を受けることが多いです。学校や自治体の判断で一時的に通訳を雇うこともあります。

子どもがスウェーデン語でコミュニケーションができるようになるまで、数か月はかかります。その間、子どもには大きなストレスがかかります。学校に行き渋ったり、寝つきが悪くなったり、体調不良を訴えたりすることもあるでしょう。保護者としては、こういった場面で就学義務のプレッシャーを感じることになります。

言葉の問題以外に、学校生活のルーティンを習得することも必要になります。朝、登校して、校舎が開錠されるまで外で待ち、ブザーが鳴ったら建物の入口で靴を脱いで自分の棚にしまう、といったことに始まり、授業中にどう振る舞えばいいのか、給食の取り方・食べ方・片づけ方、学習アプリへのログイン方法、廊下に置いてある遊具を使っていいのか、休み時間をどこでどう過ごすのかといった、日常の細かな不文律を把握する必要があります。スウェーデン語でのコミュニケーションが不十分でも、学校生活のルーティンが習得できれば、子どもの学校適応はかなり前進します。高学年になるにしたがって座学が増えますが、教室で黙って座って話を聞くというのは退屈なだけでそれほどストレスがかかりません。一方、体育館で体育の授業を受けたり、その後にシャワーを浴びたりする、といった場面では、流れや指示がつかみにくいため、最初はかなり戸惑うことになります。

スウェーデンの学校では外国の背景をもつ子どもに、スウェーデン語教育と母語教育（日本語教育など）、母語による学習サポートなどが提供されています。スウェーデン語については先述の準備クラスや、週に数回の取り出し授業が提供される場合もあります。母語教育については、ひとつの学校に日本人生徒が5人以上いる場合には学校で提供されますが、そうでない場合には近隣の学校から対象生徒を集めて提供されることもあります。また、母語による学習サポートは、たとえば週に1度、日本語とスウェーデン語ができる大人が学校に雇われて、学校生活で困ったことの相談に乗ったり、簡単な通訳をして意思疎通を手伝ったりします。また、生活に慣れてきた子どもには、授業内容を日本語で説明したり、宿題の指示ややり方を翻訳して伝えたりします。スウェーデン語教育と母語教育については法律で定められていますが、適任がいない場合には提供されない場合があります。また、母語による学習サポートは各学校の判断と費用負担となるため、希望しても提供されないこともあります。

Q9　授業中にマンガを読んでいても怒られない？

教室の中では、個別学習やグループ学習の時間も多く、先生が講義をする時間は一般的には少ない傾向があります。また、すべての子どもが特別なニーズを持つと考えて、特別支援教育で活用されてきた絵カードなどを使う普通教室も増えてきました。音に敏感で集中するのが難しい子どもには防音用の耳当てや衝立を貸したり、落ち着きがない子にはバランスボールや足漕ぎペダルを用意したりしています。教室にソファやベッドが置かれていることもあります。こうした個別対応の一環として、移住してすぐの子どもは授業中に自分で持ってきたマンガを読んだり、ルービックキューブをやったりして過ごすことが許される場合もあります。そうして、教室に居られる時間を少しでも長くすることで、徐々に学校に適応していくことが期待されています。

こうした個別対応には、学級担任が大きな権限を持っています。子どもの様子で気になることがあれば、担任にメールをしたり、アポイントを取って相談することができます。事前のアポイントなしに立ち話しなどで相談するのはあまり好まれません。学級での規律は日本ほど厳格ではないですし、公平性の考え方も異なります。ある子だけマンガを読んでいてズルい、といった話になることはあまりありません。

Q10 給食はおいしいの？

法律では、栄養のある温かい食事を無料で提供することが定められています。しかし、日本の給食ほどの質は期待できません。基礎学校での給食は、食堂でブッフェ形式で提供されることが多いです。食堂が小さい学校では、入れ替え制が採られていることもあります。この場合、低学年の子どもたちは10時過ぎには昼食を食べることもあります。また、食堂がない学校では、教室に運んで自席で食べる場合もあります。

給食のメニューをウェブサイトに掲載している自治体もあります。火曜日は魚の日、木曜日は子どもメニュー（子どもが好きなパンケーキやハンバーガーなど）、金曜日はパスタ、といったように、曜日ごとに大まかなメニューが決まっていることもあります。宗教やアレルギーなどに配慮して、特別食も用意されています。子どもたちが自分で取り分けるため、ごく少量しか食べなかったり、好き嫌いによって栄養が偏ったりします。特に移住してすぐの子にとっては、なじみのない料理のため、給食をほとんど食べないこともありえます。子どもたちの中には、パスタにケチャップを大量にかけたり、パンケーキにジャムをてんこ盛りにしたり、キュウリのスライスだけを取って塩をかけて食べたりする子もいます。少食や偏食が極端な場合には、教員が保護者に様子を伝えてくれますが、学校が積極的に介入するというよりは、家庭で指導してください、というスタンスです。

学童保育に通っている場合には、午後と夕方に軽食や果物が提供されます。授業の間の休み時間用に、自分で好きなおやつを持っていくこともできますが、甘いものやスナック菓子ではなく、サンドイッチや果物などが想定されています。

Q11　放課後の過ごし方は？

放課後は学校やその隣接地に設置されている学童保育（fritidshem《フリーティスヘム》）や余暇クラブ（fritidsklubb《フリーティスクルッブ》）に通うことができます。低学年では、ほとんどの子どもが学童保育を利用します。年齢が上がるにしたがって、スポーツや習い事を始める子も増えますし、子どもが一人で帰宅して自宅で過ごしたり、友達と遊んだりできるようになるため、余暇クラブに参加する子は減っていきます。学童保育や余暇クラブは任意で、利用料を支払います。

Q12　保護者同士は仲がいいの？

保護者同士のコミュニケーションは日本に比べるとあっさりしています。学校は緊急連絡網を作って配布したりはしません。年度の始めに保護者会を開いて代表を選出しますが、その場で保護者代表から、連絡先共有リストを作ろうと提案されることはあります。この場合にも、リストへの参加は任意で、必ずしも全員が入るものではありません。また、リストを作っても、一度も使われないこともあります。子どもが同級生の誕生日会に招かれたり、スポーツクラブでチームメイトになったりすると、保護者同士の交流が深まります。

Q13　7年生まで成績がつかない？

学校はナショナル・カリキュラムに示された評価基準に従って、各教科の学習の進捗を評価し、家庭と共有します。ただし、7年生までは点数による評価をしてはいけないと法律に定められているため、評点はつきません。学校からはアプリ等を使って学習の様子やコメント、各評価項目の達成状況などが家庭に共有されます。家庭訪問はありません。授業参観は年に1、2回あります。

評価は学習の向上のために用いられます。そのため、子どもの自己評価が重視されます。教室では、授業中に定期的に時間をとって、子どもが自分の目標を立てたり、それに対してどの程度学習が進んだか、課題は何か、といったことを記録します。

学期に一度は子どもと教員、保護者の三者で面談がもたれますが、その際に、学級担任だけでなく各教科の教員からの評価コメントを読むこともできます。面談は学校から保護者へ伝達する場というよりは、子どもが自分の学習の進捗を保護者に共有する場として設けられています。そのため、子どもが「今日は私の面談に来てくれてありがとうございます」といった開会の辞を述べたり、司会をつとめて、準備した資料を見せながら発表したりします。

Q14　高校入試はないの？

基礎学校8年生になると、教科ごとの評点が付けられるようになります。Aが最も高い評価でEが最も低い評価、Fは不合格となります。成績は全国共通の評価基準に従って、普段の学習の様子やナショナル・テストの成績などを考慮して担当教員がつけます。

高校に進学するには、スウェーデン語あるいは第二言語としてのスウェーデン語、英語、数学に加えて、進学先に応じて5～9科目の成績が必要です。選抜にあたっては換算値（meritvärdet《メリートヴェルデット》）が用いられます。基礎学校の成績のうち、評価の高い順に16～17教科（進学先によって異なる）を抽出し、Aは20点、Cは15点、Eは10点、といった形で換算し、合計点を用います（Fは0点）。スポーツ選手育成校などのごく一部の例外を除いて、日本の高校入試のような一斉試験や面接、内申書などを用いた選抜はありません。

進学に必要な成績が得られなかった生徒は、サマースクールに通って補習を受けるか、新学期に高校に併設されたイントロダクション・プログラムに通って進学を目指します。

4　高　校

高校は義務ではありませんが、ほとんどの生徒が進学します。高校には18のナショナル・プログラムが用意されていて、このうち6つが進学準備プログラム、12が職業プログラムです。全体の9割弱の生徒がナショナル・プログラムに進学しますが、このうち約7割が進学準備プログラムで学んでいます。進学準備プログラムには芸術、経済、人文、社会科学、自然科学、技術の6つです。また、職業プログラムは児童・レクリエーション、建築・設備、電気・エネルギー、自動車・運輸、商業・経営、手工芸、ホテル・観光、工業技術、自然資源活用、レストラン・食材、厨房・空調、福祉・介護があります（本所2022）。いずれを選んでも、一定の単位を取得すれば卒業後に大学等に進学できます。

ナショナル・プログラム以外に、特別な推薦や選抜を経て入学できる全国募集の高校があります。それらは、航空技術、海洋技術、海事、鉄道技術、サーミの産業、職業ダンス、エンジニアです。また、数学や社会科学、経済や人文（言語、歴史、哲学）、芸術など卓越教育やスポーツ選手育成に特化した高校、インターナショナル・バカロレア（IB）校などもあります。学校教育庁や自治体のウェブサイトには高校一覧が掲載されています。また、民間が運営する高校情報サイトgymnasium.seやgymnasieguiden.seでは各高校やプログラムの体験談や評判を読むことができます。

Q15　高校には誰でも入れるの？

スウェーデンの高校は住民登録がされている人に入学資格を与えています。一般の入学者受け入れ手続きの時期が終わった後に、海外から移住・入学する場合には選択肢が制限されます。また、一部のIB校等を除き、授業はスウェーデン語で行われるため、入学要件としてスウェーデン語の成績が求められます。

このため、日本からスウェーデンの高校に入学するためには、まず在留許可を得てスウェーデンに移住し、住民登録を済ませたうえでイントロダクション・プログラムに入り、「第二言語としてのスウェーデン語」を履修することになります。イントロダクション・プログラムでは、「第二言語としてのスウェーデン語」とそれ以外の高校の科目を並行して履修できる場合もあります。高校は、特別な事情を持つ生徒のための入学枠を用意していますが、希望する高校に空きがある場合にしか入学できません。学校設置者（公立学校は自治体、自立学校は理事会）に事前に相談するとよいでしょう。学校設置者に問い合わせると、既履修単位の証明方法や入学手続きの方法を教えてくれます。また、20歳になる年の前半までに入学する必要があります。これ以降はコミューンの成人教育機関（Komvux：コンブックス）に通うことになります。

Q16　授業料は高校でも無料なの？

高校では授業料は無料ですが、教科書や教材、文房具、交通費は自己負担になります。給食費は自治体によって異なります。自立学校の場合も、公立学校の扱いに準じます。学校は入学選抜にかかる費用を徴収できません。ほとんどの高校は全日制ですが、寄宿制の高校も少数あります。寄宿料は高額になることが多く、自己負担です。また、遠くから通う高校生のための住居を用意する自治体もあります。海外に住んでいる場合など、特別な事情がある生徒向けに高校の全課程をオンラインで学ぶプログラムも少数あります。

Q17　高校を中退したり、進路変更をしたりする人が多いというのは本当？

中退や休学、プログラムの変更は日本に比べて一般的です。高校での学習は基礎学校までの授業に比べてかなり難しくなります。進度も早く、予習復習も欠かせません。

高校卒業には2,500単位の履修と2,250単位以上の合格が必要です。高校の単位は学習すべき内容によって決まっているので、学習時間との直接の対応関係はありませんが、1単位はおおよそ1時間の学習に相当するとみなされています。また、進学準備プログラムではスウェーデン語あるいは第二言語としてのスウェーデン語、英語、数学、そして卒業研究の単位取得が求められます。職業プログラムではスウェーデン語あるいは第二言語としてのスウェーデン語、英語、数学に加えて、履修プログラムの科目1,400単位と卒業研究の単位取得が求められます。

ナショナル・プログラムの生徒のうち、入学後3年以内に卒業資格（単位取得あるいは卒業試験合格）を得た生徒は79.7%に留まります（2022年）。イントロダクション・プログラムやナショナル・プログラム以外の生徒も含めると、5年以内に卒業資格を得られなかった生徒は約23%に上ります（2022年）。これらの生徒のほとんどは実質的に中退していることになりますが、成人教育などを通じていつでも高卒資格の取得を目指すことができます。また、高校卒業時に大学等に進学する基礎資格を得ている生徒は72.5%となっています。

高校には進路カウンセラー（studie- och yrkesvägledare）がいて、専門的な立場から授業履修や進路変更、進学、就職などの相談に乗ってくれます。

Q18 スウェーデンの高校生ライフはどんな感じ？

高校生になると、原付や自動車で通学する生徒も増えます。原付の運転免許は15歳から取得できますが、公道での運転練習は14歳9か月から認められています。原付の免許を得ると、時速45キロ以下で走行するトラクターも運転できます。多くの若者は古い乗用車を改造してトラクター扱いにして通学に使っています。郊外に住む高校生たちは、毎朝同級生の車に乗り合わせて登校します。

スウェーデンの成年年齢は18歳のため、高校の上級生は成人となります。アルコール度数の低いビールなどが買えるようになり、投票権も得ます。16歳までは児童手当（barnbidrag）が、その後は学修補助金（studiebidrag）が保護者に振り込まれますが、18歳になるとこの補助金が高校生本人の口座に振り込まれるようになるのも大きな変化です。アルバイトをする高校生もいますが、この補助金は授業に出席していないと打ち切られ、返済を求められるようになるため、スウェーデンの高校生は比較的真面目に高校に通います。

放課後の部活のようなものはありません。運動や文化活動はスポーツクラブや文化学校、あるいはサークル活動として学校外で取り組むのが一般的です。授業のない時間は教室が施錠されるため、生徒は放課後に学校に残って自由に活動することができません。一部の高校では、校内で合唱団やミュージカルサークルの活動を認めている場合もあります。また、自治体や民間が運営するユースセンターを利用することもできます。

高校生にとっての最大のイベントはスツデンテン（studenten）と呼ばれる卒業のお祝いです。高校最後の日、卒業生の親や兄弟、親戚や友人などが、卒業生の小さい頃の写真を印刷したプラカードを掲げて校舎の前で待ちます。そこへ、黒いつばのついた白い帽子をかぶった高校生たちが入り口から一斉に走り出します。国旗の色でもある青や黄色の風船、紙吹雪などが舞う中で、卒業生が迎えられ、胴上げをされたり、記念撮影をしたりする場面が見られます。その後、卒業生たちはクラスで用意したトラックの荷台に乗り、街を練り歩きます。爆音で騒ぐ高校生たちを見ると、道行く多くの人が笑顔で祝います。トラックでのパレードの後、自宅や友達の家などに集まって、卒業祝いのパーティが開かれます。高校を卒業すると、多くの若者が実家を離れ、恋人と同棲したり、大学の寮で一人暮らしを始めます。スツデンテンは保護者にとっても子育てのひとつの区切りになります。

5　特別支援教育

Q19　特別支援教育の対象は誰？

校長（あるいは自治体）は子どもたちの特別なニーズを評価するために、生徒保健チーム（elevhälsoteam）を組織しています。チームには学校心理士や看護師、特別支援教員、学習カウンセラーなどの専門家が入り、個別のケースについて定期的に検討しています。

ある子どもが、ひとつあるいは複数の教科でナショナル・カリキュラムの基準を満たせない可能性がある場合には、追加的な対応（extra anpassning）を提供することがあります。国の評価資料やナショナル・テスト、教員や生徒、保護者からの意見などを参考に、ニーズを特定し、まずは通常の授業の枠内で、学習の妨げとなっている状況を取り除くための対応がとられます。日課を調整したり、授業内容をわかりやすく説明したり、デジタルツールを使ったり、特別支援教員による短時間のサポートを提供したりします。

こうした通常の授業内での追加的な対応で状況が改善されない場合には、校長が生徒保健チームの意見を参考に特別支援（särskilt stöd）の必要性を判断します。特別支援には、特別支援教員による定期的な授業や、少人数グループでの取り出し授業、個別授業、学習内容の一部を除外すること、修学年限の延長などが含まれます。特別支援の必要性が認められた生徒には、個別対応プログラム（åtgärdsprogram）が組まれます。校長は定期的に進捗を評価し、対応を調整するほか、必要がなくなった場合にはプログラムを廃止します[(5)]。

知的障がいや脳損傷を持つ生徒が基礎学校や高校のナショナル・カリキュラムの基準を満たせない可能性がある場合には、教職員や生徒自身、生徒の保護者からの求めに応じて、自治体が調査を行います。自治体は教育学的所見、心理学的所見、医学的所見、社会的所見の4側面から専門家の意見を集め、総合的に判断します。この調査で通常学校のナショナル・カリキュラムの基準を満たせないと判断され、両親の同意が得られた場合には、適応基礎学校あるいは適応高校へ通う権利が得られます。両方の親が同意しない場合には、権利は与えられません。また、適応学校に通っていても、いずれかの保護者の求めに応じて、いつでも通常学校への転校が希望できます（Skolverket 2023a）。

適応基礎学校は1年生から9年生まで、適応高校は4年制です。プリスクールと就学前学級段階の適応学校はありません。適応学校では独自のナショナル・カリキュラムを用いているため、卒業後の進路に制限があります。また、適応学校に通う権利を得ても、通常学校の受け入れ体制があれば、希望に応じて通常学校に通わせることもできます。

重度の言語障害や聴覚障害、知的障害がある生徒は、特別学校（specialskola《スペシャルスコーラ》）に通う場合があります。

6　大　学

スウェーデンには49の大学（universitet《ウニヴェルシテット》）とカレッジ（högskola《ホグスコーラ》）等の高等教育機関があり、このうち修士課程や博士課程を持ち、研究者養成を行う機関を大学と呼び、それ以外をカレッジと呼んでいますが、例外もあります。一般的には、大学は複数の学部で構成され、大規模なことが多く、カレッジはひとつか少数の学部で構成され、専門分野に特化していることが多いです。また、Karolinska Institutet《カロリンスカ・インスティテューテット》（カロリンスカ研究所）やKonstfack《コンストファック》（芸術工芸デザイン大学）のように、大学ともカレッジとも名乗らない機関や、英語名ではuniversityを用いているカレッジもあります。

大学行政は教育省の所掌になります。執行機関として、高等教育カウンシル（UHR《ウーホーエル》）と高等教育機構（UKÄ《ウーコーエー》）があります。高等教育カウンシルは主に学生向けの情報提供や出願ポータルの運営、海外大学で取得した単位の評価などを担っています。高等教育機構は大学等の質保証や教育評価、課程認定などを担当しています。また、中央学生支援委員会が奨学金事業を行っています。

大学等では毎年約2万7,000のコースとプログラムが提供されています。2021年には約8万7,000人の高校生が卒業しましたが、このうち約25％の人が1年以内に大学等に進学しました。進学者のうち95％は高校の進学準備プログラムの出身者が占めていました。進学準備プログラムの卒業生の35％が卒業後すぐに大学等に進学しますが、職業プログラムから進学した人は4％程度でした。また、ストックホルムやヨーテボリなどの都市部では、進学準備プログラムの生徒の8割以上が卒業後すぐに大学等に進みますが、地方ではその割合は半分程度になります[6]。スウェーデンでは、高校卒業後しばらく経ってから大学等に入ることも珍しくないですが、最近では卒業後すぐに進学する若者が増えています。

Q20　大学には誰でも入れるの？

大学等に進学するには、まず基礎資格を満たしている必要があります。基礎資格とは、高校での必要単位（2010年以降入学生は2,250単位）を取得していることと、英語、数学、スウェーデン語（あるいは第二言語としてのスウェーデン語）の各科目で合格していることです。これらの一部が欠けている場合には、自治体が提供する成人教育機関（コンブックス）などで補習を受けて成績を揃える必要があります。

大学等で専門の勉強をするには、事前知識を必要とする場合があります。たとえば、工学を勉強したいと思ったら、自然科学の深い知識が求められます。そのため、プログラムによっては、物理や数学など特定の科目の成績が求められることがあります。

入学定員に対して応募者が少ない場合には、上記の条件を満たしたすべての人が入学できます。一方で、入学定員より多くの応募者がいる場合には、成績による選抜を行います。出願はポータルサイトAntagning.seを通じて一括して行うため、それぞれの大学から願書を取り寄せたり、同じ書類をそれぞれの大学に提出したりする必要はありません。ただし、このポータルを利用せず、個別に受け付けているカレッジもいくつかあります。

Q21　大学入試がないと聞いたけど、本当はあるの？

成績による選抜は、主に3つのグループに分けられます。一つ目は高校の成績を用いるグループです。二つ目は高等教育入学試験（högskoleprovet《ホグスコーレプローヴェット》）を用いるグループです。そして三つ目がそれ以外の評価方法によるグループです。大学は、高校の成績と高等教育入学試験のグループにはそれぞれ少なくとも3分の1以上の定員を割り振る必要がありますが、それ以外の評価方法については3分の1以内の枠で自由に設定したり、設定しなかったりすることができます。

一つ目のグループは高校の成績の平均値を用います。高校の各科目の成績に、Aは20点、Bは17.5点、Cは15点、Dは12.5点、Eは10点をかけ、すべての科目の点数を足します。その後、この合計点を全体の単位数で割ると、評価点（平均点）が算出できます。評価点はすべての科目でAの成績をとっている場合、20点となります。外国語、英語、数学を追加で履修している生徒はボーナスが2.5点まで与えられるため、評価点の最大は22.5点となります。

二つ目のグループは、毎年春と秋の2回行われる高等教育入学試験を受験する方法です。受験生は55分間の筆記試験を8科目受けます。内容は数学、英語、スウェーデン語に関するものになります。スウェーデンには大学入試がないと言われることがありますが、高等教育入学試験の会場では、日本の大学入試のような景色を見ることができます。この試験はかつて「セカンドチャンス」とも呼ばれ、高校を中退したり、低い成績で卒業したりした若者が、社会経験を積んでから進学する場合などに活用されてきました。1991年以降は誰でも受けられるようになり、現在では多くの高校生がこの試験も受験し、一つ目のグループと併願しています。

三つ目のグループは、それぞれの大学が自由に設定する選抜方法です。特定の分野の知識を問う選抜試験を実施したり、面接を通じて職業経験を評価したりできます。

Q22　授業料は大学でも無料なの？

EU（スウェーデンを含む）、欧州経済領域（EES）とスイスの市民権を持つ人は大学の入学申請料と授業料が免除されて、無料で大学に通うことができます。それ以外の人（日本人を含む）は申請料と授業料を支払う必要があります。申請料は900クローナです。授業料はそれぞれの大学等が設定しますが、人文科学分野では約10万クローナ、自然科学分野では約15万クローナ、工学や音楽などは約30万クローナ（いずれも年額）など、分野によっても大きく異なります。教科書や教材、交通費等は自己負担になります。

スウェーデンの市民権や永住権を持つ人は、返済不要の学修補助金と返済義務のある有利子学生ローンを受給できます。また、教材費や交通費などの補助金を申請することもできます。海外の大学で学ぶ際にも、これらの権利が与えられる場合があります。

Q23　大学での授業は難しい？

大学の授業をフルタイムで学習すると、1学期で30単位（högskolepoäng《ホグスコーレポエン》, HP《ホーペー》）、1年間で60単位が取得できます。卒業要件や職業資格を得るための要件はこのHPで規定されているため、履修するプログラムによって修学年限が異なります。大学等での教育は、基礎レベル（grundnivå《グルンドニヴォ》）、応用レベル（avancerad nivå《アヴァンセラド・ニヴォ》）、研究レベル（forskar nivå《フォシュカル・ニヴォ》）に分かれています。基礎レベルでは、専門的な事前学習を必要としない内容について、3年あるいは2年間の基礎教育を提供して

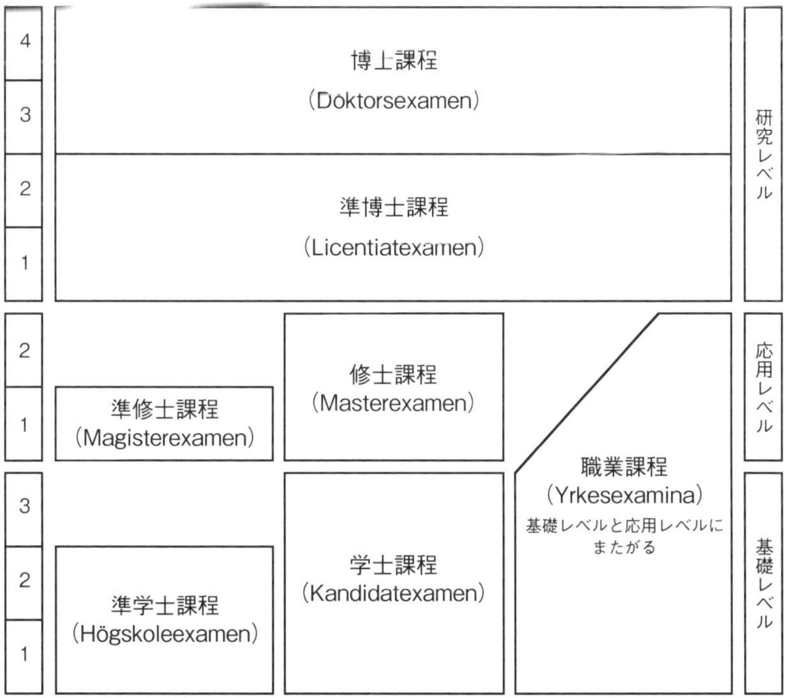

出典：https://www.studera.nu/att-valja-utbildning/nivaer/utbildningsnivaer-och-examina/

図3.1：高等教育

います。基礎レベルでは卒業研究が課されます。基礎レベルを終えた人は1年あるいは2年の応用レベルに進学することができます。ここでも卒業研究が課され、2年生の課程を修了すると修士号が授与されます。また、応用レベルを終えた人は研究レベルに進むことができます。研究レベルは前期の2年と後期の2年に分かれ、後期では博士論文の提出が課されます。研究レベルを終えると博士号が授与されます。プログラムや職業資格ごとの卒業要件は高等教育カウンシルが運営する進学情報サイトStudera.nuに説明されています。

高校までの時間割は、月曜日の1時間目に数学、2時間目にスウェーデン語、お昼ご飯を食べて3時間目に英語、というように、一日に何教科も並行して学びます。しかし、大学では一つの授業を集中的に履修するスタイルもあります。たとえば、8月の下旬に新学期が始まると、そこから10週間は15単位分のコースをひとつだけ履修するような形です（学部により異なります）。

大学での授業は総じて大変です。社会科学系の授業では大量の文献を読むことになります。高校までと同じような時間割のこともありますが、ある時期には1科目しか履修しないという時間割のこともあります。後者の場合には、先生は学生に対して、他の授業と課題が重なり負担過多になるのではないかと心配する必要がありません。学生も言い訳をする余地がありません。課題文献を読んでこないと、グループワークなどで他の学生に迷惑をかけることになります。

授業では、担当の先生の講義があったり、グループごとに話し合ったり、与えられた課題を解いたり、発表をしたりと、さまざまな活動に取り組みます。そして、授業の終わりごろになると、評価課題が課されます。課題はペーパーテストのこともありますし、パソコンで回答する場合もあります。選択式の問題が出されることもありますし、論述式の課題が出されることもあります。また、レポート課題や口頭試験、プレゼンテーションや作品の提出が求められることもあります。これらの課題は、授業で扱った内容をきちんと理解していないと解けないように工夫されています。

大学生の約2割が途中で進路変更をするか、中退します。中退率は教育学部で約35％と高く、医学部では約8％と特に低くなっています(7)。

Q24　英語で受けられる授業はある？

各大学等では、交換留学生用に英語で受けられる授業を用意しています。交換留学生は、日本の提携大学を通じて留学することになりますので、受け入れ大学の留学生担当の窓口から授業リストなどを取り寄せることができます。

正規の学生用にも、英語で教えるコースやプログラムが年間9,000以上提供されています。出願ポータルAntagning.seの検索機能では、教授言語でフィルターをかけることもできます。

7 成人教育

高校を卒業した若者や20歳以上の成人は、住民登録がされている自治体が提供する成人教育（コンブックス）で学ぶことができます。スウェーデン語の習得や大学進学に必要な成績の取得、就労に向けた学習など、さまざまな機会が無料で提供されています。2022年には約37万人がコンブックスで学びました。この大部分を占める23万人は高校レベルの授業を受けましたが、移民向けのスウェーデン語の授業は約12万人、基礎レベル（基礎学校相当）も約7万人の生徒が受講しています。

Q25 大人になって移住した人はどうやってスウェーデン語を学ぶのですか？

スウェーデンは移民に寛容な国と言われます。住民の約20％は外国生まれです。約1,050万人の人口に対して、毎年約10万人の移民を受け入れています。成人してから移民してきた人には、スウェーデン人と結婚して移住してきた人、仕事を求めてやってきた人、戦争や迫害を逃れてきた人など、さまざまな事情があります。途上国や紛争地帯から移民してきた人には、母国で教育を受けられず、小学校も卒業していないという人も多くいます。

こうした多様な移民を受け入れて、スウェーデン語を教えているのがコンブックスです。コンブックスでは、「移民のためのスウェーデン語（Sfi）」のコースを無料で提供しています。コースに登録する前に学習カウンセラーと個別面談のアポイントメントをとり、これまでの学校歴の聞き取りや語学能力のアセスメントを受けます。日本人の場合には、中学校や高校で英語を学んだ経験があるので、アルファベットを最初から学ぶ必要はなく、多くの場合、コースの途中から始めることになります。

「移民のためのスウェーデン語（Sfi）」はスウェーデンの世論からは強い批判にさらされていますが、語学の習得を通じて生活に必要な知識も身につけられるようにカリキュラムが工夫されています。たとえば、スーパーに買い物に行った時の会話を練習する単元では、野菜や果物の名前を覚えたり、よく使うフレーズを練習したりしますが、それだけではなく、商品を買う前に開封したり、つまみ食いをしたりしてはいけないことや、値切り交渉はできないこと、賞味期限を確認することなども学びます。また、帰宅後にレシートを確認したら、割引が適用されていなかった場面を想定して、差額の返金を要求する手紙を書く練習問題が出たりします。付加価値税（VAT）の税率が商品によって異なることや、返品や商品の交換、返金を求めることができること、不当な取引を防ぐ消費者保護の仕組みがあることなど、社会制度についても学びます。

スウェーデン語の習得ペースは人によってさまざまですが、これまでに学校で学んだ経験のある人は比較的早く進みます。難民としてやってきて職がなく、いわゆる生活保護を受けている人たちは、Sfiに出席している限り補償が受けられることもあり、教室にはさまざまなモチベーションを持った成人が集います。Sfiを受講する生徒の約半数がコースを修了しています。

Q26　コンブックスで高校を卒業できる？

コンブックスにはSfi以外にもさまざまな授業があります。基礎学校や高校を卒業できていない人には、英語や数学、スウェーデン語などのコースが用意されていて、何歳になっても学び始めることができます。やる気さえあれば、誰でも高校と同レベルの学習ができ、その成績を用いて大学等に進学することもできます。学校教育庁の2022年の集計では、約5,500人の生徒がコンブックスで高校卒業相当の単位を得ました（Skolverket 2023c）。

失業した人が新しいスキルを身につけるためのコースもあります。これには座学と職場実習が含まれていて、地元の企業や自治体で見習いをしながら、新しい仕事に就くための勉強をします。特別な支援が必要な子どものアシスタント、ケアワーカー、建築関係の電気や配線、配管の仕事、自動車整備や輸送の仕事など、さまざまな選択肢があります。それぞれに専門の教員がいて、必要に応じて運転免許などの資格も取得できます。これらの授業料はすべて無料です。

Q27 成人教育はオンラインでも学べる？

最近では、民間企業が成人教育プログラムを開発し、自治体が外部委託することも増えてきました。高校レベルの「第二言語としてのスウェーデン語」の授業などでは、大手の教育企業がオンラインコースを提供しています。自分の住む自治体がこのような企業と契約していると、コンブックスの対面授業の代わりに民間のオンラインコースを無料で受講することもできます。

また、自治体立のコンブックスだけではなく、非営利団体が運営する成人教育機関（Folkuniversitet《フォルクウニヴェルシテット》やMedborgarskolan《メドボリヤルスコーラン》など）もあります。コンブックスは無料で公教育の補完を担うのに対して、これらの非営利団体が運営する学校では、教養としての語学や絵画鑑賞、楽器のレッスンなど、習い事や趣味の科目を学ぶことができます。コンブックスは住民登録がされていないと受講できないのに対して、民間の成人教育は有料で誰でも受講できますが、人気の講座は継続受講者の空き（キャンセル）待ちになることもあります。

8 放課後や余暇

Q28 塾や習い事はあるの？

スウェーデンでは進学塾や補習塾は一般的ではありません。最近では、家庭教師を派遣する民間サービスも登場していますが、都市部のごく一部に限られます。

一方で、スポーツや習い事は誰でも参加しています。サッカーやフロアホッケー、アイスホッケーや乗馬、水泳などを習う子どもは多くいます。スポーツクラブでは、コーチから指導を受ける団体もありますが、保護者同士で集まって和気あいあいと競技を楽しむというチームも多くあります。また、自治体が音楽学校や文化学校を設置して、楽器の練習やコーラス、演劇や絵画などを安価で教えていることもあります。これらのコースはとても人気で、募集開始日になるとすぐに定員が埋まってしまいます。

スウェーデンでは教育は無料か非常に安価なことが多いですが、乗馬やゴルフなどは時に負担が高額になる場合もあります。また、自動車教習所やフライトスクール（自家用パイロット教習所）なども比較的高額です。

Q29　スウェーデンは休みが多いと聞いたけど、どう過ごしているの？

スウェーデンの基礎学校の授業日数は年間178日間で、1日の授業時間は低学年で6時間以内、それ以上で8時間以内と定められています。日本では200日程度の登校日がありますし、部活や課外活動が土日に入ったり、平日の夜遅くまであったりするので、それに比べるとかなりゆとりがあるように思います。大人の職場も同じように休みが多く、朝は早めに出勤し、夕方には早めに退勤します。休暇や年休は確実に休みます。

長くて暗い冬が印象的な北欧ですが、さわやかな春と白夜の夏、そして短い秋もあります。スウェーデンの人たちは大人も子どもも、自然の中で遊ぶのが上手です。すべての人に「アクセス権（allemansrätten）」が保障されていて、立入禁止でない場所は、ブルーベリーやコケモモ、キノコなどを自由に採ることができます。湖では、夏は水泳や釣り、冬はスケートをしたりして、季節を楽しみます。マイナースポーツも盛んで、ハンググライダーやカイトをしたり、狩猟やサバイバルゲーム、ゾンビマラソンに参加する人もいます。夏至祭やクリスマスなど、親戚で集まる機会が定期的にあるため、スウェーデン社会にはインフォーマルな学びの機会がたくさんあります。ひるがえって、ボーリングやカラオケのような商業施設は高額なため、誕生日会などの特別なシーンで利用します。

9　教師・教員養成

Q30　スウェーデンで働く日本人教師がいると聞いたけど？

インターネットで検索すると、スウェーデンで働く日本人教師のブログや新聞記事がヒットします。都市部だけでなく、地方の小さな村でも教員として働く日本人に出会うことがあります。基礎学校や高校で働く人、特別支援教員として働く人、日本語教師や母語教員として働く人、プリスクールの校長やアシスタント、余暇指導員など、立場はさまざまです。

正規の教員になるには、学校教育庁から教員資格認証（lärarlegitimation）を受ける必要があります。教職経験がない人は、スウェーデンの大学で教員養成を受ける必要があります。外国で教職経験のある人に向けた特別プログラムを用意する大学もあります。日本で教員免許を取得した人は、これまでに履修した単位や就業証明等を学校教育庁に提出して審査を受け、不足単位を補完することで認証を受けられます。多くの場合、スウェーデン語や英語、教科の内容に関する科目と、教育実習を追加履修するように指示されます。

かつては誰でも教壇に立てましたが、2011年から教員資格認証制度が始まりました。その後の一連の改革で、認証教員しか終身雇用ができなくなり、生徒の成績付与も認証教員の権限になりました。資格のない人は単年度契約となり、同じポジションに複数の応募があった場合には、認証教員が優先されるようになりました。認証を得ていない教員は、アシスタントとして学校で働きながら、パートタイムで不足単位を履修します。ただし、日本語教師と母語教師については、認証を得なくても働くことができます。

Q31　スウェーデンで教員になるには？

教員採用は各学校で行われます。新聞等に募集案内が載ることもありますし、希望者が学校に直接問い合わせることもあります。教育実習先に就職することも多くあります。

学校に就職するには、まずはアポイントメントをとり、校長と面接をします。面談では待遇や職務内容を相談します。フルタイムで働いた場合を100%として、子育てや勉強があるので80%まで働きたい、と希望することもできますし、校長から60%を授業や授業準備に使い、20%を学童保育の支援員として働いてほしい、と提案されることもあります。

給与も交渉次第です。労使協定で標準的な条件は決められていますが、具体的な金額は校長との面談で決まります。校長は学校予算をすべて管理しますが、教員給与に多く充てるか、設備に投資するか、研修を充実させるか、経営方針に応じて柔軟に判断できます。

注

(1) https://japanskaforeningenisthlm.se/
(2) https://web.jsgbg.se/gaiyou/
(3) https://cphjpss.wixsite.com/cphhoshuko
(4) https://www.skolverket.se/regler-och-ansvar/ansvar-i-skolfragor/skolskjuts-och-elevresor
(5) https://www.skolverket.se/skolutveckling/inspiration-och-stod-i-arbetet/stod-i-arbetet/att-gora-extra-anpassningar-och-ge-sarskilt-stod-i-grundskole--och-gymnasieutbildning
(6) https://www.scb.se/hitta-statistik/statistik-efter-amne/utbildning-och-forskning/befolkningens-utbildning/overgang-gymnasieskola-eftergymnasiala-utbildningar/pong/statistiknyhet/overgang-gymnasieskola--eftergymnasial-utbildning-examinerade-fran-gymnasieskolan-201314-202021/
(7) https://gamla.uka.se/download/18.2b48d4bc15ec792491a331e/1507896110834/rapport-2017-10-12-tidiga-avhopp-fran-hogskolan.pdf

参考文献

是永かな子・石田祥代（2019）「スウェーデン・トッメリラコミューンにおける中央子ども健康チームの取り組み」『北ヨーロッパ研究』15, 57-66頁.
園山大祐（編）（2021）『学校を離れる若者たち：ヨーロッパの教育政策にみる早期離学と進路保障』ナカニシヤ出版.
中田麗子他（編）（2023）『北欧の教育再発見：ウェルビーイングのための子育てと学び』明石書店.
二宮皓（編）（2023）『世界の学校：グローバル化する教育と学校生活のリアル』学事出版.
ヘルリッツ，イリス（今福仁訳）（2005）『スウェーデン人：我々は、いかに、また、なぜ』新評論.
北欧教育研究会（編）（2021）『北欧の教育最前線：市民社会をつくる子育てと学び』明石書店.
本所恵（2022）「スウェーデンの高校イントロダクション・プログラムにおける教育の個別化」『金沢

大学人間社会研究域学校教育系紀要』14, 21-34 頁. https://doi.org/10.24517/00065760

本所恵（2016）『スウェーデンにおける高校の教育課程改革：専門性に結び付いた共通性の模索』新評論.

Hayashi（2022）What Japan Learnt from Swedish Education: From Thunberg to Thunberg, Vägval i Skolans Historia,1/2022.

Högsta Förvaltningsdomstolen（2019）HFD prövar inte kammarrättens dom om blöjor på förskolan. https://www.domstol.se/nyheter/2019/12/hfd-provar-inte-kammarrattens-dom-om-blojor-pa-forskolan/

Skollag（2010: 800）.

Skolverket（2011）Särskilt stöd i grundskolan, En sammanställning av senare års forskning och utvärdering.

Skolverket（2014）Stödinsatser i utbildning -om ledning och stimulans, extra anpassningar och särskilt stöd.

Skolverket（2022）Betyg och studieresultat i gymnasieskolan år 2022.

Skolverket（2023a）Anpassade grundskolan är till för ditt barn.

Skolverket（2023b）Barn och Personal i förskola, Hösten 2022.

Skolverket（2023c）Elever och studieresultat i kommunal vuxenutbildning 2022.

コラム2
誰が学校を殺したか？

林 寛平

2022年に放送された問題提起番組「Vem mördade skolan?（誰が学校を殺したか?)」は、国政選挙前の教育議論に波風を立てました。番組は各回30分、6回シリーズで放送されました。コメディアンのイェスパー・ロンダールが教育改革で中心的な役割を担った人たちにインタビューをしながら、スウェーデンの学校を殺した真犯人を探すという、犯罪捜査風に仕立てられています。スウェーデン公共放送（SVT）のオンラインアーカイブに載っていて、スウェーデン国内からは無料で見ることができます。

80年代までは世界でトップの座にあったスウェーデンの学校。学力と教員のステータスはともに高く、全員が高校に入れて、世界で最も公平な学校だったはずです。ところが、国際学力調査では成績が下がり続け、教員のなり手は不足し、高校に進学できない生徒が増え、若年失業者として社会に放り出されるようになりました。誰がスウェーデンの学校を殺したのか？ 80年代終わりに、教育予算を国から地方に移した教育大臣ヨーラン・パーションか、あるいはそれを指示した財務大臣か？この改革では、教員の猛烈な反発を受けながらも、一部の組合員を抱き込んで僅差で法案を通しました。結果、学校は教材を買うお金がなくなり、教員の待遇も下がりました。一方で、国は大幅な歳出削減に成功しました。当時、地方議会から国政に進出したばかりだったパーションは、後に財務大臣、そして首相へと上り詰めました。

あるいは、学校運営費やデジタル化の補助金で甘い蜜を吸う企業だろうか？ 運営費の大部分を補助金で賄う自立学校チェーンは、1994年の改革で初めて登場しましたが、今では莫大な利益をもたらすキャッシュマシーンになっています。自立学校やEdTech企業に流れるお金は、国民が納めた税金ですし、子どもたちに使われるべきものです。自立学校は成績を甘くつけていると批判されていますし、デジタル教材の学習効果は、伝統的な教え方より劣るという研究結果もあります。それなのに、国民はなぜこれを許すのでしょうか。

それとも、スウェーデンの子どもはみんな同時にADHDになってしまったのでしょうか？ カリキュラムを大綱化して、先生は指導者ではなくサポーターになり、子どもたちは自分の関心に応じて自由に学習する。しかしその実態は、規律のない放任になっていないでしょうか？ 国王が発達障害をもっていることは知られていますが、もしかして国民も国王みたいになりたくて、わざとこんな「新教育」をやっているのでしょうか、それとも、その裏に「陰謀」があったのでしょうか？

皮肉と揶揄が繰り返し差し込まれ、大物政治家や教育界のビックネームを馬鹿にするこの番組は、賛否両論をもって受け止められました。犯罪捜査風にする意味がわからない、という意見もあれば、込み入った事情をわかりやすく説明している、という見方もあります。教育は誰もが経験し、みんなが何らかの意見を持っている分野だけに、議論は尽きません。

Sveriges Television（2022）Vem mördade skolan?

第4章

多様性を尊重しながら ウェルビーイングな学校づくりに イギリスはどう取り組んでいるのか？

植田 みどり

中等学校の授業の様子

はじめに

ユニオンジャックがはためくバッキンガム宮殿のバルコニーに立つロイヤルファミリー。フットボールに熱狂するサポーター。ハリーポッターの世界。シェークスピアの生まれた国。シャーロックホームズの世界など、イギリスを象徴するものはいっぱいあります。皆さんがイギリスを考えた時に浮かぶものはなんでしょうか？

そんな国の学校はどのように営まれているでしょうか。今からその一端をご紹介したいと思います。

1 教育制度

イギリスの正式国名は「グレートブリテン及び北アイルランド連合王国(United Kingdom of Great Britain and Northern Ireland)」です。イングランド、スコットランド、ウェールズ、北アイルランドの4つの地域から構成される連合王国なのです。そのため、各地域には独立した議会と行政機構があり、教育制度も異なります(1)。

Q1 イギリスには4つの異なる教育制度があるって本当？

4つの地域ともに義務教育は5歳から16歳までの11年間ですが、区切りが異なります。日本の小学校に当たる初等学校は、イングランドでは6年間ですが、スコットランドでは7年間です。日本の中学校に当たる中等学校は、イングランドでは5年間ですが、スコットランドでは4年間です。また、日本の学習指導要領に当たる全国共通教育課程（National Curriculum）が各地域にありますが、その内容も異なります。イングランドについては後述しますが、ウェールズでは初等、中等教育段階でウェールズ語が必修教科となっていること(2)や、北アイルランドでは、自己発展と相互理解（personal development and mutual understanding）が重視された教育課程[3]となっています。スコットランドでは、「Curriculum for Excellence」という独自の教育課程の枠組み[4]があり、試験や資格枠組みについても「Scottish Credit and Qualifications Framework」という枠組みをもっています[5]。

このように4つの地域で異なる制度となっているため、本稿では、人口が最も多く、首都ロンドンがあるイングランドについて紹介しますので、以下、イギリスとはイングランドのことを意味します。

Q2 “公立学校”にもいろんなタイプの学校があるって本当？

イギリスの学校は大きく分けると、公費（国費）が提供されている公営学校（state/state-funded school）と、公費（国費）が提供されていない私立学校（private/independent school）に区分されます。私立学校は公費（国費）がまったく入らないため、高額の授業料がかかります。

さて公営学校と言っても多様な学校があることがイギリスの特徴です。学校経営の面に着目してまとめると図4.1のようになります。

公営学校（state/state-funded school）					私立学校（private/independent school）
公立学校（community/LA maintained school）	地方補助学校（foundation school）	慈善団体立学校（voluntary school）	アカデミー（Academy）	フリースクール（free school）	

（出典）DfE, Types of School（https://www.gov.uk/types-of-school、2024年6月14日最終閲覧）を基に作成

図4.1　イギリスの学校の種類

公営学校には、地方自治体が設置した学校と宗教団体等が設立した学校があります。たとえば、日本の“公立学校”に最も近い学校が「公立学校（community/LA maintained school）」です。それに対して、教会等の宗教団体が創設者として関わっている学校を慈善団体立学校（voluntary school）と言います。学校名が「○○○ CE Primary School」（“CE”とは“Church of England”の略です）と書かれている場合は、英国国教会系の教会が創設者である学校です。このような

学校の場合、学校理事会の理事の半数が英国国教会の関係者であり、学校の行事の中にも宗教的な活動があるなどの特徴があります。

イギリスの多様な学校のもうひとつの特徴が、2010年に公営独立学校（Public funded independent school）というカテゴリーとして創設されたアカデミー（Academy）[6]とフリースクール（Free school）[7]という学校です。これらは1校が単独で経営されている場合もありますし、これらの学校が複数でひとつの学校体として経営されているマルチアカデミートラスト（Multi Academy Trust, MAT）に属する学校として経営されている場合もあります。アカデミーやフリースクールは、地方当局（Local Authority, LA《エルエイ》）の管理下から離脱し、理事会（Trust）の管理下で経営されています。そのため、学校の運営費は地方当局を通さずに国から直接受け取ります。また公立学校や慈善団体立学校、地方補助学校[8]は、全国共通教育課程に従う義務がありますが、アカデミーやフリースクールにはなく、独自の教育課程を編成できます。教員免許がない教師も雇用することができ、給与の基準も全国基準に従う必要がありません。2010年以降、政府がアカデミー化を推進させたため、アカデミーやフリースクールの量的拡大が進んでいます。現在（2023年）、アカデミーやフリースクールは学校数全体の約4割、初等学校では約3割、中等学校では約8割を占めています[9]。

Q3　学校が何でも決められるって本当？

イギリスでは、「1988年教育改革法」以降、学校への権限委譲が進められ、教育課程だけでなく、人事や財政など学校に係わるすべてのことを学校理事会が決め、校長がその決定事項に基づいて学校経営を行っています。前述したように全国共通教育課程がありますが、これは標準（standard）を示しているもので、教育課程の編成権は学校が持っています。日本のような教科書検定や教科書の使用義務はすべての学校においてもありません。そのため、どのような教材を用いて、どのような授業をどのように行うかは各学校の裁量となります。また、教師の配置基準もないので、各学校がクラスサイズ[10]や教師の配置などを決めて、教職員の採用者数を決めています。公営学校は、原則児童生徒数に応じて配分される学校運営費（school dedicated grant）[11]を自分たちの判断で自分たちの目指す教育活動を展開するために運用します。そのため、イギリスではいずれの公営学校においても学校の教育活動には違いがあります。またその結果として、学校や地域による格差が生じているという課題もあります。

このような学校を取り巻く教育ガバナンスの仕組みを整理すると図4.2となります。

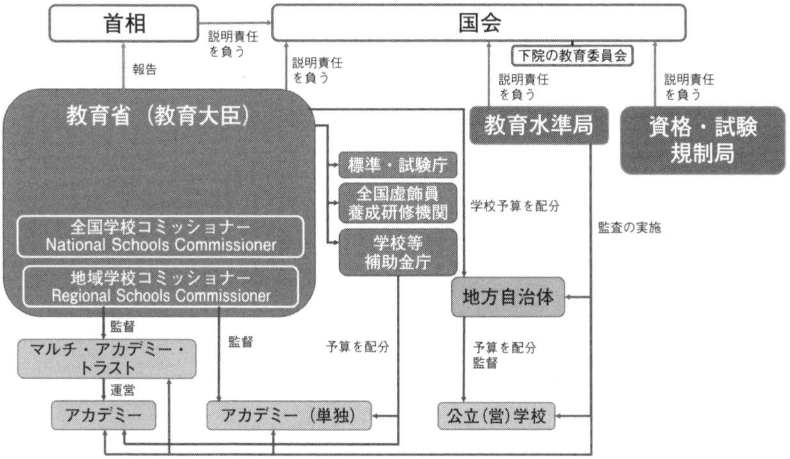

注：「公立（営）学校」とは公立学校、地方補助学校、慈善団体立学校を指す。
（出典）国立教育政策研究所（2019）『地方教育行政の組織と機能に関する国際比較研究』51頁より引用

図4.2　イギリスの教育ガバナンス

イギリスにも日本の教育委員会に当たるような機関として、地方当局が存在します[12]。しかし前述したように、イギリスでは学校にすべての経営権限が与えられていることから、地方当局が学校を管理することはありません。地方当局は、特別支援教育の保証、就学支援のための交通手段の確保などを通して、管轄地域の児童生徒の教育機会を保証するとともに、問題を抱えた公立及び公営学校への介入などにより質管理を行う役割を担っています。

Q4　学校監査って何？

イギリスの学校は定期的に、教育省から独立し議会に対して責任を負う第三者機関である教育水準局（Ofsted《オフステッド》, Office for Standards in Education, Children's Services and Skills）による学校監査（School Inspection）を受けます[13]。

学校監査は、教育の質（quality of education）、行動と態度（behaviour and attitudes）、個人的発達（personal development）、リーダーシップとマネジメント（leadership and management）の項目で、勅任監査官（His Majesty Inspector, HMI《エイチエムアイ》）らによって行われます。勅任監査官は、事前に教育省が集積している多様な学校データを分析したうえで、学校訪問を行い、授業観察や、児童生徒、教師、管理職、理事等へのインタビューを行います。保護者には、「Ofsted Parent View」[14]というオンラインでのアンケートを通して学校への意識調査が行われます。そして、学校の問題状況を評価したうえで、4段階で判定します。判定は、最も高い評価がoutstandingで、以下、good、requires improvement、inadequateとなります。inadequateという判定を受けた場合は迅速な学校改善が勅任監査官の管理下で行われ、学校改善ができなかった場合には学校理事会の解体や学校閉鎖などの措置が執られます。たとえば、公営学校においては、地域に配置されているアカデミーを管轄する地域学校コミッショナー（Regional Schools Commissioner）の指示の下で、地方当局の子どもサービス長（Director of Children's Services, DCS《ディーシーエス》）と協議しながら、問題がある学校にとって適切な改善支援を得られるアカデミーの下で学校改善ができるようにアカデミーへの転換が命じられ、改善支援を受けながら学校改善に取り組みます。

学校監査報告書（School Inspection Report）は、学校、地方当局等に送られるとともに、教育水準局のホームページ[15]にも掲載されます。また各学校は自校のホームページに掲載することが義務づけられています。このように一般に公開されていますので、保護者が学校選択をする際に学校の情報を知るために活用することが推奨されています。また同時に学校は、学校監査報告書で指摘された問題状況を改善するために学校改善計画を立て、学校改善に取り組むことが求められています。つまり、従来からあった勅任視学官制度を、1992年に教育水準局に改編して学校監査制度を整備したことで、学校がアカウンタビリティを果たすとともに、学校改善に取り組むための手段として活用していると言えます。

2 就学前教育から初等・中等教育

イギリスの義務教育は5歳から16歳までの11年間です。しかし、無償の教育は義務教育の前後2年間保障されています。そのような就学前教育から初等・中等教育はどのような特徴を持っているのでしょうか。

Q5 就学前教育は義務ではないのに無償って本当？

保育学級の教室

イギリスでは義務教育前の3～4歳児は、誰でも無償で週15時間分の就学前教育を受けることができます[16]。ただし、貧困家庭の子どもは2歳から無償です。保護者が通わせるかを判断し、施設を選択します[17]。現在（2023年）94％の子どもが在籍しています[18]。

無償といっても、保護者にお金が支給されるのではありません。この無償の就学前教育は、教育機関や保育施設等を認証し、監査する役割も持つ教育水準局によって就学前教育機関として認証され[19]、かつ就学前教育における全国共通教育課程（Early years foundation stage statutory framework）[20]に基づく教育活動が実施されている施設に対して、在籍している子どもの年齢および人数に応じて、国が補助金を支給する形で実施されています。

この施設には、個人が数人の子どもを預かって運営するChildminderや、保育所（Day Nursery）や保育学校（Nursery School）、初等学校に併設された保育学級（Nursery Class）、初等学校の準備クラス（reception class）など多様な形態があります。

これらの施設では、就学前教育における全国共通教育課程で規定されている7つの領域（①コミュニケーションと言語、②個人・社会・道徳的発達、③身体的発達、④読解力、⑤数学的知識、⑥世界の理解、⑦表現的芸術およびデザイン）において、年齢段階ごとに規定されている内容を遊びやゲームを通して身につけていきます。テストなどはなく、教師や保育者が子どもたちの行動を観察し、全国共通教育課程に規定されている習得すべきスキルと知識が習得できているかを評価されます。この記録は就学する初等学校に提供され、初等学校での学習指導のスタート時点で、その児童生徒が何を習得しており、どこからどのような指導を始めるのか等の指導計画を立てることに活用されます。

Q6　学校に通わないという選択肢もあるって本当？

イギリスでは5歳から16歳までの11年間が義務教育です。保護者には、自分の子どもが5歳になったら子どもの年齢、能力および適正に合った学校、あるいはその他の方法で教育を受けさせることが義務づけられています(21)。つまり、イギリスでは義務教育年齢にあっても、保護者の責任の下で学校以外の場（Education Otherwise）での教育が認められるということです。

この規定に基づき、イギリスではホームエデュケーション（home education）が法的に認められています(22)。保護者がホームエデュケーションを選択する場合（一部のみ選択することも可能）は、居住する地域が属する地方当局に届け出ることで認められます。すでに学校に在籍してきる場合は、まず学校に伝えた後に申請します(23)。地方当局もホームエデュケーションに関する情報提供をし、家庭での教育をサポートしています(24)。

ホームエデュケーションでは、日本の学習指導要領のような教育課程の基準である全国共通教育課程に基づく教育をする必要はありません。しかし、児童の年齢、能力、適正にあった適切な教育が行われることや、児童虐待防止などの健康や福祉面での適切な環境であることが求められています。イギリスには、ホームエデュケーションを支援するさまざまな支援団体も存在しています(25)。

なお、保護者が学校にも通わせず、ホームエデュケーションも申請していない場合は、保護者に罰金（60ポンド）が課されます。

Q7　保護者が学校を選べるって本当？

保護者は、居住する地域ごとに設定されている通学区域（catchment area）にある複数の学校から、子どもを通わせたい学校を選択し、地方当局あるいは学校に申請します。学校は、公表している入学者決定要項（Admission Policy）に基づいて入学者を決定します。多くの学校では、学校からの距離、兄弟姉妹の在籍などが要項に記載されています。義務教育段階の公立および公営学校では学力試験は原則できません（グラマースクールなど一部認められている場合もあります）。人気のある学校は、定員を超えることがあります。その場合は待機リストが作成され、空きができ次第、順番に入学が可能となります。もし、希望する学校に入学ができず、理由に納得ができない場合は、保護者は独立した不服申し立て機関（Office of the Schools Adjudicator）[(26)] に申し立てができます。

このように保護者には、学校を選ぶ権利と同時に選んだことに伴う義務もあります。つまり、選んだからにはきちんとその学校の教育を理解し、共に当事者として子どもの教育に責任を持つことが求められています。それを示すものが入学の際に学校と保護者、そして児童生徒の間で交わされる「家庭と学校の協約（home school agreement）」です[(27)]。これは学校に作成が義務づけられており、学校の教育目的・ビジョン、学校の責任、保護者の責任、児童生徒に期待することなどが書かれています。たとえば、「遅刻せずに登校させます」などの内容があります。なお、初等学校の場合、学校まで保護者が送り迎えをすることが義務です。

Q8　保護者が学校の意思決定の責任者って本当？

イギリスにおいて保護者の権限と責任を示すもうひとつのものが学校理事会（school governing board）です。これは、保護者代表、校長、教師代表、創設者代表[(28)] 等によって構成される組織で、すべての学校に設置されています（複数の学校でひとつの学校理事会の設置もあります）。保護者代表は保護者の中から選挙で選ばれます。理事の活動は無償のボランティアです。

学校理事会は1944年教育法により、保護者が学校に参画する仕組みとして導入された後に、「1986年教育法（第二）」及び「1988年教育改革法」により、学校の最高意思決定機関として、学校の人事、教育課程、予算、施設管理など、すべての学校経営に関わる事項を決定する権限が与えられ、現在に至っています。このように重要な権限と責任を円滑に遂行するため、専門知識を持った共同選出理事（co-opted governor）などの配置や全国理事会協会（NGA《エヌジーエー》, National Governance Association）[29] などによる支援が行われています。

3　学校の日常と教育活動

では次に、実際の学校ではどのような教育活動が行われ、どのような学校の日常があるのでしょうか。日本と異なる点を中心にイギリスの学校教育の特徴を紹介したいと思います。

Q9　学校がノートや鉛筆を提供してくれるって本当？

初等学校の机

右の写真はイギリスの初等学校の教室です。机の上には同じ鉛筆やノート、のり、ペンなどがありますが、これらはすべて学校が無料で提供しています。好みのものを持参することも可能ですが、子どもたちは学校が提供するこれらの文具を使って学習します。科目ごとに色違いのノートが用意されています。ノートは持ち帰ることはほとんどなく、授業後、教師が回収し、その日の学習状況や課題の出来具合を確認します。

机の上の奥の方にボトルがありま

す。イギリスの学校では、子どもたちの健康面から定期的な水分摂取が奨励されており、多くの学校で個人用のボトルを用意（あるいは持参させる）しています。子どもたちは好きな時に水を飲みながら授業を受けています。また、ビタミンやカルシウム、鉄分摂取などの健康面への配慮から、牛乳は5歳児まで、果物や野菜（にんじんやリンゴなど）は初等学校の1、2年生まで、国の予算で無料で提供され、休憩時間などに子どもたちは食べます。

無償提供の牛乳と野菜

イギリスの学校のランチは、お弁当（サンドイッチ&チップス&チョコバー&ジュースが定番！）を持参するか、学校が提供する食事を食堂で食べます。食堂で提供される食事は原則有料ですが[30]、保護者の収入に応じて無料で食べること（Free School Meal）もできます。その際、所得証明書類等を保護者が提出して申請します[31]。学校が提供する食事は、生野菜や温かい食事の提供など栄養価を考えた食事を提供することが求められています。

また、“Breakfast Club”などと称して、朝食を提供している学校もあります。無料給食の申請をしている児童生徒は朝食も無料で食べることができます。

Q10　義務教育でも停学退学があるって本当？

イギリスの学校には、問題行動への対応方針（Behavior Policy）を策定し、公表することが義務づけられています。それには、学校内外における行動上のルール、児童生徒に期待すること、問題行動への対応策、いじめ対応などが書かれています。

問題行動をした場合、警告、保護者への通知、教室外への移動、放課後の居残り指導などの対応がとられます。なお、対処する際には合理的な理由があれば教師が身体的な拘束行為をしても良いことが認められています。

さらにイギリスでは義務教育段階でも校長の権限で、停学（suspension）や退学（permanent exclusion）という措置（exclusion）を執ることができます[32]。停学は45日以内で設定されます。この間、学校はPupil Referral Unit（PRU《ピーアールユー》）[33]などの施設を活用して措置が執られた教育機会を提供します。また退学措置の場合は、地方当局が児童生徒に対して退学措置を受けた学校以外の学校、あるいはPRUなどの代替教育施設（Alternative Provision）でフルタイムの教育機会を提供します。

Q11　学校での特別な配慮はどうされているのか？

イギリスでは、身体面、精神面、コミュニケーション面、学習面などにおいて配慮が必要と判断された児童生徒に対して、特別支援教育（Special educational needs and disabilities, SEND《エスイーエヌディー》）の規定[34]に基づいて適切な支援を提供することが学校に義務づけられています。なお、コミュニケーションと相互作用、認知と学習、社会的・感情的・精神的健康、感覚と身体的ニーズの4つの領域に特化した支援を行う特別支援学校（special school）も、地方当局、理事会、私立学校等により設置されており、保護者の判断で選択できます。

保護者は自分の子どもに特別支援教育が必要であると判断した場合、学校にすでに在籍している場合は、学校において特別支援教育の責任を担う特別支援教育コーディネーター（Special Educational Needs Coordinator, SENCO《センコ》）に申し出ます。入学前の場合は、地方当局の担当部局に申請をします[35]。特別な配慮が必要な内容や症状に応じて判断がされ、特別支援教育の認定書（SEN《エスイーエヌ》 statement）が発行されます。発行された場合は、各学校で個別指導支援計画（Education, Health and Care Plan, EHC《イーエイチシー》 Plan）が作成されます。学校には判定基準に応じてその児童生徒への個別支援を行うための予算が地方当局より配分されます。またこのような支援計画を作成せずに、学校の判断で特別支援教育の特別支援（SEN support）が提供される児童生徒もいます。

さらに、英語を出身言語としない児童生徒（English as an additional language, EAL《イーエーエル》）に対しては、英語学習や出身言語での学習機会の提供など個別のニーズに応じたような支援（取り出しの個別指導や補習など）が提供されています。

Q12 ウェルビーイングな学校づくりって何？

イギリスの学校は安全で、安心で、子どもたちが心身共に健康で過ごすことができるウェルビーイングな学校づくりをすることが求められており、さまざまな取り組みが行われています。

たとえば学校では、子どもたちの安全やウェルビーイングを守るために、安全管理担当者（Designated Safeguarding Lead, DSL《ディーエスエル》）が任命され、児童生徒や保護者が学校や家庭での安全や福祉面などにおいて不安や危険などがある場合の連絡窓口となっています。学校管理職、SENCO、学校理事会の理事など多様な人が任命されています。DSLに関する情報を学校のホームページに掲示したり、DSLの写真入りのポスターを校内に掲載するなどの周知を図り、児童生徒および保護者が何かあった場合に連絡できるようにしています。このように、イギリスでは迅速かつ的確な支援を提供するための要に学校がなっていると言えます。

Q13 日本人学校・補習校

イギリスには、ロンドンにロンドン日本人学校[36]があります。そのほかに、6か所の補習校[37]があります。また、スコットランドにも2つの補習校[38]があります。また日本の学校法人がイギリス国内に開校している学校として、立教英国学院[39]や帝京ロンドン学園[40]があります。さらに、インターナショナルスクールも多数あります[41]。

4 教育課程

イギリスにも日本の学習指導要領と同じように、国が定めた全国共通教育課程があります。イギリスの子どもたちはその内容を学校でどのように学習し、評価されているのでしょうか。

Q14　学校では何を勉強するの？

イギリスの学校にはキーステージ（Key Stage）という学年の区切りがあり、キーステージごとに教えられる科目が「全国共通教育課程（National Curriculum）」[42]で決められています（表4.1）。なお、前述したようにアカデミーおよびフリースクール、私立学校は、全国共通教育課程を守る義務はありません。

表4.1　キーステージごとの教科

キーステージ		KS1	KS2	KS3	KS4
年齢		5－7	7－11	11－14	14－16
学年		1－2	3－6	7－9	10－11
中核教科	英語	●	●	●	●
	算数・数学	●	●	●	●
	理科	●	●	●	●
基礎教科	美術・デザイン	●	●	●	
	市民科			●	●
	コンピューティング	●	●	●	●
	デザイン・技術	●	●	●	
	外国語		●	●	
	地理	●	●	●	
	歴史	●	●	●	
	音楽	●	●	●	
	体育	●	●	●	●
その他の必修教科	宗教	●	●	●	●
	性・関係性教育			●	●

（出典）DfE（2014）The national curriculum in England: Framework document, p.7より作成

そして、全国共通教育課程に基づいて全国共通試験が実施され、学習成果が評価（assessment）されます（表4.2）[43]。

試験結果は、「Performance Table」として教育省のデータベースで公開されています[44]。試験結果は児童生徒の進級に関係するものではなく、学校での学習指導およびそのための学校改善に活用されます。また保護者は、各学校の情報を学校選択の際の参考にします。

表4.2 キーステージごとの学習評価

キーステージ	年齢	学年	評価と試験
RC	4−5	EY	言語、コミュニケーション、読み書き能力、算数における児童の出発時点での評価と教員の評価
KS1	5−6	Y1	フォニックスのスクリーニングチェック
KS1	6−7	Y2	英語（リーディング）と算数の全国共通テスト 算数、理科、英語（リーディング、ライティング）の教員の評価
KS2	8−9	Y4	九九のチェック
KS2	10−11	Y6	英語（リーディング）、算数、文法、句読点、スペリングの全国共通テスト 英語（ライティング）と理科の教員の評価
KS4	14-15	Y10	GCSE（一部の生徒）
KS4	15-16	Y11	GCSEまた他の全国共通試験（ほとんどの生徒）

（出典）https://www.gov.uk/national-curriculum（最終確認：2024年4月29日最終閲覧）より作成

Q15 “卒業証書”がないって本当？

イギリスでは中等教育終了資格試験（General Certificate of Secondary Education, GCSE《ジーシーエスイー》）において5科目以上で合格点であるD以上の判定を受けることで義務教育が終了したことが認められます。GCSEは16歳で受験することがほとんどですが、年齢に関係なく何度も受けることができます。このようにイギリスでは学校が義務教育課程を修了したことを証明するわけではないので、学校から“卒業証書”は授与されません。あくまでGCSEの試験結果が次のステップに結びつく証明書となります。

義務教育終了後大学に進学する場合は、シックスフォームという2年間の課程で、GCSE Aレベルの勉強をします。そして大学が指定する科目（通常3科目）で指定される判定を取り、UCAS《ユーカス》（Universities and Colleges Admissions Service）(45)に申請することで大学に進学することができます。またEBacc《イーバック》（English Baccalaureate）(46)やIB《アイビー》（国際バカロレア）を提供する学校もあります。

Q16 キャリア教育はどのように行われるのか？

イギリスは“ニート”という言葉を生んだ国です。ニートとは“Not in Education, Employment or Training”の頭文字をとって作られた“NEET”という言葉を訳したものです。つまり、教育も受けず、仕事もせず、職業訓練も受けていない人を指します。

イギリスでは前述したように、GCSEで合格点を取得しなければ社会に繋がる“切符”を得ることができません。つまりGCESに合格できなかった生徒は、進学も就職も訓練の道にも進めずNEETになってしまいます。約1割の生徒がNEETになっていたことからイギリスではさまざまな対策が取られてきました。

そのひとつとして、2013年から、義務教育年限は変更せずに、16～18歳の2年間、教育・訓練機関に在籍するか、見習い訓練に従事するか、週20時間以上の就労あるいはボランティアに従事するかのいずれかにあることを義務づけるという離学年齢（Raising the Participation Age, RPA）の延長が行われました。なおこの間の教育や訓練は無償です。

またイギリスでは、すべての公費維持学校に対して、多様な教育および訓練機関が第8～13学年のすべての児童生徒に関わり、承認された技能教育資格や見習い制度に関する情報提供をする機会をすべての公費維持学校が提供することを義務づける(47)など、学校での適切なキャリアガイダンスの機会を提供することが求められています。そのために、各学校にはキャリアコーディネーターなどと呼ばれる専門の教職員がいます。

5 教師・教員養成

“先生のお仕事は大変だ！”というのは万国共通のようです。イギリスでも教師たちがやりがいを持って働けるようにいろいろな取り組みが行われています。イギリスの学校で今何が起こっているのか紹介したいと思います。

Q17 教師が足りないって本当？

イギリスの公立及び公営学校の教師になるには大学や学校(48)の教職課程を修了することで取得できる教師免許（Qualified Teacher Status）が必要です。

イギリスではこの教師の離職率の高さ、特に若手教師の離職率の高さが問題となっています。また教師は自由意思で異動し、原則学校単位で雇用されるため、社会経済的に不利益な地域の学校は教師が不足するなどの学校間、地域間格差も問題となっています。このような状況を改善するために、イギリスでは教師の労働環境整備に1990年代後半から取り組んできました。

そのひとつが、教師以外のサポートスタッフの拡充整備です。サポートスタッフの中でも、教室の内外で教師の業務を支援したり、特別支援教育で児童生徒の個別支援などを行うティーチングアシスタントの拡充整備をしてきました。その結果、イギリスでは教職員数の約半数がサポートスタッフであり、サポートスタッフの約半数がティーチングアシスタントです(49)。イギリスの学校、特に初等学校では担任以外に複数の大人がいる光景が当たり前となっています。

このようなティーチングアシスタントにはGCSEの合格が最低限の資格として設定されていることから保護者がすることが多いです（特に初等学校ではその傾向が強いです）。ただし、彼らは職務に従事しながら、ティーチングアシスタント見習い制度(50)などを利用して、ティーチングアシスタントとしての職業資格を取得したり、特別支援教育や児童生徒対応等に関わる研修を受けながら資質能力を高めていくことが求められています。

また教師の勤務時間の改革として、PPA Time《ピーピーエータイム》（Planning, Preparation and Assessment Time）を導入しました。これは、指導計画づくりや授業準備、子どもたちの評価に専念するための時間です。教師が担当する授業時間の10％以上を保証することが学校に義務づけられています(51)。この時間は、児童生徒と接することなく、また会議等の業務からも開放されて、授業研究や授業準備、採点等の業務に専念できます。

このような教師の勤務負担軽減の取り組みをしてきたイギリスですが、教師の勤務時間削減や教師不足の解消が十分に進まなかったため、さらなる改革に取り組んでいます(52)。たとえば、初任期の教師の定着を図るために、Early Career Frameworkを策定し、2年間、授業や職務の軽減を図りながら、教授活動や学級経営、生徒指導等に関する専門的な助言や支援を受ける機会を提供しています。また週3～4日勤務や午前中勤務などフレックスな働き方を推進したり、ウェルビーイング憲章を導入して教師のウェルビーイングを充実させる学校づくりを推進しています。さらに、教師が希望に応じたキャリア形成を図るために専門職資格（National Professional Qualification, NPQ《エヌピーキュー》）の取得機会の拡充整備にも取り組んでいます。

注

(1) 教育を担当する省庁も各地域にあります。
・イングランド：Department for Education（https://www.gov.uk/government/organisations/department-for-education）［2024年4月29日最終閲覧］
・スコットランド：Scottish Government, Education（https://www.gov.scot/education/）［2024年4月29日最終閲覧］
・ウェールズ：Welsh Government, Education and Skills（https://www.gov.wales/education-skills）［2024年4月29日最終閲覧］
・北アイルランド：Department of Education（https://www.education-ni.gov.uk/）［2024年4月29日最終閲覧］

(2) ウェールズの教育課程の詳細について、ウェールズ教育省のHPに掲載されています。（https://www.gov.wales/curriculum-and-assessment）［2024年4月29日最終閲覧］

(3) 北アイルランドの教育課程の詳細については、北アイルアンド教育省のHPに掲載されています。（https://www.education-ni.gov.uk/articles/statutory-curriculum）［2024年4月29日 最終閲覧］

(4) スコットランドの教育課程の詳細については、スコットランド教育省のHPに掲載されています。（https://education.gov.scot/curriculum-for-excellence/）［2024年4月29日最終閲覧］。また、教育制度全体や学校への入学等に関する情報はスコットランド教育省から調べることができます。（https://education.gov.scot/）［2024年4月29日最終閲覧］

(5) Scottish Credit and Qualifications Frameworkに基づく試験、資格枠組みについての情報が掲載されています。（https://scqf.org.uk/）［2024年4月29日最終閲覧］。さらに職業資格との関連については、Scottish Qualifications AuthorityのHPにおいて掲載されています。（https://www.sqa.org.uk/sqa/70972.html）［2024年4月29日最終閲覧］

(6) アカデミー自体は、2002年に導入された学校形態ですが、2010年の「アカデミー法」の制定により公営独立学校としてのアカデミー及びフリースクールとして刷新されました。これにより、全国どこでも、どの学校形態でもアカデミーへの転換が可能となり（学校監査結果がoutstandingの学校は転換アカデミーに、学校監査結果がinadequateの学校は、学校経営支援を行うスポンサー（アカデミーなど）が付くスポンサーアカデミーに）、学校のアカデミー化が加速しました。

(7) フリースクールは、非営利を目的として、慈善団体、大学、私立学校、地域及び宗教団体、教師、保護者、企業が政府に創設を申請することで開校することができます。

(8) 地方補助学校は、1988年教育改革法において設置された、地方当局から離脱して、国から直接予算配分を受けて自立的に運営されていた国庫補助学校（Grant Maintained School）が、1999年から転換したものです。国庫補助学校の時と同じ自立性を維持しながらも、地方当局を通して予算配分を受ける学校となっています。

(9) DfE（2023）Schools, pupils and their characteristics（https://explore-education-statistics.service.gov.uk/find-statistics/school-pupils-and-their-characteristics/2022-23#dataBlock-

a3f92264-2537-4adf-bc2a-31d443ff5f5c-tables）[2024年4月29日最終閲覧]

(10) キーステージ1（5～7歳）においては、1クラス30人以下とすることのみ規定されています（The School Admissions（Infant Class Sizes）（England）Regulations 2012）。

(11) この他に、無料給食の割合等を基準にして配分されるPupil Premiumや学校改善の重点地域に配分されるSchools Improvement Grantなどの追加予算もあり、学校の状況に応じて配分されます。

(12) 郵便番号（post code）で居住地域の地方当局を検索することができます。（https://www.gov.uk/education-attendance-council）[2024年4月29日最終閲覧]

(13) 全ての学校が学校監査の対象です。監査結果がoutstandingとgoodの学校は通常4年ごと、requires improvementは2年半ごと、inadequateはアカデミーへの転換措置後に再監査となります。また、私立学校は公営学校とは異なる監査基準に基づいて監査されます。（https://www.gov.uk/government/publications/independent-schools-inspection-handbook-eif/non-association-independent-schools-inspection-handbook-for-september-2023）[2024年4月29日 最終閲覧]。なお、私立学校は教育水準局の学校監査か、私立学校監査協会（Independent School Inspectorate, ＩＳＩ《アイエスアイ》）（https://www.isi.net/）（2024年4月29日最終閲覧）の学校監査のいずれかを選択できます。

(14) https://parentview.ofsted.gov.uk/ [2024年4月29日最終閲覧]

(15) 学校名、郵便番号等により検索することができます（https://reports.ofsted.gov.uk/）[2024年4月29日最終閲覧]

(16) 2024年4月からは、保護者が就業している3～4歳には週30時間（2025年までに9ヶ月から週30時間に拡大予定）が無料となっています。

(17) 教育省が、郵便番号から近隣の施設を検索できるサイトを提供している。（https://www.gov.uk/find-free-early-education）[2024年4月29日最終閲覧]

(18) DfE（2023）Education provision: children under 5 years of age（https://explore-education-statistics.service.gov.uk/find-statistics/education-provision-children-under-5/2023）[2024年4月29日最終閲覧]

(19) DfE（2024）Early years qualification requirements and standardsに認証基準が示されています。（https://assets.publishing.service.gov.uk/media/65844707ed3c34000d3bfd40/Early_years_qualification_requirements_and_standards_-_Jan_24.pdf）[2024年4月29日最終閲覧]

(20) https://www.gov.uk/government/publications/early-years-foundation-stage-framework--2 [2024年4月29日最終閲覧]

(21)「義務教育年齢に該当する全ての子どもに対して、学校への規則的出席、またはその他の方法により、その子どもの年齢、能力及び適正に応じて、または教育の特別なニーズがある場合にはそれに対応した効果的なフルタイムの教育を受けさせることは親の義務である」と1996年教育法第7条に規定されています。

(22) ホームエデュケーションを行うためのガイドブックを教育省が作成し、保護者、地方当局等に提供しています。（https://www.gov.uk/home-education）[2024年4月29日最終閲覧]

(23) ただし、過去に家庭等での教育が不適切である等の理由から学校への出席命令などを受けている場合は、まず地方当局に許可を取る必要があります。

(24) 教育省が郵便番号で検索できるサービスを提供しています。（https://www.gov.uk/home-schooling-information-council）[2024年4月29日最終閲覧]。

(25) 代表的な組織としては下記のような組織があります。手続きや教育活動等を支援したり、情報提供したり、保護者同士のネットワークを構築するなどの活動を行っています。

・Education Otherwise（https://www.educationotherwise.org/）[2024年4月29日最終閲覧]

・Home Education Advisory Service（https://www.heas.org.uk/）［2024年4月29日最終閲覧］

（26） https://www.gov.uk/government/organisations/office-of-the-schools-adjudicator ［2024年4月29日最終閲覧］

（27） DfE（2013）Home-school agreements Guidance for local authorities and governing bodies（https://assets.publishing.service.gov.uk/government/uploads/system/uploads/attachment_data/file/355588/home-school_agreement_guidance.pdf）［2024年4月29日最終閲覧］

（28） イギリスの学校は歴史的な経緯において、教会や慈善団体が創設した学校に公費が投入されて公営学校となったものがあります。その場合は、教会や慈善団体の関係者が創設者として現在も学校に関わる仕組みになっています。

（29） https://www.nga.org.uk/ ［2024年4月29日最終閲覧］

（30） 2014年から、公費維持学校においては、初等学校の準備学級（reception）、1、2年生は保護者の所得に関係なく全員が無料で給食を食べることができます。

（31） 教育省が無料給食の申請についての情報提供をしています。（https://www.gov.uk/apply-free-school-meals）［2024年4月29日最終閲覧］

（32） 停学や退学措置についての情報が整理されています。（https://www.gov.uk/school-behaviour-exclusions/exclusions）［2024年4月29日最終閲覧］

（33） 停学、退学になった者や通常の学校での学習が困難な児童生徒が通う代替学校です。地方当局等が設置します。

（34） DfE（2015）Special educational needs and disability code of practice: 0 to 25 years（https://assets.publishing.service.gov.uk/media/5a7dcb85ed915d2ac884d995/SEND_Code_of_Practice_January_2015.pdf）［2024年4月29日最終閲覧］

（35） Council for Disability Childrenが地方当局の連絡先に関する情報を提供するなどの支援を行っています。（https://councilfordisabledchildren.org.uk/about-us-0/networks/information-advice-and-support-services-network/find-your-local-ias-service）［2024年4月29日最終閲覧］

（36） http://www.thejapaneseschool.ltd.uk/nihonjingakko/index.html ［2024年4月29日最終閲覧］

（37） ダービーシャー日本人補習校、テルフォード補習授業校、ウェールズ日本人補習校、マンチェスター補習授業校、ヨークシャーハンバーサイド日本語補習校、ケント日本語補習授業校（https://www.uk.emb-japan.go.jp/itpr_ja/index_000058.html）［2024年4月29日最終閲覧］

（38） スコットランド日本語補習校（https://scotlandjapaneseschool.com/）［2024年4月29日最終閲覧］、北東イングランド日本語補習校（https://neengland-hoshuko.jimdofree.com/）［2024年4月29日最終閲覧］

（39） https://www.rikkyo.co.uk/ ［2024年4月29日最終閲覧］

（40） https://www.teikyofoundation.com/ ［2024年4月29日最終閲覧］

（41） https://www.internationalschoolsearch.com/international-schools-in-the-uk ［2024年4月29日最終閲覧］、https://www.international-schools-database.com/country/united-kingdom ［2024年4月29日最終閲覧］で検索できます。

（42） 教育省のHPに教育課程に関する情報が整理されています。（https://www.gov.uk/government/collections/national-curriculum）［2024年4月29日最終閲覧］

（43） 全国共通教育課程及び全国共通試験を管轄するStandards & Testing Agencyが保護者向けに関係情報を提供しています。（https://www.gov.uk/government/collections/national-curriculum-assessments-information-for-parents）［2024年4月29日最終閲覧］

（44） https://www.gov.uk/government/collections/statistics-performance-tables ［2024年4月29日最終閲覧］

（45） https://www.ucas.com/ ［2024年6月14日最終閲覧］

（46） https://www.gov.uk/government/publications/english-baccalaureate-ebacc/english-baccalaureate-ebacc ［2024年4月29日最終閲覧］

（47） DfE（2023）Careers guidance and access for education and training providers（https://assets.publishing.service.gov.uk/media/63b69f3fe90e077246c83323/Careers_guidance_and_access_for_education_and_training_providers_.pdf）［2024年6月14日最終閲覧］

（48） 大学等が提供するPGCE（postgraduate certificate in education）や、学校が主導して提供するSCITT《スキット》（School Centered Initial Teacher Training）やSchool DirectなどのInitial Teacher Training（ITT《アイティティ》）があります。

（49） 教職員数（2022年度：2023年6月発表）の内、教師は約48%で、サポートスタッフは約52%である。サポートスタッフの内、約55%がティーチングアシスタントである。（https://explore-education-statistics.service.gov.uk/find-statistics/school-workforce-in-england#dataBlock-39880e77-01e1-4cf8-a2a4-126adec354d3-tables）［2024年4月29日最終閲覧］

（50） Apprenticeship training course Teaching assistant（https://findapprenticeshiptraining.apprenticeships.education.gov.uk/courses/297）［2024年6月14日最終閲覧］

（51） 教師の勤務条件や給与基準である「The School Teachers' Pay and Conditions Document（STPCD）」に規定されています。毎年、教育大臣と教員組合の協議を経て策定されます。アカデミー及びフリースクール以外の公立及び公営学校は遵守義務があります。

（52） 2019年に「Teacher recruitment and retention strategy」を発表しました。（https://assets.publishing.service.gov.uk/media/5c8fc653ed915d07a80a33fa/DFE_Teacher_Retention_Strategy_Report.pdf）［2024年4月29日最終閲覧］

参考文献

浅見実花（2015）『子どもはイギリスで育てたい！ 7つの理由』祥伝社.

植田みどり（2013）「地方教育行政における指導行政の在り方―イギリスのSIPs（School Improvement Partners）を通して―」『日本教育行政学会年報』39, 80-96頁.

植田みどり（2013）「イギリス地方教育行政改革の研究―学校への経営支援における地方当局の機能を中心に―」大塚学校経営研究会（編）『学校経営研究』38, 48-78頁.

ウェンディ・ウォラス（2009）『あきらめない教師たちのリアル』太郎次郎社エディタス.

遠藤野ゆり（編）（2022）『イギリス発！ ベル先生のコロナ500日戦争：これからの学校にできることって何だろう』明石書店.

大田直子（1992）『イギリス教育行政制度成立史：パートナーシップ原理の誕生』東京大学出版会.

大田直子（2010）『現代イギリス「品質保証国家」の教育改革』世織書房.

窪田眞二（1993）『父母の教育権研究：イギリスの父母の学校選択と学校参加』亜紀書房.

久保木匡介（2019）『現代イギリス教育改革と学校評価の研究：新自由主義国家における行政統制の分析』花伝社.

窪田真二・木岡一明（2004）『学校評価の仕組みをどう創るか：先進5カ国に学ぶ自律性の育て方』学陽書房.

高妻紳二郎（2007）『イギリス視学制度に関する研究』多賀出版.

佐藤千津（2008）「教師教育の多様化政策とその展開―イギリスの『学校における教員養成の場合』―」『日本教師教育学会年報』17, 42-50頁.

自治体国際化協会（2023）『英国の地方自治 令和5年度（2023年度）改訂版』.

末松裕基（2015）「イギリスにおける『自己改善型学校システム（self- improving school system）』」の展開と課題」『教育学研究年報』34, 33-49頁.

高野和子（2015）「イギリスにおける教師養成課程の行政」『明治大学教職課程年報』37, 23-34頁.
高野和子（2016）「イギリスにおける教師養成の『質保証』システム―戦後改革からの40年間―」『明治大学人文科学研究所紀要』77, 209-242頁.
福田誠治（2007）『競争しても学力行き止まり：イギリス教育の失敗とフィンランドの成功』朝日新聞社.
マンディ・スワン他（2015）『イギリス教育の未来を拓く小学校：「限界なき学びの創造」プロジェクト』大修館書店.
望田研吾（1996）『現代イギリスの中等教育改革の研究』九州大学出版会.
盛藤陽子（2013）「イングランドのSCITT（School-centred Intitial Teacher Training）における『理論』と『実践』の統合に関する一考察」『日本教師教育学会年報』22, 89-100頁.
盛藤陽子（2016）「イギリスの教師教育における『実践性』と『高度化』―学校主導型教師教育の拡大を中心に―」『東京大学大学院教育学研究課紀要』55, 481-490頁.
盛藤陽子（2019）「イギリスの教師養成教育に関する研究の動向と展望（1）」『東京大学大学院教育学研究課紀要』58, 445-450頁.
盛藤陽子（2021）「イギリスの教師養成教育に関する研究の動向と展望（2）」『東京大学大学院教育学研究課紀要』60, 423-429頁.
文部科学省（編著）（2016）『諸外国の初等中等教育』明石書店.
文部科学省（編著）（2014）『諸外国の教育行財政：7カ国と日本の比較』ジアース教育新社.

コラム3
ノブレス・オブリージュとは？

植田 みどり

みなさん「ノブレス・オブリージュ（noblesse oblige）」という言葉を聞かれたことがあるでしょうか。これはフランスで生まれ、欧米に広まった考え方で、「高い社会的地位には相応の社会的責任がある」というもので、階級社会の中でのひとつの道徳観です。

このことがイギリスの学校教育にも見られるのが、アカデミーです。現在アカデミーはイギリス全土でかつどの学校段階でも設置が可能な学校形態ですが、2002年の制度化当初は、社会経済的に貧困な地域の中等学校に限定されたものでした。慈善団体や企業などが約2億円近い資金を投入して、新校舎を建設するなど学校改革に取り組みました。このような活動を行った慈善団体や企業の人たちになぜ利益を生み出すことが許されないアカデミーに莫大なお金を投入するのかという質問をしたことがあります。その時の彼らの答えが“社会的責任を果たす”ということでした。まさにその精神が「ノブレス・オブリージュ」ということなのです。

イギリスにはチャリティと呼ばれる社会活動を行う組織が多数あります。これらも「ノブレス・オブリージュ」という考え方に支えられたものであり、イギリス特有の社会を支える仕組みです。

そのことを理解するうえで、参考になる図書として次のものがあります。

- 新井潤美（2022）『ノブレス・オブリージュ　イギリスの上流階級』白水社
- 新井潤美（2016）『パブリック・スクール：イギリス的紳士・淑女のつくられかた』岩波書店

アカデミーは、チャリティー組織であり、かつ企業（公益性のある社会的企業）として学校教育を提供する仕組みであり、このようなイギリスの精神を象徴するようなものでした。しかし2010年以降のアカデミー改革により、このような側面は少し薄れつつあると言われています。

コラム4
イギリスの学校は変わったか？

植田 みどり

イギリスの学校は自立性があり、自分たちで学校改革に取り組むという特色があります。そしてその結果を学校監査によって評価される仕組みとなっています。

このことを具体的に知ることができる本がこれです。

- ハイフィールド・ジュニアスクール（編）（2000）『学校が変わった：イギリスで見つけた改革へのヒント』現代人文社

この本では、ハットフィールド州のひとつの学校が、どのように危機的状況を解決していったのかについて具体的に書かれています。この学校の実践で興味深い点は、学校管理職と教職員だけではなく、生徒たちも一緒に当事者として改革に取り組んだということです。

自立的に学校経営を行うということはどういうことか、そしてその大変さと楽しさを教えてくれる本です。本稿で紹介した制度が、実際の学校でどう動いているのかを知るのに参考になる本です。

第5章

多様な生き方を考える ドイツ各州の学校教育

濵谷 佳奈

小学校の学習風景

はじめに

この章では、分岐型の学校教育制度を代表する国としてドイツに注目します。

連邦国家であるドイツでは、教育についての権限はほとんど連邦にはなく、16ある各州にあります。これにより、いずれの州にも文部科学省に相当する省が置かれ、各州がそれぞれ異なる学校制度や教育政策を展開していて、その独自性が尊重されています。つまり、州政府は教育制度をどのように設計するかをほぼ独立して決定することができるので、16通りの学校教育制度が存在しています。たとえば、初等教育の期間が4年間ではなく日本の小学校と同様に6年間としている州もあります（ベルリンとブランデンブルク州）。そこで本章では、特段の断りのない限り、連邦レベルや多くの州の現状や議論を紹介しつつ、特定の州の事例（とりわけ、最も人口の多いノルトライン・ヴェストファーレン州）を選んで紹介しています。そのため、どの州でもその形態や実情が当てはまるとは限りません。

一方、ドイツという国の学校教育制度や社会について理解するうえで、近現代の歴史を振り返れば、キリスト教が一貫して文化的基盤であり続けてきたことは見逃せません。これは、宗教科が連邦の憲法に相当するドイツ連邦共和国基本法（以下、「ドイツ基本法」）で唯一、正規の教科として定められていることにも表れています。この点、フランスの政教分離（国家と教会との分離）とは大きく異なっています。

保育施設での一場面

加えて、2015年にシリアやアフガニスタン等から114万人、2022年にはウクライナから100万人以上の難民を受け入れた国でもあり、その他の移民難民を含めて今やドイツの人口の28.7

%が移民の背景を持つとされています。ユダヤ教、キリスト教だけでなくイスラームを始めとする様々な宗教と世俗との関係や、多様性の承認という新たな次元を、教育によって切り拓こうとしている国としても位置づけることができるでしょう。

以下では、多様な生き方を考えるための学校教育制度とはどのように実現され得るのか、ドイツ各州での模索を紹介してみたいと思います。

1　義務教育

最初に、ドイツの学校制度のうち、義務教育の特徴を、①年齢と学年、②分岐型の学校制度、③インクルーシブ教育、④学ぶ内容、⑤校則、⑥学校会議、の六つの視点から確認してみましょう。

Q1　年齢と学年は一致するの？

ドイツの義務教育とは、6歳から15歳（州によっては16歳）までの期間を指します。隣国のフランスのように、就学前の保育・幼児教育を義務教育に包含するべきという議論もありますが、実現には至っていません。

義務教育は通常、子どもが6歳に達した年に始まります。この年齢以降、すべての子どもには法的に学校に通う就学義務（Schulpflicht）があります。課程主義を採る国のひとつで、各学年で進級できるかが問われます。この点、年齢と学年が原則として一致する年齢主義を採る日本とは異なります。6歳で始まる義務教育も、学校の健康診断で「学校に適さない」と判断された場合、学齢期の子どもの就学が1年間延期されることがあります。飛び級もありますが留年もあるため（連邦統計局によれば2022/23年度は全生徒の2.3%）、原則として義務教育は18歳まで延長されることがあります。

Q2　分岐型の学校制度：小学校と中学校はどんなところ？

義務教育の期間は州によって異なりますが、合わせて9年間から10年間（NRW州とベルリンを含む5州は10年間）、普通教育学校に通います（KMK 2019: 31）。このうち初等教育段階の4年間（ベルリンとブランデンブルク州は6年間）の基礎学校（Grundschule《グルントシューレ》）を卒業すると、前期中等教育段階として基本的にハウプトシューレ、実科学校、ギムナジウムの3つの学校種に分岐するため、進路を選択しなければなりません。これら3つの学校種の原型はすでに19世紀に見られます。

すなわち、基本的に日本の小学校4年生までに進路を考える必要があります。どの学校種に進むかは、本人の成績が基準となりますが、保護者の意向が反映されると法的に定めている州もあります。ギムナジウム進学に関しては、バイエルン州以外で、保護者の意向が優先されるようです。成績は教科ごとに1から6の6段階評価で示され、数が少ないほうが良い成績ですので、日本とは逆になります。

セラピードッグのいる教室

ハウプトシューレの生徒が地元工務店と一緒に製作した木製ベンチ

まず、ハウプトシューレは修了後に就職し、職業訓練へと進む生徒が主として就学します（5年制）。次に、実科学校は、修了後に全日制職業教育学校へと進学する生徒が就学します（6年制）、さらにギムナジウムは大学進学希望者が就学します（8年制～9年制）。ただし今日では、大学に進むコースとなるギムナジウム以外の2つの学校種、あるいはギムナジウム上級段階にも接続する3

つの学校種を合わせて総合制学校や中等教育学校、地域学校等として一元化している州が多くなっています[1]。また、ギムナジウム以外の学校種に進んでも、十分な成績を修めればアビトゥーア（高等学校修了証＝大学入学資格）を取得して大学に進学するためにギムナジウム上級段階へと進む機会があります。

ギムナジウムの教室

加えて、第5学年から第6学年のオリエンテーション段階では、適性などにより学校種間の移動も柔軟に行われるのがドイツの学校制度の特徴でしょう。ただし、ギムナジウム以外の学校種からギムナジウムへの移動は、ギムナジウムから他の学校種へ移行するよりも厳しいと認識されています。

なお、義務教育修了後いかなる全日制の学校にも通学しない生徒には、18歳まで定時制職業学校への就学義務が課されます。定時制職業学校は、義務教育の枠内で、初期職業訓練を受けている若者、就業中の若者、失業中の若者が通う教育機関です。

Q3 インクルーシブ教育はどのくらい実現しているの？

ドイツでは2009年に国連障害者権利条約を批准して以来、インクルーシブ教育のあり方が論議を呼んできました。同条約の第24条には、インクルーシブ教育を受ける権利が含まれており、障害のある人々が通常学校に通うことができるよう求めています。これを受けて常設各州文部大臣会議（Kultusministerkonferenz、以下KMK《カーエムカー》）は2011年、勧告「障害のある子どもと若者のインクルーシブ教育」を決議しました。そこでは、「インクルーシブ教育の基本は、障害のある子どもと若者、障害のない子どもと若者の共同の学習（gemeinsame Lernen）と共同の教育（gemeinsame Erziehung）である」と述べられています（KMK 2011: 7）。けれども、2024年に至っても、初等教育から後期中等教育まで通常学校ではなく特別支援学校に通う生徒はドイツでは約33万7,000人に上っています。専門のインクルーシブ教員に期待し、通常学校を選択してきた特別な学習ニーズのある子どもを持つ親たちが、近年の教員不足によって、より手厚い学習支援を受けられる支援学校を選ぶ傾向が各州で強くなっていると言われています。インクルーシブ教育制度が各州学校法に盛り込まれたものの、これらの法的枠組みの中にはインクルーシブ教育に対する制限がまだ含まれており、通常学校や職業訓練学校に就学する権利の妨げにもなっているとドイツユネスコ国内委員会は指摘しています（ドイツユネスコ国内委員会ホームページ参照）[2]。

インクルーシブ教育の現状を、KMKが2024年2月に公表した統計データから確認してみましょう。2022年の特別支援学校と通常学校全体における特別な教育的ニーズを持つ生徒は59万5,700人を数えます。先述のとおり、特別な教育的ニーズを持つ生徒のうち、2022年には約33万7,700人の生徒が特別支援学校で学びましたが、これは前年よりも約5,500人多くなっています。2013年以降、通常学校と特別支援学校における特別な教育的ニーズを持つ生徒の割合は、全日制義務教育就学年齢の全生徒の6.6%から7.5%に上昇しているという背景もあります。

一方、2022年に通常学校に在籍した特別な教育的支援を必要とする生徒は約25万8,000人を数えました。この数字は前年度とほぼ変わりません。2013年

表5.1　特別な教育的ニーズを持つ生徒の一般学校と特別支援学校における特別な教育的ニーズ別割合（連邦レベル：2022年）

支援の重点	2022年　人（%）	
	特別支援学校	一般学校
学習	111,278 （47.8）	121,727 （52.2）
その他の支援の重点	215,556 （61.3）	136,112 （38.7）
－視覚	4,800 （50.4）	4,730 （49.6）
－聴覚	9,892 （47.7）	10,864 （52.3）
－言語	30,451 （50.6）	29,708 （49.4）
－身体・運動発達	25,381 （64.0）	14,281 （36.0）
－精神発達	93,141 （86.8）	14,133 （13.2）
－情緒・社会的発達	44,858 （42.8）	59,920 （57.2）
－横断的な支援の重点	5,191 （67.7）	2,476 （32.3）
－学習・言語・精神・社会的発達（LSE）	1,842（100.0）	0.0
疾病	10,829 （98.2）	194 （1.8）
合計	337,663 （55.9）	258,033 （44.1）

出典：KMK（2024, 5）より作成。

以降、特別な教育的支援を必要とする全生徒のうち通常学校に在籍している生徒の割合は、31.4%から10ポイント以上増加し、2022年には44.1%となっています。特別な教育的ニーズ別に見てみると、情緒・社会的発達（57.2%）、学習（52.2%）、聴覚（52.3%）の分野では半数以上、視覚（49.6%）と言語（49.4%）の専門分野では、ほぼ半数の生徒が通常学校に通う一方で、身体・運動発達（36.0%）、精神発達（13.2%）、横断的な支援の重点（32.3%）では少なくなっています（表5.1参照）。こうした実情に対しドイツユネスコ国内委員会は、障害の有無にかかわらず児童生徒を一緒に教育するという国連障害者権利条約の目標に向けて、ドイツでは非常に小さな一歩しか踏み出しておらず、インクルーシブな学校制度への道のりには、各州間で大きな違いがあると指摘しています（ドイツユネスコ国内委員会ホームページ参照）。

また、ギフテッドについては、連邦教育研究省が2015年に「ギフテッドの子どもの発見と支援：親、保育者、教師のための指針」をまとめています（BMBF 2015）。そこでは、人間のギフト（Begabungen）は、生来の特性と環境要因の相互作用によって発達するとされ、子どもにおいて、「ギフト（Begabung）」とは何よりもパフォーマンスの可能性、すなわち発達の機会を意味し、「ギフテッド（Hochbegabung）」とは、発達の可能性がきわめて高いことを意味すると理解されています。その一方で、たとえば、飛び級をするのは女子よりも男子のほうが多く、ギフテッドプログラムやギフテッドの学校に推薦されるのも男子のほうが多い傾向に注意を促し、女子生徒のギフトと才能に特別な注意を払う必要があると指摘しています（BMBF 2015: 111f.）。ただし、インクルーシブ教育について、誰もが最適な支援を受けられるようにすることは間違いなく非常に価値のある目標であり、将来的にはすべての子どもたちが、通常の高度に差異化された授業で十分にサポートされるようになり、ギフテッドのための学校は不要になるだろうと予想しています（BMBF 2015: 110）。共同の学習という目標に向け、さらなる工夫が求められていると言えるでしょう。

特別な学習ニーズを持つ子どもの就学手続きに関する相談窓口は、たいてい州の行政管区ごとに設けられています。たとえば、NRW州デュッセルドルフ行政管区の場合、担当者の連絡先が学校監督官庁ホームページに提示されています（2024年6月現在）[(3)]。

Q4　学校で学ぶ内容はどうやって決めているの？

ドイツ各州では、1997年のKMKによる「就学に関する勧告」以降、基礎学校入学年齢の早期化が進められ、それまでの満6歳から5歳の段階での入学が可能になりましたが、近年、入学の早期化には慎重な動きが広がっています。また、基礎学校入学後は「柔軟な学校導入段階」として、1年生と2年生とを学年混合クラスとする州が増加しています。つまり、学習面での発達が早い子どもは、1年で3年次へ進級することが可能ですし、逆に学習面での発達の遅い子どもは3年をかけて学習基盤を確立してから3年次へと進級します（坂野 2017: 57-59）。

こうした学校制度のもとで、日本の学習指導要領に相当するカリキュラムを、各州が独自に定めているのがドイツの特徴です。そこで、諸州間の教育政策を調整し、連邦レベルでの改革に向けた競争を促す役割を担うために、KMKが設けられています。2001年のOECDの生徒の学習到達度調査でのPISAショックを契機とし、連邦レベルでの共通の教育課程の枠組みを作成するため、KMKは2003年以降、主要科目において「教育スタンダード」を作成しました。ただし、その位置づけは、あくまでも各州が学習指導要領を作成するための最低限の基準となっています（坂野 2017: 51f.）。

それでは、教科書はどのように使用されているでしょうか。ドイツでは、各州の文部省による検定を経た教科書は、州文部省が作成する教科書リストに自動的に掲載され、そのリストの中から、各学校が採択する教科書を決定します（長島 2009: 44）。教科書は、無償貸与制度が基本です。教科書が家に持ち帰られるか、教室等の保管場所に置かれているかは、ケースバイケースです。授業では、あまり教科書を使用しない場合や、配布プリントを教材とする場合など、様々な教育方法がとられています。

Q5　校則（Schulordnung）は何を定めているの？

ドイツの学校にも校則はあります。けれども、日本の校則とは大きく異なり、それは、学校（生活）における最小限の約束事を指しています（結城 1998）。たとえば、始業・終業時間、休憩時間、校庭におけるルールについて規定されているにすぎません。児童・生徒の法的地位や権限領域に触れる事柄は、教育における法治主義の原則により、校則では規定できない建前になっています。したがって、髪型や服装に関するコントロールは、原則として存在しないとされてきました。髪型や服装はほんらい各人の個人的自由・嗜好に属する事柄であり、したがって、これについては、第一次的には生徒自身と親に権利と責任があり、学校運営や授業への支障があるなど特定のケースを除いて、学校は原則としてこれに介入できない、という考え方が法制上定着しているとされています（結城 1998）。

では、実際の校則について、あるギムナジウムの場合を見てみましょう。まず「授業」の項では、「全生徒は授業と必修の課外行事に参加する義務がある。修学旅行や職場体験は必修科目である。スポーツの授業への不参加が認められるのは、医学的に証明された健康上の理由がある場合のみである。これには水泳の授業も含まれ、第6学年と第7学年の全生徒が参加しなければならない」(4) としています。

次に「秩序と安全」の項で、「長い休み時間には第5学年から第7学年までの全生徒が校庭に出ること」とされ、実際に教室の鍵を教員がかけ生徒を締め出します。あるいは、「電子機器」の項で第5学年から第8学年と、第9学年以上の学年を区別して携帯電話使用の許可について定めています。

さらに「服装・被り物」の項で、「生徒の服装は、学校での共同学習にふさわしいものでなければならない。許可された例外を除き、授業中の帽子や被り物などの着用は禁止されている」としています。この学校ではムスリムの生徒は自然にスカーフを着用しているので、校長によればここでの「被り物」は野球帽などを指しているそうです(5)。この「校則」の末尾には日付、生徒と教育権者（保護者）がサインする必要があります。公共空間としての学校で求められていることに納得して入学することが要請されていると言えるのかもしれません。

Q6　生徒、教員、保護者が参加する学校会議って何？

上述の校則を決定する役割を担うのが学校会議です。ドイツでは保護者や生徒、教員の意見を広く聴く場として学校会議があり、学校会議を設置することが州毎に法令で定められています。教員はもちろんのこと、保護者や生徒が学校運営に関与する学校における会議は、学校会議のみならず、教員会議、両親協議会、生徒会などが規定されています（坂野 2000）。

こうした当事者の教育参加と共同決定がドイツの学校での原則となっています。それでは、なぜ教育参加が重視されているのでしょうか。ドイツの学校会議では、原則として生徒、教員、保護者の代表が1人1票の投票権を持って議題の採決に臨みます。この教育参加の仕組みは、歴史的にみてきわめて意図的に導入されました。その背景には、かつてナチス時代に独裁化した学校が、国家行政の末端機関としてイデオロギーの注入機関と化したことへの反省がありました。学校が上意下達の組織とならず人間形成の場であるために、当事者たちが自ら参加する民主的な組織でなければならないと強く認識されたのであり、この教育参加こそが民主主義にとって基幹的に重要と考えられているのです（辻野 2024: 105ff.）。

2　進路指導・高校・職業教育・大学教育

次に、①進路指導のあり方と、義務教育修了後の②高校と③職業教育・訓練制度、そして④大学教育について見ておきましょう。なお、前述のとおり、義務教育修了後いかなる全日制の学校にも通学しない生徒には、18歳まで定時制職業学校への就学義務が課されることにも留意が必要でしょう。

Q7　生徒・進路指導はどのように行われているの？

ドイツの学校では、初等教育でも中等教育でも、先生の個人差も大きいと考えられますが、担任がある程度の相談・指導業務を行っています。ただし、いじめなどが発生した場合、年長の生徒が相談先となり、生徒同士の繋がりの中で自ら問題解決できるよう、教員はその支援を行います。教員以外に、スクール・ソーシャルワーカーらの専門家が学業以外の問題や相談事を扱っています。

進路指導については、職業指導やキャリア教育の視点から特徴を述べる必要があるでしょう。上述した職業教育・訓練制度のほか、学校制度全体を通じての実践的なキャリア教育が行われています。ハウプトシューレでは、教員の他に、行政から職業指導・キャリア教育の専門家が派遣され、学校に常駐している場合もあります。早い段階から、子どもたちはワークショップやインターンシップなどを通じてさまざまな専門分野を知り、その職業と自分との相性を実際に試す機会が用意されています。

連邦教育研究省は2008年に「企業間および同等の職業訓練センターにおけるキャリア指向を促進するプログラム」、略してキャリア指向プログラム（BOP）を開始しました。このプログラムは、7年生から自分の可能性を分析し、8年生からワークショップに参加するという2つの要素で構成されています。ワークショップの期間中、若者は職業訓練センターで少なくとも3つの専門分野について学んでいます。

Q8　高校はどんなところ？

ギムナジウムの校舎

巻末に掲げられたドイツ学校系統図に見られるように、義務教育の最終段階である前期中等教育段階修了後には、後期中等教育としてギムナジウムまたは総合制学校の上級段階が接続します。ギムナジウム上級段階は1年間の導入期と2年間の資格取得期から成ります。「アビトゥーア試験の統一試験要項（EPA）」と一般高等教育入学資格の教育基準に記載された要求水準を満たすための授業が提供され、生徒はアビトゥーア取得を目指して勉強します。近年、ほとんどの州がギムナジウム就学期間を9年制から8年制（G8）に短縮していましたが、ここ数年で9年制（G9）に戻している州も見られます。

アビトゥーア試験について説明しておきましょう。ドイツでは、ギムナジウムの資格取得期（最後の2年間）の成績要件が満たされている場合、アビトゥーア試験への参加が許可されます。このアビトゥーア試験は連邦統一の試験ではなく、各州の文部省が実施しています。アビトゥーアを取得すれば、希望する大学の学部・専攻への入学許可を申請することができます。ただしたとえば医学部はかなりの高得点を取っていないと実際の入学は大変厳しいです。アビトゥーア試験には4つまたは5つの試験科目（少なくとも記述3つと口述1つ）が含まれており、その中にはより高いレベルの要件を持つ少なくとも2科目と、ドイツ語、外国語、数学の3科目のうち2科目が含まれている必要があります。記述試験では、一教科につき300分（5時間）かけて課題に関して論述式の解答が求められます。2025年以降のNRW州哲学（基礎コース）の課題例を紹介しましょう[(6)]。

（テキストを読み）事例で紹介された、ファッション・モデルとしての仕事をやめるというヌルの決断を題材に、人間の自由意志に関する哲学的問題について、以下、論じなさい。

1. 事例に即して哲学的問題を説明し、ヌルの決断にとって重要な側面（周囲の環境、心の状態、省察のプロセス／活動）を分析しなさい。（16点）
2. ヌルの決断を、サルトルの理論と、授業で扱った決定論的考え方から解説し、これらに関連する原則を人間学の概念を用いて提示しなさい。（48点）
3. 人間の自由意志の問題について、慎重に考察した上で意見を述べなさい。（16点）

こうしたギムナジウム上級段階に加えて、後期中等段階においては、職業学校、職業専門学校、職業上級学校（ハウプトシューレに接続）、上級専門学校、職業・専門ギムナジウム（実科学校に接続）など、職業教育の機会が多彩に設けられています。ただし近年は高等教育に進学する学生が増え、職業教育・訓練及び専門教育を受ける場所が中等後教育から高等教育へと高度化していると指摘されています（坂野 2021: 30）。

Q9 職業教育・訓練制度はどうなっているの？

ドイツの職業教育・訓練制度はデュアルシステム（二元制度）として知られており、訓練生は企業に雇用され、そこで実践的な訓練が実施されます。同時に、専門学校に通って理論的な訓練が行われます。より実務的な経験を積むことができる制度と言えるでしょう。訓練中は訓練先の企業から報酬が支払われますが、たとえば2023年の場合、訓練1年目620ユーロ、2年目731.60ユーロ、3年目837ユーロ、4年目868ユーロと最低賃金が定められています（BMBF 2024: 37）。一方、就職に向けて資格を得るために、数年間にわたるフルタイムの専門学校での訓練もあります。たとえば、医療分野の多くの専門職に当てはまります。

加えて、障害のある若者の職業訓練については、職業訓練法は障害のある人が障害のない人と同じように公認訓練職業に関して訓練を受けると定めています。そこでは、訓練の時間や科目の構成、試験期間、第三者による補助の利用を個々のニーズに合わせることができるとされています。障害の種類や重度により、認定訓練職業での職業訓練が難しい場合、管轄当局は、その訓練職から派生させた技能実習または労働者訓練を実施し、理論より実践に重点を置いた訓練機会によって修了・資格取得に到る機会を提供しなければなりません。こうした訓練プログラムのほとんどは、現在、企業ではなく職業訓練センターが提供しています（BMBF 2024: 18f.）。さらに連邦雇用庁は、障害のある若者の就労を促進するため、さまざまな措置を講じています。

以上の職業教育・訓練制度において注目すべきは、これらが生涯学習の一環として体系化されている点でしょう。公認職業資格につながる再訓練コースや外部試験受験のための準備コースなどが、職業再教育（berufliche Nachqualifizierung）や学び直しの機会として、職業資格を持たない、あるいは職業資格が利用できない成人に対して設けられています（BMBF 2024: 20）。

Q10　大学はどんなところ？

ドイツで最初の大学は中世に遡り、早くも14世紀後半に設立されました。今日のドイツでは、大学進学志望者は多様なタイプの大学から選ぶことができます。総合大学、応用科学大学（HAW）または専門大学（FH）、私立大学、職業アカデミーがドイツのさまざまな都市にあります。それぞれの大学の種類ごとに専攻があります。2022/23年度冬学期では計423大学が存在しており、その内訳は総合大学108校、応用科学・専門大学211校、芸術大学52校、行政専門大学30校、神学大学16校、教育大学6校となっています。

2020年時点における資格取得割合は、一般大学入学資格取得者が37.1%、専門大学入学資格取得者が9.6%であり、合計で46.7%の者が大学入学資格を取得していることになります。ドイツでは、大学入学資格を取得した者は、原則としてどの大学、どの学部でも入学することができます。大学別の入試は原則として行われません。このため、ギムナジウム等の卒業試験が同時に大学入学資格となります。ただし、大学の物理的な受け入れ可能量を超えた場合は、入学制限（Numerus Clausus《ヌメルス・クラウズス》）が行われます。入学制限がない場合は、すべての入学条件を満たせば大学に直接入学することができます。2020/21年冬学期には、先述した医学に加え、獣医学、歯学、薬学において、ドイツ全体での入学制限が行われました。これに加えて、州別の入学制限もあります（坂野 2023: 2f.）。

より詳しくは、ドイツ学術交流会のホームページを参照してください[7]。

3　教師・教員

Q11　教師はどんな仕組みで養成されているの？

すべての学校種の教員養成は州法が規定しています。教員養成の責任は各州の文部科学省にあります。各州の教育・科学省は、学習・訓練・試験に関する規則や、それに対応する法的要件を通じて、教員養成を規制しています。第1次および第2次の国家試験は、各州の試験事務局または委員会が実施します。準備教育を受けることができる学士号および修士号取得プログラムについては、州の規定に基づいて大学が学習規則および試験規則を作成しています。この場合、教員養成の内容要件に対する国の責任は、学校制度を管轄する州の最高機関の代表者が認定手続きに関与することによって確保され、それぞれの学位プログラムの認定にはその承認が必要です（KMKのウェブサイト参照）[8]。

NRW州の場合を見てみましょう。教師になるための学修は、大学段階と実践段階とに分かれています。

まず、第1の段階として、大学で教職の学位を取得する必要があります。原則として、一般の大学入学資格、学科別の大学入学資格、または応用科学大学の学位を取得した者のみが学修を開始することができます。教師養成コースは、学位に対応する2つの連続したコースで構成されています。学士課程（3年6学期）では、知識と実践技術を習得します。教職資格に特化したモジュール（教科教授法、教育科学、移民背景を持つ学生向けのドイツ語）や教育実習により、教職との実践的なつながりが確保されています。他方、学校外の領域での実習も実施され、より広い社会的視点や経験を得ることができます。文学士（BA）または理学士（B.Sc.）を取得して学士号プログラムを完了します。原則として、入学後1年目に適性および導入段階の実習を完了します。これによって、学校での実践を批判的かつ分析的に検討し、教職を省み、さらなる学修に向けた専門的探究が目指されます。学士号を取得した後は、教職に携わるか否かを選択できます。

その後、修士課程（2年4学期）で教員資格を取得します。これは専ら教職を対象としており、教職科目、職業分野、学習分野、特別教育支援分野、教育科学および教育分野における知識と技能（学校関連の教員資格の種類に応じて）を修得することを目的としています。選択した学校の種類に応じた学校での5か月間の実習期間が設けられています。各種の教職の教育学修士号（M.Ed.）取得によって修士課程を修了します。教育学修士号は、教師養成の第2段階である実践段階に至る要件となっています。

次に、第2の段階として、教職に関連する修士試験または教職の最初の国家試験に合格した人、または州から認定を受けた人は、州内の5つの地方自治体のいずれかに試補勤務を申請できます。試補期間は一律18か月ですが、パートタイムの場合は24か月が求められます。試補期間を終えると国家試験があります。詳しくは、NRW州学校省ホームページが参考になります[9]。

4　学校の日常生活と教育行政

ここでは学校の日常生活を、①給食、②放課後の学童保育と課外活動から、また、③教育行政の視点から、確認しておきましょう。

Q12　給食はどんなメニュー？

ある日のメニュー（ギムナジウム）

小学校カフェテリアのデザート

給食を取る生徒は、カフェテリアに向かいます。大抵の学校の給食では、肉料理、豚肉不使用、ビーガン料理から選ぶことができます。また、さまざまなトッピングのサラダボウルや新鮮なフルーツの入ったヨーグルトも用意されています。アレルギー対応の料理も提供されています。

上記写真のギムナジウムの場合、カフェテリアの営業時間は、月曜日から金曜日の午後12時45分から午後2時15分までです。半期を通じての特別メニューもウェブサイトで公開されており、世界サッカー大会や子どもの日にちなんだ料理などのお楽しみメニューも予定されています。学校のキオスクでは飲み

カフェテリアの様子

物と軽食を購入することもできます。教育および参加パッケージに基づいて社会福祉局から食事の資金提供を受ける生徒は、登録時に証明書を提出する必要があります。

学校の1時間目が午前8時前から開始することもあり、朝食と昼食に相当するサンドイッチなどの軽食を弁当箱に入れて持参している生徒も多くいます。初等教育では、健康プログラムや資金援助を受け、野菜や果物が中心の朝食や牛乳を学校側が提供している学校もあります。

Q13　放課後の課外活動にはどんな活動があるの？

次に、正課以外の放課後の活動について紹介しましょう。まず、ドイツにおける放課後活動は、学童保育（Hort）と終日学校（Ganztagsschule）に大別されます。保育については1990年に制定された社会法典第8典に保育席請求権が規定されています。1990年代に満3歳から就学までの子ども持つ保護者の就学前教育施設請求権が認められ、2008年には満1歳以上の子どもに請求権が拡大されました（坂野 2017: 21）。近年、法改正が行われ、小学校1年生から5年生開始まで、少なくとも1日8時間の保育施設での支援をニーズとは無関係に受ける権利が規定されました。2026/27年度からは小学校1年生に通う児童のみがこの資格を有しており、2029年8月からは、1年生から4年生までのすべての小学生が終日保育を受けられるようになります（Deutscher Bundestag 2022）。

終日学校での教育は、半日学校（午前の部）の子どもが13時30分頃に帰宅した後、給食をとってから午後の部を学校施設を利用して行われます。必ずしも授業のような形態ばかりではありません（坂野 2017: 62)。たとえば、宿題を終えた後、手芸、ダンス、レゴなどのコースが選べ、子どもたちは迎えがあるまで各々の時間を過ごしています。

このほか、誰でも参加できる課外活動として、自主的な活動グループとしてのAG（Arbeitsgemeinschaft）が多くの学校で組織されてきました。午後の早い時間に授業が終わると、AGが校内で行われる曜日があります。あるギムナジウムではコーラス、演劇、サーカス、バレーボール、数学ゲーム、天文学、建築などが提供されています。ただこれは週1回程度であって、ドイツでは約30％の人が地域のスポーツクラブに加入し、子どもたちも放課後はサッカーやテニスをはじめとする各種のスポーツを楽しんでいます。ある6年生の生徒は、週3日、放課後にギター、ホッケー、テニスを習っています。上述したAGを終日学校のプログラムに組み込むモデルもあります（NRW州立教育研究所QUA-LiSホームページ参照）[10]。

このように、学習や余暇の過ごし方を学校の中だけにとどめていないのがドイツの特徴です。学校教育が肥大化すると、教員の労働が無境界化されるだけでなく、子どもが家庭や地域社会などの学校外で自由に育つ機会を損ねることにもなると言われています（辻野 2024: 24)。

他方、各州スポーツ大臣会議は2023年、児童・青少年の約80％が、世界保健機関（WHO）が推奨する1日30～60分の適度な活動を達成していないと指摘しました。加えて、小学生の終日学校制度化とそこでの学童保育の拡充が、子どもたちの成長のあり方を大きく変えるとして、スポーツクラブでの学校スポーツ以外の魅力的なスポーツ活動を終日学校プログラムに組み込む必要があると提言しています。なぜなら、子どもたちが午後も学校で過ごすことによって自由時間が減るため、これまでのようなスポーツクラブでの定期的なスポーツ活動の時間が減り、子どもの成長とともに運動不足がさらに深刻化する危険性があるからだとされています。各州スポーツ大臣会議は、スポーツクラブが社会的共生の原動力であり、その役割を果たし続けられるよう、今後の発展と専門化を強化することが重要な課題であると考えています。

日本では学校の部活動の地域移行が進められていますが、ドイツでは逆に、ほんらい課外活動の領域であった地域スポーツ活動が終日学校化に伴って減少するため、特に初等教育段階では、終日学校のプログラムにスポーツ活動を組み込む工夫が求められていると言えるでしょう。

Q14　教育行政はどんな仕組みになっているの？

日本では、地方における教育行政の担い手として、教育委員会が地域の学校教育、社会教育、文化、スポーツ等に関する事務を担当する機関として、すべての都道府県および市町村等に設置されています。首長から独立した行政委員会としての位置づけであり、アメリカ式がモデルとなっています。ドイツでは各州文部省に学校監督官庁（Schulamt）が設けられています。名称は州によってさまざまであり、ここでは日本人の多く暮らすデュッセルドルフ市のあるNRW州の学校監督がどのような仕組みになっているのか確認してみましょう。

NRW州の学校監督（Schulaufsicht）は最高監督官庁、高等監督官庁、そして下級監督官庁の3つのレベルで組織されています。なお、ドイツの「学校監督」は、ドイツ基本法第7条1項が「すべての学校制度は国家の監督に服する」と規定しています。この条項の目的は、自由民主主義的根本秩序というドイツ基本法の原理のうえに学校制度の統一性を保持することにあるとされます（結城 2019: 34）。

まず、NRW州の最高レベルの学校監督官庁は州文部省で、州内の全学校制度の監督に責任を負います。次に、高等学校監督官庁は5つの行政管区にあり、実科学校、ギムナジウム、総合制学校、職業専門学校の各学校種の教育に関する学校監督に直接の責任を負います。最後に、下級監督官庁としての53の州学校監督局が行政管区ごとに設置され、特別支援学校、基礎学校、ハウプトシューレを管轄しています（NRW州立教育研究所QUA-LiSホームページ参照）(11)。

5　外国人の教育、駐在員家庭の子どもの教育

最後に、外国人の教育について確認したうえで、駐在員家庭の子どもに向けた学校の選択肢について紹介しましょう。①外国人の教育、②保護者の学校との関

わり、③日本人学校、④インターナショナル・スクール、の順に述べていきます。

Q15　外国人の教育はどうなっているの？

海外からドイツに来る家族にとっては、初めてのことがたくさんあるでしょう。ドイツ基本法は各種の基本権について、「何人にも保障される権利（Jedermannsrechte）」と「ドイツ人の権利（Deutschenrechte）」とを区別し、前者としては「自己の人格を自由に発展させる権利」（2条1項）、「生命への権利」・「身体を害されない権利」・「人身の自由」（2条2項）、「法の下の平等」・「男女同権」・「差別的取扱いの禁止」（3条）、それに「陳情権」（17条）を明記しているにすぎません（結城 2019: 293ff.）。しかし、ドイツに居住する外国人も、ドイツ人と同じく、「教育をうける権利」を生存権的基本権として享有している、ということについては、疑いの余地はありません。そしてこの外国人が有する「教育をうける権利」の内容として、大きく、教育へのアクセス権、ミニマムな教育保障を求める権利、発達権および公教育運営への参加権が包含されているということは、ドイツ人の場合と何ら変わるところがないと理解するのが学校法学の通説です（同上書）。

公立学校の場合、ドイツ語の知識を十分に持たない学齢期の子どもをどの学校に通わせるかについては、通常移住し居住する市の学校当局に相談する必要があります。生徒の準備状況に応じて、通常クラスに編入させるか特別な支援措置を講じるのかが決定されます。たとえばボン市のあるギムナジウムの場合、移民・難民の外国人生徒に対してドイツ語準備クラスIVK（International Vorbereitungs Klasse）が設けられ、同じ教室でさまざまなレベルのドイツ語のテキストを用いて個別指導が行われています。この準備クラスを経て、学年をひとつ遅らせて通常クラスへ進学するなど、生徒個人のドイツ語能力に応じて進路が決まっていきます。

Q16　保護者はどんな風に学校と関わるの？

ドイツでの「良い学校」とは、教師、保護者、生徒がどれだけ独自のアイデアを練り、貢献できるかどうかにかかっていると捉えられています。保護者の学校への参画にはさまざまな方法があり、出番はいくらでもあります。

たとえば、NRW州の場合、保護者はさまざまな委員会を通じて学校に参画する権利があります。学校委員会にボランティアとして参加するほか、学校会議に保護者代表が参加します（図5.1参照）。一方、「両親の夕べ」と名付けられた保護者会は、夕方からや20時からなど、勤務後に参加しやすいように設定されています。保護者会で専門家の講演が行われることもありますし、週末に出身国・地域の料理を持ち寄って児童・生徒の異文化間交流に保護者を巻き込んでいる学校もあります。

幼稚園・保育所や小学校のボランティアでは役割分担がなされており、自分のできる仕事をできる人が担っています。

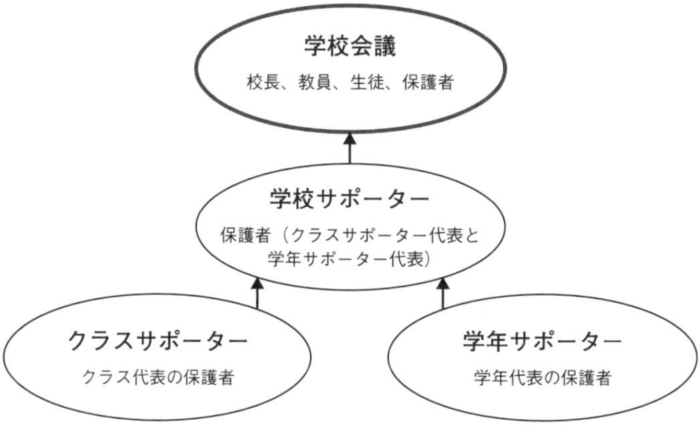

出典：https://www.schulministerium.nrw/sites/default/files/images/Grafik-Schulmitwirkung.jpg.参照（2024年7月1日閲覧）

図5.1　保護者が学校会議に参加する仕組み(12)

Q17　デュッセルドルフ日本人学校はどんなところ？

全日制の日本人学校があるのは、ベルリン、デュッセルドルフ、フランクフルト、ミュンヘン、ハンブルクです。ここでは、デュッセルドルフ日本人学校を紹介しましょう。

デュッセルドルフ日本人学校の校舎と校庭

ドイツ西部のNRW州の州都デュッセルドルフには、1971年にヨーロッパで2番目に創立された日本人学校、デュッセルドルフ日本人学校があります。オーバーカッセル地区協会付属建物カニージハウスを仮校舎として創立され、1973年に現在の地に校舎が建設されました。日本、ドイツ国内だけでなく世界各地での生活経験のある児童・生徒が集まっています。外務省の海外在留邦人数調査統計（2023年10月）によれば、デュッセルドルフ市在住の日本人は6,669人を数え、ドイツの他都市と比べ最多ですが、日本人学校としてもドイツでは最も規模の大きい学校になります。小学部と中学部を合わせて全日制467名の児童生徒が学んでいます（2024年6月現在）。安全管理上、2年生までは登下校時に親の送迎が必要とされています。

日本で行われている義務教育課程と同等のカリキュラムにそって運営されていますが、「豊かな心をもち、国際感覚を身につけ、学び続ける子どもの育成」が教育目標として掲げられ、「主体的・対話的に学び合う子の育成」が重点目標とされています。小中併設の良さを生かした学び合い、国際理解教育・国際交流活動の充実が図られています。デュッセルドルフ市、NRW州経済省、日本人コミュニティによって開催される欧州最大規模の日本文化行事「日本デー」に、筝クラブやウインド・アンサンブル部が出演するなど、現地のさまざまな施設と連携した独自のカリキュラムが実施されています。

通常の授業の他、小学部4年生から6年生までのクラブ活動（月1回程度）、小学部5年生から中学部までの委員会活動（月1回程度）、そして中学部の部活動（週に1～3回程度）があります。国際交流委員会のように自分たちの活動を地域へ発信している委員会や、琴クラブや吹奏楽部など、外部の講師を招いて活動しているクラブ・部活動など、学校の特色、地域性を生かした活動が盛んに行われています。中等部修了後の進路は、近隣のインターナショナルスクールやギムナジウム、総合制学校や、日本に帰国しての高校進学となっています。

2024年度の学校納入金については、入学金1人一律400ユーロ、授業料年額5,280ユーロ（月額440ユーロ）です。詳しくは注に掲げた学校ホームページを参照してください[13]。

※2022年9月にインタビューに応じていただいた前学校長 寺村雅子先生、現行の教育内容をご教示くださいました学校長 阿部誠先生に深く感謝いたします。

Q18　インターナショナル・スクールはどんなところ？

日本人学校がない地域に居住する場合、必然的に現地校やインターナショナル・スクールに通うことになるでしょう。ここでは、ドイツ・インターナショナル・スクール協会（AGIS）の情報に基づいてインターナショナル・スクールの実情を見ていきましょう。

AGISはドイツ連邦共和国のインターナショナル・スクールで構成されるネットワークで、情報交換と各学校間の協力を促進することを目的としています。加盟は23校あり、積極的な文化交流、ひいては持続可能な文化理解を促進することが、インターナショナル・スクールの重要な任務であるとしています。最大65か国からの子どもたちが集まり、クラスでは共通言語として英語が使用されます。学校によっては、最大20の母語が提供されています。ますますグローバル化する世界における社会的スキルに焦点を当てた総合的な教育的アプローチにより、国の機関では提供できない教育と包摂的視点からのサービスを提供するとしています。

AGIS加盟校は非営利団体であり、その資格はドイツの学校資格と同等のものとして教育文化大臣会議によって認められています。学費は授業料が年間1万～2万5,000ユーロと高額ですが、保護者の収入が考慮され、完全免除がなされる場合もあります。インターナショナル・スクールの魅力は、国際的に移動する人々に対して、世界的に標準化されたカリキュラムを通じて教育を提供している点でしょう。国際バカロレア（IB）ディプロマにより、インターナショナルスクールは、国際的に認知された資格を提供し、高等教育への世界的なアクセスを提供しています。加えて、インターナショナルスクールの外国人教師は、ほとんどが英語を母国語とし、異質性を扱うことに長年の経験とプロ意識を持っているとされています。詳しくは、脚注に掲げたウェブサイトを参照してください[14]。

注

(1) 地域学校（バーデン・ヴュルテンベルク州、ザールラント州、テューリンゲン州、ベルリン、ザクセン・アンハルト州、シュレスヴィッヒ・ホルシュタイン州）、統合型総合制学校（ラインラント・プファルツ州、ヘッセン州、テューリンゲン州、ブランデンブルク州、ザクセン・アンハルト州、ニーダーザクセン州、ノルトライン・ヴェストファーレン州、メクレンブルク・フォアポンメルン州）、上級学校（ザクセン州、ブレーメン）、統合型中等教育学校（ベルリン）、地区学校（ハンブルク）。

(2) ドイツユネスコ国内委員会ホームページhttps://www.unesco.de/bildung/inklusive-bildung/inklusive-bildung-deutschland［2024年7月1日閲覧］

(3) NRW州デュッセルドルフ行政管区学校監督官庁ホームページhttps://www.brd.nrw.de/ueber-uns/organisationsstruktur/abteilung-4-schule/dezernat-41f-foerderschulen［2024年7月1日閲覧］

(4) 校長によれば、着任前の話になるが、宗教的な理由で水泳の授業への参加を拒否した事例があったそうです。

(5) 宗教的なシンボルをめぐっては、州レベルおよび連邦レベルで訴訟が繰り返されています。例えば、バイエルン州では、1995年に連邦憲法裁判所によって、国民学校の全ての教室に十字架を掲げるという州学校法が基本法第4条1項に反するという判断が下されましたが、例外規定により依然として教室内での十字架が許容されています。一方、2023年2月、連邦憲法裁判所は、ベルリンで授業を行う女性教師がスカーフを着用することを一般的に禁止することができないとの判決を下しました。これまで、各州では教師のスカーフ着用が多くの訴訟の対象となっています。

(6) NRW州文部省ホームページ
https://www.standardsicherung.schulministerium.nrw.de/cms/zentralabitur-gost/faecher/fach.php?fach=21［2024年7月1日閲覧］

(7) ドイツ学術交流会ホームページ
https://www.daad.de/de/in-deutschland-studieren/hochschulen/hochschulen/［2024年7月1日最終閲覧］

(8) KMKホームページ
https://www.kmk.org/themen/allgemeinbildende-schulen/lehrkraefte/lehrkraeftebildung.html［2024年7月1日閲覧］

(9) NRW州文部省ホームページ
https://www.schulministerium.nrw/vorbereitungsdienst-referendariat［2024年7月1日閲覧］

(10) NRW州立教育研究所（QUA-LiS）ホームページ
https://www.schulentwicklung.nrw.de/q/ganztag/weitere-ganztagsangebote/arbeitsgemeinschaften/index.html［2024年7月1日閲覧］
(11) NRW州立教育研究所（QUA-LiS）ホームページ
https://www.schulentwicklung.nrw.de/cms/fachportal-sport/fachliche-strukturen/oberste-schulaufsicht-ministerium-/index.html［2024年7月1日閲覧］
(12) https://www.schulministerium.nrw/sites/default/files/images/Grafik-Schulmitwirkung.jpg.参照［2024年7月1日閲覧］
(13) デュッセルドルフ日本人学校ホームページhttps://www.jisd.de/［2024年7月1日閲覧］
(14) ドイツ・インターナショナル・スクール協会（AGIS）ホームページ
https://www.agis-schools.org/［2024年7月1日閲覧］

参考文献

Bundesministerium für Bildung und Forschung（BMBF）(2015), Begabte Kinder finden und fördern.

BMBF（2024）, Ausbildung und Beruf: Rechte und Pflichten wählend der Berufsausbildung.

Deutscher Bundestag（2022）, Ganztagsförderung für Kinder im Grundschulalter § 24 Abs. 4 SGB VIII neue Fassung, 10. Februar 2022.

Kultusministerkonferenz（KMK）(2011), Inklusive Bildung von Kindern und Jugendlichen mit Behinderungen in Schulen（Beschluss der Kultusministerkonferenz vom 20.10.2011）. https://www.kmk.org/fileadmin/veroeffentlichungen_beschluesse/2011/2011_10_20-Inklusive-Bildung.pdf［2024年6月1日閲覧］

KMK（2021）, Das Bildungswesen in der Bundesrepublik Deutschland 2019/2020, Darstellung der Kompetenzen, Strukturen und bildungspolitischen Entwicklungen für den Informationsaustausch in Europa, https://www.kmk.org/fileadmin/Dateien/pdf/Eurydice/Bildungswesen-dt-pdfs/dossier_de_ebook.pdf［2024年9月1日閲覧］

KMK（2024）, Sonderpädagogische Förderung in Schulen 2013 bis 2022（Dokumentation Nr. 240 - Februar 2024）. https://www.kmk.org/fileadmin/Dateien/pdf/Statistik/Dokumentationen/Dok_240_SoPae_2022.pdf［2024年9月1日閲覧］

坂野慎二（2000）「ドイツの教育改革と学校参加」『比較教育学研究』26, 111-129頁.

坂野慎二（2017）『統一ドイツ教育の多様性と質保証：日本への示唆』東信堂.

坂野慎二（2017）「ドイツにおける就学前教育の現状と課題」『論叢』玉川大学教育学部紀要, 19-47頁.

坂野慎二（2021）「学校システムと職業能力・資格の獲得―ドイツの職業教育・訓練システムと高等教育の分析を通して―」『玉川大学教育学部紀要』20, 29-50頁.

坂野慎二（2023）「ドイツ高等教育の拡大と多元化―医学健康科学領域の専門大学への移行―」『敬心・研究ジャーナル』7（1）, 1-10頁.

辻野けんま（2024）「ドイツの学校教育」「ドイツの生徒・教員・保護者」園山大祐・辻野けんま（編著）『世界の学校』放送大学教育振興会, 11-26, 94-109頁.

長島啓記（2009）「ドイツ」国立教育政策研究所『第3期科学技術基本計画のフォローアップ「理数教育部分」に係る調査研究』42-46頁.

濵谷佳奈（2019）「個々への支援を目指す、連邦と州による教育政策」「健康な教員が担うインクルーシブな教育実践」志水宏吉（監修）『世界のしんどい学校』明石書店, 109-124, 254-279頁.

濵谷佳奈（2020）『現代ドイツの倫理・道徳教育にみる多様性と連携：中等教育の宗教科と倫理・哲学科との関係史』風間書房.
濵谷佳奈（2021）「ドイツ」日本道徳教育学会全集編集委員会・柳沼良太・行安茂・西野真由美・林泰成『諸外国の道徳教育の動向と展望（新道徳教育全集 第2巻）』学文社.
結城忠（1998）「子どもの学校生活」天野正治・結城忠・別府昭郎（編著）『ドイツの教育』東信堂, 106-113頁.
結城忠（2019）『ドイツの学校法制と学校法学』信山社.

第6章

おしゃれで個性的なフランス人は、どんな学校で学んでいるのか？

園山 大祐

学校博物館の展示物

はじめに

フランスと聞いて最初に思い浮かべるのはなんでしょうか。料理、菓子、映画、オリンピック、ファッション、ブランド、シャンソン、バレー、観光などたくさんあります。これらは国際色と個性的なフランス（人）の印象を与えてきました。国際性や個性は教育とも関係しています。学校の教室に入ると、掲示されている生徒の作品は、とてもカラフルで個性的なものが多いです。詩や作文なども、ユニークな作品が目につきます。こうした個性や出自にも影響する国際色豊かな作品を寛容に受け入れる雰囲気と日常が授業の実践にみられます。日本人の児童生徒に対しても、自身の感性を表現することを歓迎し、近年の漫画ブームや日本食の流行も手伝って、すぐに友達ができることでしょう。日本語の挨拶表現など耳にすることも多くなっています。

それでも、教育制度が日本とは異なるため、戸惑う親子は少なくないはずです。たとえば、学年始であっても、入学式などありません。親が授業参観する機会もありません。年間の行事も限られており、学校は知育の場という認識が強いのがフランスの学校文化です。担任の先生と面談する機会も限られており、基本的に校長が対応します。給食も任意のため、事前に登録をしないといけません。給食費は別途支払います。校内の課外活動は基本的にはありません。修学旅行（遠足）なども担任の先生次第です。積極的な先生であれば、スキーや海水浴などを企画したり、外国への語学旅行を兼ねた研修などもあります。ですが、同じ学校でも担任の先生が企画するため、同じ学年の児童生徒全員が参加できるとは限りません。なんだか、不公平な感じもします。担任の当たりはずれのような感情はフランス人にはないのでしょうか。

授業の進め方も、先生一人ずつ異なります。同じ学年でもクラスによって異なる進展と異なる試験問題というのは、一般的です。当然、成績評価も異なります。ですが、児童生徒も保護者もそれほど気にしません。日本の横並びの形式的平等主義は、この国にはないのです。

以下、フランスの学校教育制度やその仕組み、保育学校から高校まで、特別な教育課程、高等教育、教員資格と養成、そして最後に日本人学校等について順に説明します。ぜひ日本との違いについて考えながら読み進めてください。

1　学校教育制度とその仕組み

ここでは、学校史の始まりから戦後の教育制度改革について簡単に紹介します。その次に学校の管理運営について初等教育と中等教育の違いについて説明します。また日本のPTAに該当する保護者団体について紹介します。最後に教育委員会制度や教育行政機構について見てみましょう。

Q1　学校の始まりはいつから？

1881年と1882年のジュール・フェリー法によって、義務教育が始まります。当時は、6歳から12歳の子どもが対象です。公教育の三原則（無償、義務、中立）の下、全国に小学校が普及します。中立というのは、世俗（ライック）的な非宗教的な公教育がフランスの学校教育の特徴のことです。また当初は、小学校修了証（CEP）が制定されていました。以来、初等教育段階が普及し、フランスの社会は免状社会となります。

1958年からベルトワン改革によって、1959年に義務教育が16歳まで延長され、1963年にはフーシェ改革によって中学校が三分岐されますが、中学校の単線化は1975年のアビ改革の統一中学校の誕生を待たなければなりません。1977年に実施された統一中学校によって12歳から15歳までの4年間の統一中学校課程の成立によって、中学校の大衆化および高校の進学率が急激に拡大することになります。

1968年の技術高校、1985年の職業高校の設置およびバカロレア試験の制定は、1802年制定の普通バカロレア以来の高大接続改革となって中等教育および高等教育の普及拡大につながります。1984年にシュヴェーヌマン大臣が同一世代8割をバカロレア水準とする目標を掲げました。バカロレアの取得率は、同一世代で1970年の20.1％から、2010年には65％に達します。2010年代前半に7割を超え、現在は8割に達しています。同一世代の9割（約75万人）が受験し、うち9割が合格しています。1割弱が早期離学者として無資格者となる可能性があります。そうならないために、教育と訓練のセカンド・チャンス教育が実施されています（園山 2021b; 2023）。

8割の取得者の内訳は、普通バカロレア40％強、技術バカロレア15％程度、そして職業バカロレア20％程度で推移しています。

高校の大衆化を受けて、同一世代に占める高等教育修了証取得率もこの四半世紀で倍増し、約46％に達しています。欧州諸国の中でも高水準ですし、免状社会と言われる所以でもあります。取得率にはジェンダー差があり、女性が6割、男性が4割となっています。

2021年度9月の新年度から、義務教育年齢を3歳から16歳に改め、17歳と18歳の未就労者には教育ないし職業訓練が保障されることになりました。

欧州諸国でみると、フランスの公立学校の歴史は百数十年と短いですが、中等から高等教育にかけた普及が早かったのが特徴です。それでも日本と比べると、高卒者および大卒者の割合は未だ国民の半数以下です。一般の店員、駅や郵便局など窓口で接する人に大学卒業者は少なかったり、世代によって大きな学歴の違いがみられます。

定期的な国際学力調査（小学校4年、中学校2年、高校1年）にフランスも参加しています。たとえば国際教育到達度評価学会（IEA）（PIRLS = Progress in International Reading Literacy Study、TIMSS = Trends International in Mathematics and Science Study）や、経済協力開発機構（OECD）（PISA = Program for International Student Assessment）の調査において、フランスは加盟国の平均値にあります。

Q2　学校の管理運営はどうなっていますか？

初等教育機関としての保育学校と小学校は、法人格を有していないため、その学校自体として有する権限は限られており、後述する（Q4）国民教育視学官が総括します。そして施設整備や財政面については市町村が担当しています。これらの学校ごとに設置される「学校評議会」が、学校の規則や学校教育計画を決定します。他方で、中等教育段階の中学校や高校は、地方教育公施設法人（EPLE）としての地位を有し、国を代理する校長が指揮し、「管理評議会」によって学校運営の意思決定を行います。

学校ごとに「学校計画」が策定され、それは3年ないし5年を期間として、管理評議会により採択され、学校の目標、学習指導要領の実施のための方法、学校における教育活動および課外活動の方法を示すことになっています。この計画書は、大学区にて審査されます。2010年からは、学校運営に関わって校長は、その学校の校則および学校計画を、入学する生徒の保護者に対して提示しなければならなくなりました。

保育学校と小学校に設置される「学校評議会」は、校長、全教員、特別支援教員、国民教育視学官、市町村長、市町村議会議員、地域住民代表、保護者代表等で構成されます。原則として各学期に1回開催し、当該校の教育活動と運営について審議・検討する役割を担っています。具体的には、校則の採択、週時間割の編成、学校計画の採択、課外活動の承認を行います。そのほか、全国的課題として設定された各種の目標を達成するための教育活動、学校予算の使途、障がいのある児童の包摂、課外活動、給食、学校保健・安全について審議します。また教科書や教材の選択および特別支援体制についても報告を受けます。

中等学校である中学校と高校の「管理評議会」は、学校管理者と地方自治体、教職員、生徒と保護者といった3つのグループから構成され、それぞれの委員席が3分の1ずつ割り当てられています。中学校の場合、学校規模が600人以上では30人、600人未満では24人で構成され、高校は一律に30人です（表6.1）。管理評議会の主な役割は、学校計画、校則、授業時間の編成、会計報告などの採択や、選択教科の設置、教材の選定、学校の保健・安全、保護者への情報提供や学校生活への参加の方法などについて審議を行い、校長に意見表明します。また、一定の条件で学校予算の使用方法を決定します。

次に、生徒の学校生活に関する、生徒会や校則、連絡帳についてご紹介しましょう。

たとえば、中学校においては、「学校管理評議会」が置かれています。校長ほか計30名で構成されます。教員代表、学校職員代表、保護者・生徒代表が参加します。クラス代表も2名選出します。その各クラス代表の中から学校管理評議会に生徒代表を選出します。校則は、生徒代表によって提案された内容を学校管理評議会が採択します。校則は、前文、校則の目的、内容、改訂という構成です。学校生活の規則、生徒の権利と義務、懲戒・懲戒処分の規定、表彰、学校と家庭の関係、保護者団体などについて明記されています。また、小学校から連絡張（Carnet《カルネ》 de《ドゥ》 correspondance《コレスポンダンス》）と呼ばれる、生徒と家庭の連携のために用いられる連絡帳が存在します。連絡帳には、時間割、年間日程表、校則や成績が掲載されています。

表6.1　管理評議会の構成

中学校（600人未満）	中学校（600人以上）	高校
校長、副校長、事務長、生徒指導専門員、地方自治体（県(1)と市町村(2)）代表、有識者 計8人	校長、副校長、事務長、生徒指導専門員、特別支援教育担当責任者、地方自治体（県(1)と市町村(3)）代表、有識者 計10人	校長、副校長、事務長、生徒指導専門員、実習責任者、地方自治体(地方(1)と市町村(3))代表、有識者 計10人
教員6人、職員2人 計8人	教員7人、職員3人 計10人	教員7人、職員3人 計10人
保護者代表6人、生徒代表2人 計8人	保護者代表7人、生徒代表3人 計10人	保護者代表7人、生徒代表3人 計10人
合計24人	合計30人	合計30人

Q3　日本のPTAに代わる複数ある保護者団体の違いとは？

保護者団体は、主に3つあります。1つ目は、「公教育の生徒の保護者連盟(PEEP)」と呼ばれるもので、1926年に設立された最も古い組織です。中学と高校の生徒の保護者連盟から、1966年に保育学校から大学までを対象に拡大し、今の名称に変更しました。政治的には左派系で、『保護者の声』という機関誌を発行しています（www.peep.asso.fr）。

2つ目は、1947年に設立した「公立学校の生徒の保護者会議全国連盟(FCPE)」です。もともとは初等教育のみを対象としていましたが、1960年代に中等教育も対象としました。2つの機関誌『保護者の会報』『家族と学校』を発行しています。政治的には右派系で、19万人の会員がいます（fcpe.asso.fr）。

3つ目は、1968年に設立した「自立保護者団体連合（UNAAPE)」です。保育学校から高校までが対象で、機関誌『保護者のプレゼンス』を発行しています（www.unaape.asso.fr）。

この3つに加え、私立教育関係の保護者団体として、「私立教育の生徒の保護者団体全国連合」が、1930年に設立。2008年に、「私立教育の生徒の保護者団体（APEL）」に名称を変更しました。『家族と教育』という機関誌を発行しています。会員数は約99万人です（www.apel.fr）。

このほかにも、1960年設立の障がい者向けの保護者団体（UNAPEI）があります。1975年6月30日付の障がい者基本法や2005年の障がい者の権利に関する法の制定にも影響力をもった団体でした。教育義務の不履行に対し、国務院は、障がいのある子どもたちの教育を受ける権利の行使可能性について判決を下すのに本団体が貢献しました。これにより、教育的解決策を提示できていない5,000人以上の子どもたちを告発し広く団体の存在が知られることになりました（https://www.unapei.org）。

こうした保護者団体は、これまで公立学校における政教分離や、宿題の禁止、学級委員会に保護者の参加を認めさせるなど、学校参加、学校経営に加わるための権利を獲得してきた歴史があります。これらの団体は、教育高等審議会など国の諮問機関に代表参加しています。また、地域圏大学区や県レベルの教育委員会にも地域圏（州）知事や県知事の任命により代表参加しています。具体的には、たとえば原則学区制ですが、特例措置が認められ、その審査結果への不服申し立て委員会に保護者代表の委員席が認められていたりします。あるいは、進路指導に対して、学級委員会の決定に対しての上訴委員会にも、同じように保護者代表が委員席を有することになっています。初等では学校評議会の構成委員であり、各学期に1回開催され、出席することができます。中等では、管理評議会に参加できます。また懲罰委員会や学級委員会にも保護者代表委員が参加し、校内の出来事を教職員と生徒以外の第3者として監視する役割を担っています。

Q4　地方分権化と教育委員会の関係

フランス本国は地方自治体で構成され、その構成員である市町村、県、地域圏（Région）の議会は直接普通選挙で選出されます。各自治体は定められた権限に基づいて、それぞれのレベルで自治を行います。海外に位置するフランス領土は、多様な地位を有します。グアドループ、マルティニック、ギアナ、レユニオン、マイヨットは、県・地域圏の地位を有します。

教育行政は、教育専門家によって管理・運営されることが大きな特徴です。一般行政とは別に、フランス本土および海外県を含めると30の大学区（Académie《アカデミ》）がありましたが、2016年地域圏の再編に伴い1から3大学区で構成される16の地域圏大学区（Région académique）が設置されることになりました。そこに地域圏大学区総長（Recteur）を置き、101の県に大学区国民教育事務局長を置いて、学校や教職員の管理を行っています。これら大学区総長や大学区国民教育事務局長が、大学教授や、教育の専門家から任命されることで、一般の政治支配から教育を独立させていく方法をとっています。

さらにこうした教育や学術に関するプロによるコントロールと並んで、教職員、保護者、生徒、学生などの団体の利益代表が参加できる、多様な諮問機関（審議会、委員会）が設置されていることも特色です。このような各種の諮問機関において、教育政策や学校経営に関する多様な意見表明をする機会が実現され、プロフェッショナルなコントロールと利害関係当事者の参加によるコントロールが併存しているのがフランスの特徴です。

教育は国の事務（service public d'Etat）とされ、地方自治体の県や市町村などは、学校の設置・管理・維持を主として担い、教育施策の実施に関わるさまざまな委員会・審議会に、その代表として関与するほかは、限られた権限にとどめられています。そして公立学校の教員はすべて国家公務員であり、人事管理や教育課程の管理などは国が権限を有し、地方の教育行政は、国民教育省の出先機関としての地域圏大学区総長、地域圏大学区国民教育事務局長、国民教育視学官などによって行われます（表6.2）。

地方分権化政策は1982年の地方分権化基本法以来進められてきましたが、未だ限定的です（表6.3）。後期中等段階の高校、職業高校、特別支援教育、継続職業訓練および見習い訓練などについては、地方議会が関与し、学校の設置、維持、修復等や、教員以外の職員の人事管理を担います。そして県議会が、中学校に責任を持ち、その設置および維持について権限を持ち、児童生徒の通学

表6.2　教育段階別の権限配分

権限 機関	設備投資	物的機能	教育的機能	教員の人事・昇給	教育職員	教育課程	資格・学位の認証
大学	国	国	国	国	国	国	国
高校	地域圏	地域圏	国	国	地域圏	国	国
中学校	県	県	国	国	県	国	国
小学校・保育学校	市町村	市町村	市町村	国	市町村	国	国

表6.3　管轄レベルと内容

国家	大統領・首相	議会 （国民議会＋元老院）	教育予算 教員の人事権 学習指導要領など
地域圏（18）	地方知事	地方議会	高校の設置・職員の人事等
県（101）	県知事	県議会	中学校の設置・職員の人事等
市町村（約36700）	市町村長	市町村議会	小学校・保育学校の設置・職員の人事等

パリ市が各学校に配布しているチラシ

輸送、給食事業、職員の人事管理、学区について権限を持ちます。くわえて、放課後の学習活動、スポーツや文化活動を企画することができます。市町村議会は初等学校である保育学校と小学校の設置・維持の責任を持ち、職員の人事管理、学区の設定、児童の配置の権限を有します。また市長は、学校の開校・閉校時間など習学リズムの編成を決めることができます。放課後の学習活動、スポーツや文化活動を企画します（写真）。

全国に18（本土13、海外県5）の地域圏大学区が置かれ、1から4県にまたがる地域圏（Région）にほぼ相当します。各地域圏大学区には地域圏大学区総長が置かれ、地域圏大学区総長は閣議を経て大統領により任命され、大臣の代理として高等教育機関を監督します。地域圏大学区事務局には、地域圏大学区総長の補佐として地域圏大学事務局長がおかれ、地域圏大学区事務局の行政に関して調整をし、地域圏大学区総長の代理を務めます。県レベルに置かれる大学区国民教育事務局長（DA-SEN）も同様です（図6.1）。

県の段階には、大学区国民教育事務局長が置かれ、大学区総長を代表し教育

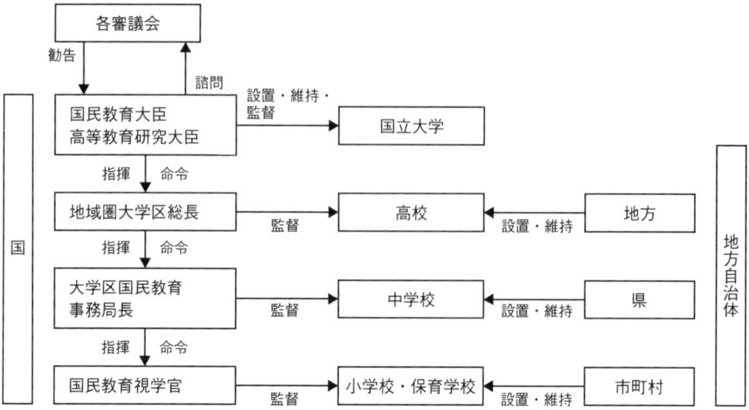

図6.1　フランスの教育行政機構

行政を監督します。大学区国民教育事務局長は国民教育大臣の提案に基づき大統領により任命され、県における初等中等教育および教育行政について責任を持ちます。特に、各学校長や下記に述べる国民教育視学官等の管理職との連絡を図り、報告・助言・支援などを行い、教育活動の調整を図ります。児童生徒の就学、学校・学級の開設や閉鎖、初等教育教員の人事管理、初等学校および中学校に対する財源配分等を行います。大学区国民教育事務局長および国民教育県事務局は、国民教育大臣の地方の出先機関として、県知事や県議会と連絡調整を図る存在です。

そして市町村レベルの国の出先機関としては、国民教育視学官が置かれています。国民教育視学官は、大学区国民教育事務局長の統括の下、保育学校および小学校の学区の責任者として学区内の学校を監督します。学校における教育政策の監督、教員の活動評価、学校の視察、教員に対する助言などが主な任務です。この国民教育視学官の資格要件は、初等中等教育教員、進路指導員、学校管理における正規の国家公務員など教職等において5年従事していること、学士号取得者または教員等の職業群に所属する者となっており、その有資格者の中から国民教育省令で任命されます。

フランスの教育に関する統治の構造は、1982年の地方分権化基本法以来、権限の一部が地方自治体に譲渡されつつも、古くから中央集権化構造を中心として、教育・学術の分野を極めた専門職による教育のコントロールが維持されてきています。他方で、伝統的に各種の教育審議会（諮問機関）が設置されることで、教育改革案の審議・検討に介在し、チェック機能を果たしています。これら審議会は、法令の制定過程に関与することになり、各利益代表参加の保障を担保することで、法律案、政令案、省令案は、国会に提出される前に、教育審議会において審議され、その内容も官報に掲載されることになっています。こうした教育に関わる各種関係団体（保護者、学生、労働組合、経済団体など）の代表が参加する仕組みを作ることによって、ある程度教育の全国民的な関心をもたらし、国民に開かれた手続きとなっていることは、我が国の教育行政や教育委員会制度の参考になるでしょう。

☞**映画情報**「新学期・操行ゼロ（Zéro de conduite）」ジャン・ヴィゴ監督（1933年）：学校の規律や教師の権威について問題提起した映画であり、その後も複数の同様の映画が製作されるが、戦後の教育の民主化を待たなければならない。

視学官（Inspecteur）とは、1806年から存在する制度で、4つに区分されています。全国に100名ほどいる国民教育行政研究総視学官（IGAENR）は、中央における大臣直属の顧問であり、行政および研究に関する答申などを作成しています。その次に150名ほど国民教育総視学官（IGEN）がいます。かれらは、中央と各大学区との連携を担っています。各大学区の教育政策とIA-IPRやIENの監督をしています。3番目の大学区視学官（IA-IPR）は、1,500名ほどいます。中等段階の教科別の視学官であり、教員評価、教科別の研修（初期・現職）、教員の任命・配置を行っています。そして最後の国民教育視学官（IEN）は、約2,000名います。初等教育の教育実践の支援や研修を実施しています。

2 保育学校から高校まで

ここでは教育統計から日本との比較でフランスの学校教育の特徴を見ていき

たいと思います。教育課程についても保育学校から高校までの授業時間数からもフランスの知育中心主義が明らかとなります。

Q5　数字にみる特徴

巻末資料の学校系統図をご覧ください。3歳から就学前教育が始まり、3年通った後に、小学校に入学します（2歳児でも約1割の児童が就学しています）。小学校は5年制です。保育学校（幼稚園）と小学校を合わせた8年間を初等学校と呼び、同じ教員免許の先生が教えています。全教科担任制です。週4日制で、昼食は学校で食べるか、帰宅して食べるか選ぶことができます。学校への送り迎えが義務付けられています。終日学校のため、朝8時から夕方4時までとなります。中学校は4年制となっています。高校は3年制です。中等学校の7年間は、同じ中等教員資格の免許を持った教科別の先生に教わります。教科とは別に、進路指導専門員あるいは、生徒指導専門員がいます。分業体制のため、教科とそれ以外で、相談窓口が異なります。

学校の規模は、以下のとおりです。特に初等学校の規模が小さいのが特徴です。単級学校も珍しくないです（全体の8%）。約4万4,000校の公立校のうち、4学級以下は45%を占めています。保育学校の平均規模は100名、小学校153名となっています。私立もほとんどかわりません。また一部の学校では異年齢学級も存在します。保育学校と小学校には便宜上の校長はいますが、基本教職員のみです。各学校の管理は教育委員会が実施しています。

☞**映画情報**「学校の先生（Le Maître d'école)」クロード・ベリ監督（1981年）：コリュッシュ出演のコメディ映画であるが、フランスの小学校の授業の様子をとてもよく描いている。本作品のシナリオ作家の一人ジュル・セルマは、元小学校の教師でもあった。

「ぼくの大好きな先生（Être et avoir)」ニコラ・フィリベール監督（2002年）：田舎の単級学校の１年間の様子を描いたドキュメンタリー。

「小さな哲学者たち（Ce n'est qu'un début)」ジャン＝ピエール・ポッツィ、ピエール・バルジェ監督（2010年）：保育学校の言葉の学びについて１年間の様子を描いたドキュメンタリー。

「エレメンタリー（Primaire）」エレーヌ・アンジェル監督（2016年）：小学校５年生の担任とその家族の苦悩を描いた映画。

生徒数でみると、一学年約80万人です。これは、国民の人口が日本の約半分であるフランスが、出生率が高いことを示しています。2022年の出生数でみると、日本の79万9,000人に対して、フランスは72万6,000人となっています。従って学校系統図においても学齢期の児童生徒数は、将来は日本とほぼ変わらなくなります。ちなみに、全人口に占める15歳以下の割合は、日本の11.7％に対し、フランスは17.3％です。欧州諸国も少子高齢社会と言われていますが、日本の現状はより深刻ということになります。

学校数は、5万8,907校のうち、保育学校と小学校を合わせると4万8,220校、中学校は6,976校、高校と地域圏適応教育学校は3,711校あります。総生徒数は、1,274万人です。保育学校に231万4,900人、小学校に410万7,900人、中学に341万1,450人、高校に224万2,400人、中等段階の見習い訓練生が37万7,350人、ほかに初中等の私立学校生と農業と保健省管轄の学校の生徒数が28万3,900人となります。初等の86.6％は公立学校に通学しています。初等には22万2,550人の障害児が通常学級に学んでいます。中等の79％が公立学校に通学しています。中等には21万3,550人の障害児が通常学級に学んでいます。

フランスでは、全体の9.5％がヴェルサイユ大学区、7.5％がクレテイユ大学区に集中しています。パリ大学区は2.5％です。したがって、パリとその周辺のイル・ド・フランス圏と呼ばれる上記3つの大学区で全体の約2割を占めています。その次に大きな大学区（教育行政単位）は、リールの6.4％、ナントの5.7％、リヨンの5.2％、グルノーブルの5.1％となります。逆に過疎地域とされるのは、コルシカ、リモージュやクレルモン・フェランとなります。また海外県として、グアドループ、マルチニーク、ギニア、レユニオン、マヨットなどもあります。これら海外県も本土同様の教育制度となります。

教員数ですが、初等（保育と小学校）教員は、37万500人います。全員国家公務員です。学級規模は保育学校が22.4名、小学校が21.6名となります。なお2017年度からは、低学年は1学級12名となります。中等（中学と高校）教員は、

48万3,200人います。学級規模は中学校が25.9名、普通・技術高校が30.3名、職業高校が17.9名となります。

職員は、約20万人います。すべて地方公務員です（園山監修 2022）。

Q6　フランス的学校の特徴とは何ですか？

はじめに、就学の義務と教育義務の違いについて確認しておきましょう。フランスの法律では、教育義務およびその無償制について教育法典第3章第1節L.131-1条に定められています。2019年の「信頼できる学校のための法律」（通称ブランケール法）以降、3歳から16歳となりました。

> 義務教育：「3歳から16歳未満のフランス人及び外国人の男女の子どもに関して、教育は義務である。」（2021年9月より就労についていない17～18歳にも拡大）
> ②この義務教育は、教育機関において保障することを優先する。
> L131-2条「義務教育は、公立もしくは私立の学校において、または家庭において父母、父母のいずれか、もしくは父母の選ぶ何人でも、これを行うことができる。」
> ③学校に就学することができない子どもの教育を主として保障するために、遠隔教育に係る公共サービスを組織する。

つまり、ホームエデュケーションが認められています。日本では、篠原（2022）によれば、学校教育法施行規則第57条において原則上「教育課程」の「修得」（成績）を重視した「修得主義」の立場にたち、同時に同法第17条に保護者の就学させる義務「年齢主義」が存在し、「年齢」イコール「学年」を重視した「履修主義」に拡張（解釈）されています。したがって、日本では「年齢主義」と「履修主義」が判例法上形成され、学校現場でも慣習法化されています。新型コロナ禍においては、「通学」と「対面授業」を重視・固定化したため、家庭におけるオンライン学習が保障されなかった経緯がここにあります。これと比べて、フランスやイギリスなど海外の国では、就学義務ではなく「教育義務」、つまりオンラインの授業、ホームスクールを合法化してきた歴史があります。

他方で、学校の欠席については厳格な規定があります。欧州では、日本の長期欠席のように30日という国はほとんどなく、多くは5日以内です。フランスでは月に半日×4回まで欠席が認められますが、欠席の理由の正当性が問われます。子どもの学習権の剥奪がないよう保護者を厳しく管理する考えが普及しているためです。中等教育全体における4回以上の欠席者は約7％とされています。中学校では4.9％、職業高校では16.7％となっています。より長期の月に10回以上の半日欠席率は、1.6％となります。このように欠席については厳格な体制をとることで抑えています。

さて、日本にも原級留置の制度は認められていますが、ほぼ児童進級制であり、飛び級は一部の大学入学でしか認められていないため、「飛び入学」の認知度は低いです。フランスでは、留年制度は20世紀後半から徐々に減らし、現在中学1年入学時で5％弱、中等終了時でも16％に縮小されました。ただし、普通・技術高校生と、職業高校生の留年経験者の比率には開きがあります。各学年の留年率は、小中学校では1％未満、高校で2～4％前後となっています。飛び級は、小学校の入学時に利用する人が多いです。その後の飛び級は、約3％のギフテッドな英才に限定されています。2022年度のバカロレア取得者でみると、16歳以下の合格者は660名ほどいます。17歳で2万1,000人ほど、18歳で52万人、19歳が9万2,000人、20歳から23歳が2万8,000人ほどになります。

これも、教育課程の習得には、生徒個人の速度で良いという判断と、教育課程の修得主義の立場をとっているためです。留年や飛び級生に対しても寛容で、先輩後輩という文化はありません。留年を理由にいじめられるということもほとんど聞きません。

フランスの義務教育においては、教科書は貸与制です。学校から1年間借りる形をとっています。教科書は、毎日家に持ち帰ります。高校では、大学区（地域圏）によって異なりますが、私費負担の場合と貸与式の場合があります。文具などは年度初めに初等では購入リストが配布され各自購入します。中等では教科ごとに授業担当の先生から指示があります。6～18歳の児童生徒がいる家庭には、年度始めに手当て（ARS）が支給され、その額は毎年、国民教育省のホームページに掲載されます。ランドセルや文具など、学校で必要となる道具の総額として紹介され、この総額の範囲で購入します。したがって基本的には無償教育となっています。給食費は有償となりますが、自宅に帰って、家族と一緒に食べることも認められています。高校生になると、給食、自宅、外食など選ぶことが可能となります。給食費が最も安く、栄養バランスもいいのは間違いありません。たとえば、パリ市の場合、収入に応じた私費負担で、2021年度の初等の一食分は0.13ユーロから7ユーロの間となっています。

日本と同じように、政教分離のフランスは、公立学校では宗教教育は施されていません。代わりに公民、法律（道徳）の授業が用意されています。また高校では哲学の授業があります。日本の家庭科は、フランスが発祥とされていますが、現在のフランスでは、家庭科という名の教科はありません。初等段階の体育、美術や音楽も最小限となっています。これは、放課後や休日に社会教育や家庭教育が担うという理解から、一見すると学校教育では限られています。ですが、フランス語や社会科の授業において、体育、美術、音楽の歴史や文化について触れる機会は多く、学際的に学ぶことが多いです。都市部では美術館や博物館あるいは図書館に出かけることも多く、こうした活動を通じた体育、美術、音楽の学びの機会は多いのが特徴かもしれません。あるいは実際に、演劇やコンサートを聴いたり、実演したりすることも初等段階ではよくあります。また学年末に運動場を貸し切って、運動会として好きな競技に参加する運動の日を設けている学校もみられます。

フランスの学校教育の特徴のひとつとして、言語の多様性があげられます。小学校から外国語の授業があります。全8外国語（ドイツ語、英語、アラビア語、中国語、スペイン語、イタリア語、ポルトガル語、ロシア語）と5地域（バスク語、ブルトン語、カタラン語、コルシカ語、オクシタン語）の言語（LLCER）から選択できます。とはいえ、小学生の96％は英語を第一外国語として選択しています。中学では、ヘブライ語、日本語、オランダ語、ポーランド語、トルコ語が追加され、第2外国語の授業も必修となっています。高校では、選択肢は25言語になります。また高校では希望者は第3外国語も選択できます。そしてバカロレア試験では、日本語を含めた外国語の試験を受けることができます。中等学校では、第1外国語として英語を選択する人が96％となっています。残りは、ドイツ語が2.5%、スペイン語は1%です。中学校から積極的に外国語を習得したい生徒のためのバイリンガルコースがありますが、こちらに在籍する生徒は約15%です。普通・技術高校では6%（20万人）弱の生徒に限定された「エリートコース」といえます。また富裕層及び女子生徒が多いです。普通コースにおける第2外国語学習者は、8割います。職業高校では、3分の1の生徒しか第2外国語を継続していません。第2外国語で最も人気が高いのはスペイン語（74%）、次にドイツ語（15%）となっています。普通・技術高校生の3.6%しか第3外国語を選択していません。約6万人の生徒となり、その3分の1はイタリア語を選択しています。残りの18%が中国語、14%がスペイン語です。日本語は5,000人以下の7%未満が選択しています。そのほかロシア語や、地域語、アラビア語、ポルトガル語と続きます。

中学2年生は、選択でラテン語を学べます。約16%の生徒が選択しています。古典ギリシャ語はさらに低く、1%未満となっています。高校1年生では、普通・技術高校の3%未満がラテン語を、0.7%が古典ギリシャ語を継続して選択します。ですが高校2～3年生では0.2%、0.1%とさらに希少となります。

Q7　厳格な教育課程主義と授業時間数

2019年の改正教育基本法から、義務教育年齢が3歳からになりましたが、保育学校は、それ以前から知育の場として位置づけられてきました。保育学校（école maternelle）は、社会化と知育の両方が目的とされていることから、初等教育教員として同じ免許状を取得した小学校の教員と一緒に学習指導要領に従って授業計画を作成します。19世紀来、女性の解放と児童の社会性を身につける場所（保育所salle d'asile）として確保され、整備されていきますが、1881年のJ.フェリー法以降、小学校と同等資格者である初等教育教員が保育学校でも教えるようになります。興味深いことに、当時小学校以上はすべて男女別学ですが、保育学校は当初から共学でした。ただし教員は女性のみとされていました。なお現在、初等教員の8割が女性です。2016年の新学習指導要領では保育学校の3歳から5歳の3年間を初期学習期と呼んでいます。学習期の考え方は、児童の学習集団編成の仕組みとして、①年齢別学級編制、②担任持ち上がり制、③一人の教員による同一学習期内の異年齢児童の担当、④進度別グループ編制の4つがあり、各校の判断で柔軟にこれらを組み合わせることが認められます。またこの学習期内では、1回限りの原級留置（留年）とし、留年防止策としていること、児童の学習リズムに応じた学びの保障を進めるために導入されています。小学校の1年から3年生を第2学習期、小学校4年から中学校1年生を第3学習期、そして中学校2年から4年生を第4学習期としていて、同じように留年を回避し、教科などの得意不得意に応じ、年齢別学級編制を個に応じた組み合わせを認めています。こうした個別化教育が1990年代以降進められてきました。

中等教育は、4年間の中学校と、3年間の高校の7年間からなります。中学校は、小学校の高学年（4、5年生）と中学校1年生が同一学習期に位置づけられたため、近年では小学校教員と中学校教員の連携会議が設置され、留年を抑えるよう、教授法を含めた情報交流や、フランス語と数学を中心に中学校教員が小学校の授業に参加するなどさまざまな取り組みが実践されています。また小学校最終学年の5年生は、校区の中学校に授業見学をすることもしばしば慣例となっています。

教育課程基準（教育の一般組織・共通規定）L311

1条：就学期間は、学習期に組織し、年間進度及び評価基準を含む各学習期の教育の目的及び全国教育課程基準を定める。

②教育課程は、児童生徒の平等及び成功を保障するために、各学習期の期間中の及び就学期間全体にわたる教育の継続性をもって、児童生徒の多様性に合わせて調整する。

普通・技術高校1年生は、週26.5時間、年36週の授業時間数となっています。フランス語（4）、地理歴史（3）、外国語（2つで5.5）、経済社会（1.5）、数学（4）、物理化学（3）、生物地学（1.5）、体育（2）、公民道徳（18時間／年）、IT（1.5）＋選択科目＋進路指導54時間／年となります。

ここでは、普通高校の2－3年生の授業時数のみ紹介します。詳細はホームページ（https://www.education.gouv.fr/bo/15/Special6/MENE1512898A.htm）で

表6.4　保育学校から中学校までの４学習期と高校

３歳から５歳	６歳から８歳	９歳から11歳	12歳から14歳	15歳から17歳
第１学習期	第２学習期	第３学習期	第４学習期	学年生
保育学校	小学校１～３年生	小学校４・５年生と中学校１年生	中学校２～４年生	高校１～３年生

表6.5　小学校1～3年生の授業時数

教科	授業時間数	
	年間（h）	週平均時数（h）
フランス語	360	10
数学	180	5
外国語または地域語	54	1.5
体育	108	3
芸術	72	2
世界／道徳・公民	90	2.5
合計	864	24

表6.6　小学校4・5年生の授業時数

教科	授業時間数	
	年間（h）	週平均時数（h）
フランス語	360	10
数学	180	5
外国語または地域語	54	1.5
体育	108	3
芸術	72	2
世界／道徳・公民	90	2.5
合計	864	24

表6.7　中学校1年生の授業時数

教科	週の授業時間数（h）
フランス語	4.5
数学	4.5
地理歴史／道徳・公民	3
外国語	4
地球生命科学／物理・化学	3
体育	4
芸術（美術）	1
（音楽）	1
フランス語と数学の学習支援	1
「宿題完了」	生徒の必要に応じて
合計	26

＊週26時間のうち、3時間を補完的な補習時数あるいは、横断的授業として数えること。

表6.8　中学校2～4年生の授業時数

教科	週の授業時間数 2年生（時間／週）	週の授業時間数 3年生（時間／週）	週の授業時間数 4年生（時間／週）
フランス語	4.5	4.5	4
数学	3.5	3.5	3.5
地理歴史／道徳・公民	3	3	3.5
第1外国語	3	3	3
第2外国語	2.5	2.5	2.5
地球生命科学	1.5	1.5	1.5
物理・化学	1.5	1.5	1.5
テクノロジー	1.5	1.5	1.5
体育	3	3	3
芸術（美術と音楽）	1＋1	1＋1	1＋1
合計	26＊	26	26

＊職業発見は、課外で実施すること。週26時間のうち、4時間を個別学習あるいは、横断的授業として数えること。

表6.9　普通高校（経済社会系：ES、文系：L、理数系：S）

教科	2年生（時間／週）	3年生（時間／週）
フランス語／哲学	フランス語4	哲学4
地理歴史	3	3
第1と第2外国語	4.5	4
理科	2	2
体育	2	2
公民道徳＋進路指導	18時間／年＋54時間／年	18時間／年＋54時間／年
	2年生：各科目3	3年生：各科目6
専門科目 （2年生3科目、3年生2科目）	芸術、生物、地歴・政治、文学、古典、数学、情報、物理・化学、地学、エンジニア、社会経済など	美術、生物、地歴・政治、文学、古典、数学、情報、物理・化学、地学、エンジニア、社会経済など
選択科目	第3外国語、古典、体育、芸術、手話、乗馬、社会文化活動、うち1科目（3）	AグループとBグループから1科目ずつ（3+3）

確認できます。

また、「国公立学校の年間平均授業時間数」の各国比較を巻末資料に掲載しています。たとえば、初等教育では、日本の778時間に対し、ドイツは900時間、フランスは958時間となっています。そして、前期中等教育では、日本の890時間に対し、ドイツは900時間、フランスは1,237時間となっています。ちょっと意外な結果かもしれません。西欧諸国と比べて、日本の授業時間数は決して多くはないのです。そして、フランスは、授業期間と休み期間のメリハリがはっきりしているのが特徴となります。

授業時間配当は、週当たり時間数で定められ、1単位時間は60分です。たとえば外国語は中学生で第1外国語は週3時間のため、週180分行われています（ただし、フランスでは学校ごとに1単位時間を自由に編成できます。日本の1単位時間は、小学校の45分と中学校及び高等学校の50分とは異なります）。

学年暦は、9月から翌年7月第1週までの36週です。初等教育では、日本と同じ3学期制を基本としますが、フランスの特徴は、7週おきに2週間未満の休みが入ることです。第1学期は9月から12月のクリスマス休暇まで、第2学期は1月からイースター（4月ないし5月）の春休みまで、第3学期はイースターから7月第1週までです。

表6.10　小・中・高校の休暇（2025年度）

	A地域	B地域	C地域
学年始	9月1日		
秋休み	10月18日から11月2日まで		
クリスマス休み	12月20日から1月4日まで		
冬休み	2月7日から2月22日まで	2月14日から3月1日まで	2月21日から3月8日まで
春休み	4月4日から4月19日まで	4月11日から26日まで	4月18日から5月3日まで
夏休み	7月4日から		

出典：毎年、フランス国民教育省ホームページに掲載。

学期ごとに成績表に点数とコメント欄に評価が記載されます。この成績評価によって進級判定会議が開催され、判定結果がクラス代表から各生徒に伝えられます。判定に不服がある場合は異議申し立てを行うことが可能です。また毎学期末に三者面談が実施されています。ここでも成績評価等について相談を行ったり、保護者の希望や教員からの要望が示されたりします。こうした生徒を介して成績が伝えられることや、保護者を含めた異議申し立ての仕組みについては、映画『パリ20区僕たちのクラス』に描かれていますので、ぜひ興味がある人はご覧ください。

Q8　高校の種類と内容はどうなっていますか？

高校進学に際して、入学試験はなく、書類審査（成績）によって希望する学校に入学できます。中学校修了国家免状（DNB《デエヌベ》）という試験がありますが、進学の条件にはなっていません。DNBは県の認定試験ですが、高校入学の管轄は地方にあるためです。とはいえ、2016年から新学年が始まる9月にこの免状の授与式を各学校で実施することになりました。全員が受験していませんし、全員合格していませんが前期中等教育段階の資格として社会的な意味は大きいことを県としても国としても授与式を実施することで象徴したいのだと考えます。ちなみに1936年までは小学校修了証（CEP）があり、1947年に前期中等教育修了証（BEPC）が作られましたが、1975年のアビ改革による統一中学校の設置に伴い、1981年にそれに代わるものとしてDNBが作られました。2005年から義務教育課程の共通基礎を測る試験として現行のものとなります。2022年現在は、フランス語、数学、地理・歴史、科学の筆記試験と、口頭試験（美術、芸術、キャリア、市民・健康、総合の中から1つ）を受験します。また平常点も加味されています。合格率は9割程度に上ります。

中等学校段階では、高校から分岐しています。普通課程、技術課程、職業課程に分かれています。いずれも入学時の試験はありませんが、卒業時に全国統一試験（バカロレア）があります。普通課程は、大学進学を目指します。技術課程は、技術系の高等教育機関を目指します。職業課程は、半数以上は就職しますが、短期の高等教育機関への進学を目指す人もいます。普通高校に5割5分、技術高校に2割5分、職業高校に2割の割合で進学します。

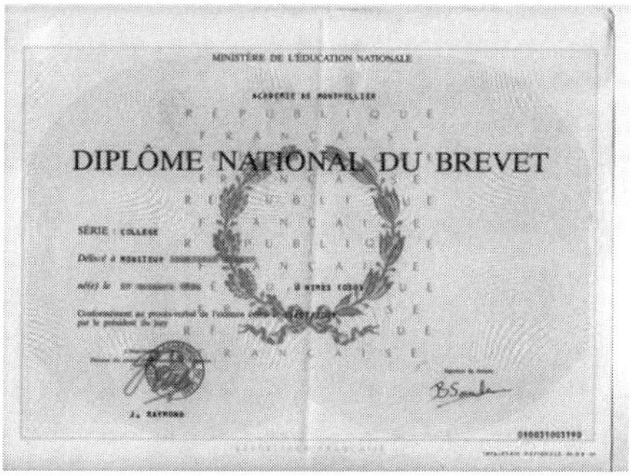

中学校修了国家免状

高校の1年目は共通課程となっています。高校2年から、普通高校は、最近までは3つの系（文系、経済・社会系、理系）に分かれていましたが、2019年度より3つの系の代わりに、共通教科と個々の関心に応じた選択による専門教科とを履修することになりました。共通教科として第2学年で、フランス語、地理・歴史、外国語（2言語）、体育、科学、道徳・公民、第3学年で哲学、地理・歴史、外国語（2言語）、体育、科学、道徳・公民です。専門教科は、第2学年3教科（各週4時間）、第3学年で2教科（各週6時間）となっています。高校3年の終わりに普通バカロレア（国家試験）を受け、約8～9割が合格し、ほぼ全員が高等教育に進学します。技術高校では、工業・持続可能な発展系（STI2D）、実験科学系（STL）、マネージメント・経営系（STMG）、健康・福祉系（ST2S）、デザイン・応用芸術系（SDT2A）、ホテル業・外食産業系（STHR）、音楽舞踏系（TMD）、能楽・生物系（STAV）の8つの系に分かれています。技術バカロレアを受け、約8～9割が合格し、取得者のうち約8割が進学します。職業高校では、工業系と商業・サービス系に分かれています。2年課程の200種類ある職業適格証（CAP）を目指す生徒もいますが、近年は職業バカロレアを目指す生徒が大半を占めます。職業バカロレアには約100種類の資格・職業につながる教育課程が用意されていますが、この課程には中学校までの成績等によって進路選択が行われていて、なかには狭き門として名声のある職業高校（職人的な課程）もありますが、成績不振者のための課程として不人気でもあり、不本意入学者も少なくないです。とはいえ、この職業バカロレアは1985年に制定され、最も新しい国家試験であり、近年は取得率も高く、また取得後は就職者が多く、一部は高等教育への進学者もみられ、敗者復活的な要素もあります。

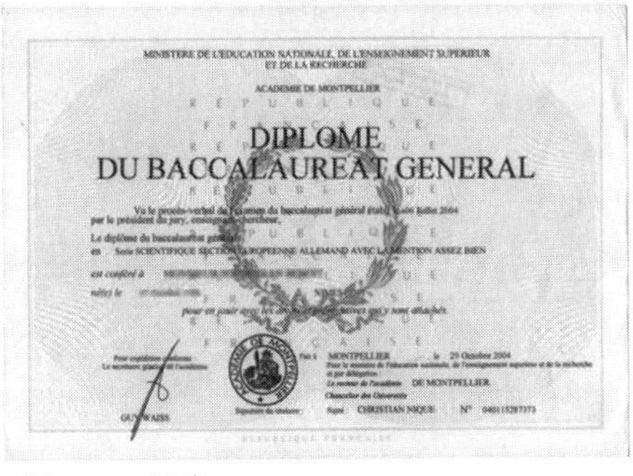

バカロレア証書

バカロレアは1808年に制定された全国統一国家試験であり、毎年学年末に開催されます。受験回数、年齢制限はありません。毎年、最年少は13歳か14歳と若く、飛び級制度によるギフテッドな生徒が取得しています。試験は、論述式筆記試験と一部口述試験があります。20点満点中10点以上で合格となります。1990年頃まで、取得率も3割と抑えられていたため、伝統と威信に満ちた国家資格とされていました。また、フランスでは20点満点は存在しないというほど稀で、厳格な評価が実施されてきました。近年、バカロレア取得率が8割を超え、また特記評価という名誉評点が増えています。

たとえば、2022年6月15日に実施された普通バカロレアの「哲学」試験問題では、次の3つのうちから1つを選んで解答せよという問いです。

1. 芸術活動は世界を変えるか
2. 正義を決めるのは国家か
3. A＝A.クールノー著『知識の根拠と哲学的批判の性質についてのエッセー』（1851年）の抜粋テキストを解説せよ。

☞**映画情報**「奇跡の教室 受け継ぐ者たちへ（Les héritiers）」マリー＝カスティーユ・マンシオン＝シャール監督（2014年）：職業高校の生徒、なかでも移民出自の若者の歴史観や学ぶ姿勢が変化していく様子に注目。

「パリ20区　僕たちのクラス（Entre les murs）」ローラン・カンテ監督（2008年）：フランス語教師とある中学生の１年間の奮闘ぶりを描いている。

「12か月の未来図（Les Grands Esprits）」オリヴィエ・アヤシュ＝ヴィダル監督（2017年）：パリ郊外の中学校に異動となったエリート高校のフランス語教師の心の変化に注目した映画。

3　特別な教育課程

次に、世界で最初に特別支援専門の学校を設立したフランスの現在の特別支援教育とヨーロッパでいち早く外国人のためのフランス語教育を施し、1980年代以降では欧州評議会のモデルとなったフランスの事例について見てみましょう。

Q9　インクルーシブ教育が進んでいますが、特別支援教育はありますか？

巻末の学校系統図にあるように、国民教育省の管轄に特別支援学校はありません。特別支援教育として、通常学校内に、特別支援・適応学級（ULIS、UPI、UPIpro、SEGPA）が存在します。約43万人（総生徒数の3.3%）がこの恩恵に与っています。支援学級に在籍する生徒は約1万人と少なく、多くは通常学級に在籍します。そのため、約13万人の支援員（AESH）が、個別の支援に携わるために雇われています。こうした障がい児の包摂に向けて、全教員養成課程において、25時間の障がい児に向けた教授法の授業を受けることになっています。あるいは、166ある医療社会系のチームと連携を組むことになっていて、必要に応じて来校し、医療的な支援が受けられます。2022年度から全国で、包摂経過書を障がい児一人ひとりに作成することになりました。個別の就学計画を、学校関係者と医療関係者が連携して義務教育期間保証するものです。さらに国民教育省とは別に、厚生省管轄の医療教育施設（EMS）が全国に1,342施設（約7,700人）あります。約6歳から20歳を対象としていて、教育（旧IMP）と職業訓練（旧IMPro）を担った施設があります。また全寮制もあります。これらは重度および重複障がい児を主に受け入れています（特別支援教員資格D取得者が担当）。1975年の障がい者基本法を経て2005年の障がい者の権利に関する法以来、基本的には校区の通常学校に包摂することが求められています。

☞**一般情報**：https://eduscol.education.fr/1137/ecole-inclusive

☞**通達**（2019年6月5日付）：
https://www.education.gouv.fr/bo/19/Hebdo23/MENE1915816C.htm?cid_bo=142545

☞**パリ大学区の連絡先**：
https://www.ac-paris.fr/service-de-l-ecole-inclusive-121894

☞ザフラン「成績がすべてではない」園山編『フランスの社会階層と進路選択』勁草書房、141-149頁

☞**映画情報**「野性の少年（L'enfant sauvage）」フランソワ・トリュフォー監督（1970年）：障害児教育の始まりとされるアヴェロンの野生児の記録を基にした映画でトリュフォー自身が演じたモノクロ映画である。

☞J.M.G.イタール著、中野善達・松田清訳『新訳アヴェロンの野生児：ヴィクトールの発達と教育』福村出版、1978年

Q10　外国人には特別な教育はありますか？

先述のとおり教育義務の国ですが、子どもの学習権は守られています。した

がって、公立あるいは私立の学校か、ホームエデュケーション（éducation à domicile、instruction dans la famille）を選ぶか選択肢は認められています。特に遠隔教育（通信教育）も認められ、充実しています。外国籍の場合も、住民票のある学齢期の青少年には、必ず学習保障の監視のため、市（区）役所を通じて教育委員会から連絡があります。地元の学校に登録したい場合は、市役所を通じて学区の学校の紹介があります。また教育委員会の外国語話者のための窓口を紹介されることもあります。いずれにしても、教授言語であるフランス語が話せない場合は、「新規他言語話者と移動生活者の子どもの就学のための大学区センター（CASNAV《カスナヴ》, Centre académique pour la scolarisation des enfants allophones nouvellement arrivés et des enfants issus de familles itinérantes et de voyageurs）」を通じて、フランス語能力と基礎学力のテストを受けることになります。面談を通じて、入国以前の学業成績、在籍証明書をもとに、年齢相応の学年に登録することになります。フランス語が初心者である場合の、特設ユニット（UPE2A《ユペウドゥザ》）にて、フランス語の特訓も受けられます。入国以前に学校経験がない児童生徒については、さらに特別なプログラムを用意したユニットに登録されます。これら受け入れ先の学校に特設ユニットがない場合も、センター方式によって、同一市（区）内の特設ユニットへの取り出しによる受講が勧められています。

☞**各大学区の連絡先**：
https://eduscol.education.fr/document/11600/download?attachment
☞**通達**（2012年10月2日付）：
https://www.education.gouv.fr/bo/12/Hebdo37/MENE1234234C.htm?cid_bo=61527
☞**一般的な情報**：https://eduscol.education.fr/1201/casnav
☞**映画情報**「バベルの学校（La cour de Babel)」ジュリー・ベルトゥチェリ監督（2014年）：パリに実在する外国人の生徒（UPE2A）の１年間の成長を描いたドキュメンタリー。

なお、フランス語教育には、FLE（Français Langue Étrangère）外国語とし

てのフランス語、FLM（Français Langue Maternelle）出身言語（母語）としてのフランス語、FLS（Français Langue Seconde）第2言語としてのフランス語、FLSco（Français Langue de Scolarisation）就学言語としてのフランス語などがあります。それぞれ教材や資格も異なるため、注意して受講してください。

また、フランス語を話さない親のフランス語教育（Ouvrir l'école aux parents pour la réussite des enfants: OEPRE）も施されています。2007年から毎年フランス全国の500近い、主に小学校で1万人近くの保護者を無償で受け入れています。児童生徒同様に、非正規滞在者にも開かれています。パリ市では、市独自の事業として成人を対象とした識字教室も用意されています（パリ市：https://www.paris.fr/pages/apprendre-le-francais-a-paris-7915）。

☞ https://eduscol.education.fr/2187/ouvrir-l-ecole-aux-parents-pour-la-reussite-des-enfants

人気があるものとしては、パリ成人学校（SCAP）があります（https://www.paris.fr/pages/cours-municipaux-d-adultes-205）。パリ市内の140の小学校や中学校の施設内で実施されています。18歳以上の誰もが登録できます。職業参入に向けた職業訓練課程もあります。とても安いのが魅力です。フランス語のみのコースも用意されています。初心者向きも充実しています。あるいは外国語のコースもあります。日本語コースもあります。本部のパリ市14区の校舎は、バカロレアの学び直しの成人コースもあります。フランスで唯一の市立夜間高校です（https://www.paris.fr/pages/le-lycee-d-adultes-a-decouvrir-le-26-mai-5812）。高校を中退した、働きながら学びたい人を対象に平日の18～22時の時間帯と土曜日の午前に授業があります。バカロレア普通課程を2年間履修することができます。詳細は、以下のサイトを参照ください（https://www.lyceedadultes.

fr/；日本語では、園山（2023）を参照ください）。

4　高等教育

フランスの高等教育は、大学とグランゼコールの2本立てとなります。大学は、高校終了時に受験するバカロレア試験に合格した者が進学することになります。グランゼコールは、直訳すると大学校となり、日本の防衛大学校などのように、省庁直轄の古くは高級官僚養成校となっています。これらに入学するためには独自の試験に合格する必要があり、一般的には高校附設のグランゼコール準備級に2年間通ってから試験を受けます。また本節では、大学院課程である教員養成と教員資格についても触れたいと思います。

Q11　複雑な高等教育機関

バカロレア取得者は、すべての高等教育機関に進学できます。大学は、独自の入学試験を課していませんが、書類による選抜を行う場合があります。毎年電子申請ですが、自身の希望する学部を選択し、10ほどの希望を登録します。志望動機も提出します。登録後大学から受入の結果が通知され、正式に登録をすることになります（田川 2021）。

他方、エリート校と呼ばれるグランゼコールに入学したい人は、グランゼコール入学試験のための高校付設の準備級（CPGE《セペジェウ》）に登録します。こちらは選抜試験があります。高校の担任から推薦書を提出する必要があります。グランゼコール準備級は2年間の予備校にあたります。進学希望のグランゼコールの試験に向けた受験勉強をします。グランゼコールは、古くはナポレオンによって創設された伝統のある理数系および文系の学校です。「大学校＝グランゼコール」は、各省に1校設置された、官僚養成学校の歴史があります。現在では、卒業後に民間企業に就職する人も増え、その役目は変容しています。それでも、各界のエリートの多くがこうしたグランゼコール出身者とされ、フランスのリーダーの育成を担っているとされています（園山編 2021a: 第4部）。

大学は、800年ほどの歴史がありますが、比較的新しくできた新制高等教育機関もあります。技術短期大学部（IUT《イユテ》）あるいは、上級技手養成短期高等教育課程（STS《エステエス》）なども高等教育人口のうちの40万人を占めていて、高等教育の大衆化を招いたとされています。現在、これらの資格は、学士課程まで延長され、それぞれ学士号や職業学士を取得することができます。さらに職業修士への進学も可能となります。

まとめると、高等教育進学者（294万人）のうちの6割（166万人）が非選抜型と言われる大学に在籍し、うち4%（11万人）がIUTに在籍します。4割の選抜型のうち、8%（23万人）がSTS、3%（8万人）はグランゼコール準備級、6%（18万人）は大学外のエンジニア学校、8%（24万人）は商業・経営・会計専門学校、5%（14万人）は医療福祉補助関連学校、その他1割となっています。

高等教育の進学率は、女性のほうが高く、医学などでも6割以上が女性です。女性が4割未満なのは理学のみです。博士課程でも、大学の合計で女性率は48.2%です。EU平均よりも高い修了率となっています（園山編 2021a）。

☞**映画情報**「一発逆転のディベートレッスン（Le Brio）」イヴァン・アタル監督（2017年）：パリ大学の法学部を舞台に、移民出自の女子学生と教授との関係を通じてフランスの大学の文化、女性・移民差別について知ることができる映画。

Q12　教員・養成・免許について教えてください

1990年まで小学校教員（instituteur）と中等教員（professeur）は別の職団として区別され、また、先ほど少し触れたように、中等教員のなかも、セルティフィエとアグレジェ（上級中等教員）とが区別、差別化された職位でした。とはいえ、1977年以降、フランスでは、学校とは、保育学校、小学校、中学校、普通・技術高校、職業高校の5つを指すことになりました。普通と技術課程の高校は、同じ校舎であることが多く、あわせてひとつの高校とされています。職業高校は独立した建物で、一般的に大型機械などを要することや、企業との連携を要するため校地校舎は普通・技術高校と別に設置されます。

初等教員は、保育学校と小学校の両方で教えることができます。中学校と普通・技術高校の技術科目（CAPLT《カペエルテ》）以外は、同一の教科毎の教員資格（CAPES《カペス》）で教えます。職業高校は、2教科制の教員資格（CAPLP《カペエルペ》）が必要となります。また体育教員は体育大学にて免許（CAPEPS《カペプス》）を取得します。

男女差については、1967年までは男女別に定員が設定されていました。そして1975年までは男女別の採用試験が実施されていたため、合格者数における操作が可能でした。それ以降はセルティフィエ（一般教員）では女性比率が大きく上昇し、アグレジェ（上級教授）では一定程度に抑制され、2つの集団の隔たりはその後も続いています。ただ、この60年代から90年代にかけて中等教育の拡大に応じた教員数の拡大に、女性教員の貢献が大きかった点は間違いありません（園山編 2022）。

1990年に、師範学校と大学で分けて行われてきた初等と中等教員の養成は、教員養成大学院（IUFM《イユエフエム》）に統合しました。このIUFMは、大学区に1校ずつ計31校（本土26校、海外県4校、海外領1校）設置されます。この制度改革の目的のひとつは、初等と中等の教員文化を統合すること、社会的地位を同一に（学士以上の教員（professeur）という呼称に統一）することにあります。改革を受け、初等と中学校の教員志願者には、複数教科を担当することができるよう隣接分野の学習が奨励されました。加えて大学は、多領域にまたがる専攻の修士課程を設置することとされました。修士課程に所属しながら、IUFMに登録することが可能となることで、より多くの志願者を募ることができました。教員志願者には、心理学、社会学、哲学、経済学など教員の職務遂行に有益な科目の受講が奨励されました。大学に付設することで師範学校時より社会科学の科目提供が可能となりました。これにより、大学学士課程（3年制）における教科の内容に係る基礎知識の習得とIUFMにおける教職に係る知識・技能の習得との間にいっそうの連続性を持たせることが実現されました。

さらに2013年7月27日付省令にて、教職・教育高等学院（ESPÉ《エスペ》）の教職修士課程（MEEF《メエフ》）が制定されます。大学修士課程と教職修士課程第1学年における養成内容として、学習環境に応じた教職の専門性、対暴力への予防的な学級運営、障害を始めとした多様な生徒への心構え、学習困難な生徒などへの対応が重視されています。

教員志願者には、2015年3月31日付政令で次の3点が定められました。そこではまず、教育の「共通基礎知識文化技能」の内容を完全習得させること、次に倫理の原則を遵守した教育実践、特にライシテ（非宗教性）、差別との闘い、男女平等の文化について注意すること、さらに、横断的なテーマ（市民性、文化芸術活動、環境教育、持続可能な教育、健康教育など）を深めることに注意が注がれることがあげられています。

2019年7月26日付の教育基本法からは、ESPÉは国立教職・教育高等学院（INSPÉ《インスペ》）に名称変更がされます。新たな変更点は、修士2年目か、すでに修士号取得者が入学要件となります。これによってINSPÉ在学者は大学院生の身分のみとなり、試補教員の資格を失います。そして実習生となるには、修士号を取得していなくてはならないことになりました。つまり、教員の質の向上を学位の水準の実質「修士」に合わせたことになります。1990年のIUFMでは学士以上、2013年のESPÉから実質修士課程になっていたため、ようやく実態と学位が一致することになります。

2020年7月24日付省令によれば、第1学年の実習は6週間と定められています。教職課程第2学年（試補研修期間）の課程編成として、INSPÉにおける授業と、観察実習と責任実習（4から6週間）からなります。また最終年度に卒業論文の執筆と審査が実施されます。INSPÉの2年間の授業には、児童心理、学習困難への対応、偏見との闘い、ダイバーシティの運用、共和国の諸価値、インクルーシブ教育、ライシテの原則などがあげられています。これらの内容に関しては、初等と中等教員および生徒指導や国民教育心理相談員（進路指導担当）も一緒に授業を受け、教職アイデンティティの形成に役立てています。

初等教員は、週24時間の授業時数と週3時間（年間108時間）の「それ以外」と定められています。それ以外の年間108時間の内訳は、補習活動（36時間）と補習を計画する活動（24時間）、職員会議（24時間）、教育改善と継続教育（18時間）、年3回の学校評議会の準備（6時間）とされています。

中等教員は、週18時間の授業時数となっています。2014年からアグレジェも授業時数が週15時間に増え、徐々にセルティフィエとの差を縮小し、特権的な地位に変化がみられます。それでも体育教員は最も長く、週20時間の授業と3時間のアソシエーション（NPO）での活動となっています。アグレジェという身分は、1766年から続く歴史があり、第2次世界大戦後は、身分の維持については何度となく論争になりましたが、今に続いております（ヴェルヌイユ 2022）。

2021年度の平均年齢は、初等で42.9歳、中等で44.8歳です。教員不足および教職不人気は日本や先進国に共通した課題とされています。

最後にフランスでは、日本のような定期的な人事異動はなく、場合によっては最初に勤務した学校でそのまま定年を迎えることもあります。もちろん異動の希望を出すことは可能です。勤務成績、勤続年数、家庭の状況や現在のポスト、場合によっては特別な事情（病気）などが考慮され、これらがポイント制で加算され、ポイントの高い人から優遇されて人事異動のシステムに乗せられます。空きポストの状況が毎年公表され、年度末に「人事同数委員会」が、行政当局作成の資料を審査し、この委員会が決定・提案を作成して大学区視学官や地域圏大学区総長に提出する仕組みです。

異動については、初等教員の場合は、教員養成校を卒業後に配属された県の中での異動のほかに、大学区内の他の県に異動することも行われています。中等教員の場合は、大学区内のほか海外県を含む異動が行われます。

校長は、基本的には、教職関係者が大原則で、民間出身の校長は稀です。教師資格の所持は必須となります。初等学校長は、自己申請に基づいた適格性審査による選考が行われます。初等学校長は、形式的な職とされ、生徒の受け入れ、保護者対応、地域との連携、出欠・給食の管理、教職員全体の会議の議長を務めます。校長とはいえ、一般教師の一人であるため、勤務評定権、職員監督権も持ちません。代わりに国民教育視学官が人事管理や視察、指導助言などを行います。施設整備や財政面については市町村が担当します。中等学校での校長の任用は、国家資格試験によります。学校教育機関長として、管理的業務を行う国の代理人です。授業はもたず、さらに副校長が置かれています。地方教育公施設法人として地位を有し、国を代理する校長が指揮する「管理評議会」によって学校運営の意思決定を行います。全職員の監督、安全保障や衛星面の管理、学校秩序の管理、管理運営について報告することや大学区当局や地方公共団体に情報を提供する役割があります。また保護者団体や学校外部との連携を担います。校長の給与は教師の約5割増となっていることや、権限と責務が明確であり、やりがいのある職とされています。2020年度の全国に公立中等学校長および副校長は1万3,572人で、女性の比率は52.3%となっています。

校長の校種ごとの女性比率の内訳で見ると、中学校校長が50%、普通・技術高校校長が32.8%、職業高校校長が41.5%。副校長では、それぞれ60.4%、57.7%、62.2%となっています。

☞**映画情報**「スチューデント（L'Étudiante)」クロード・ピノトー監督（1988年）：ソフィー・マルソー演じるアグレガシオンの試験について描いた映画。

「Le plus beau mētier du monde」ジェラール・ロジエ監督（1996年）：ジェラール・ドパルデュー演じる郊外の移民街の中学校が舞台。

「今日から始まる（Ça commence aujourd'hui)」ベルトラン・タヴェルニエ監督（1999年）：保育学校の校長の奮闘ぶりを描いたドキュメンタリー。

「Fracture」アラン・タスマ監督（2010年）：郊外の中学校を舞台にした困難を乗り越えていく女性教師の姿を描いた映画。

「Un métier sérieux」トマ・リルティ監督（2023年）：中学校教師たちの日常を描いた映画。

5　駐在員に人気がある学校、そして日本国内で学べるフランスの学校

以下、日本人学校、インターナショナル・スクールや日本語が学べる現地校、そして日本国内のフランス政府認定校について紹介します。

Q13　パリ日本人学校は、どんな学校ですか？

ここではパリに在住する日本人が選択できる学校について紹介しよう。まずは、日本語で学ぶことができるのは、日本人学校と補習校ということになります。パリ日本人学校（Institut Culturel Franco-Japonaise）は、1973年に設立された、ヨーロッパでも3番目の歴史のある学校です。1990年に現在のサンカンタン・イヴリンヌ＝モンティニー市に移転し、運動場や体育館を備えた小・中学校です。在外教育施設振興法に基づいた施設であり、日本の学校教育課程に

準じた授業が展開されています。2023年現在、小学校1年から中学校3年までの各学年に1クラスの規模で、全校生徒は170名程度となっています。本校が、パリから移転したころは、日本バブル経済期であったため、生徒数も500名を超えていたそうですが、2019年のコロナ前の200名程度に戻りつつあります。教職員は25名です。文部科学省から出向してきた日本からの派遣教諭が15名います。そのほか現地採用の教諭もいます。本校の特徴は、日本の教育課程に加えて、英語とフランス語の選択外国語にあります。学校の目標にもあります、「グローバル人材の育成を目指した教育の実現」として、外国語の活動や、フランス社会との接点、国際交流・国際親善に努めています。現地理解教育、交流として、社会見学としてパリ市内の美術館や、博物館の見学、遠足、修学旅行（体験学習、宿泊学習）、あるいは現地校との交流を実施しています。昼食はお弁当持参です。パリと学校の間は、通学バスが運行されています。公共交通機関の場合、パリ市内からは30分から40分です。最寄駅から徒歩10分ほどです。ですが、パリの郊外線に子ども一人で通学することは治安上難しいため、親の送り迎えが必要となります。そのため、ほとんどは通学バスを利用します。一部近郊やモンティニー市に在住の方もいるそうです。

現在、入学金（900ユーロ）、授業料（月額小・中学校ともに370ユーロ）、通学バス料金（月額270ユーロ）となっています。お弁当も、当日予約制ですが、学校近くから配達が可能で一食8ユーロの日本食の弁当が用意されているそうです。

2023年10月6日に創立50周年記念式典が開催されました。校舎内に、式典の横断幕など飾られています。校庭には、50周年記念樹も植えられております。この創立記念にあわせて中庭に日本庭園が子どもたちの設計図をもとにつくられました。

フランスでは、近年スポーツの世界大会が開催され、女子サッカーワールドカップ、ラグビーワールドカップ、そして2024年夏は、オリンピック・パラリンピックが開催されたため、さまざまな選手や、代表関係者が訪問し、子どもたちもグローバルな人材育成の機会を得られていました。特にパラリンピアンによる講演会を通じたSDGsの視点による教育活動の推進をされています。

卒業後の進路は、日本への帰国とフランスの現地校、インターナショナル・

スクール、あるいは現地の国際学校など多岐にわたっています。多くは、日本企業の駐在員のため、帰国を想定した進路選択となります。海外歴が長い、あるいは国際結婚家庭のお子さんも、一部いらっしゃいます。そのため、一部日本語の取り出しによる、日本語補習授業も用意しています。一人ひとりの事情にあわせた教育ができるよう、限られた資源の範囲で、丁寧な教育が施されています。在外教育施設振興法では、幼稚園、高等部、特別支援教室などの設置が認められています。パリ日本人学校では、特別支援教諭のニーズはあるため、今後も特別支援のできる教育体制づくりが目指されるよう、文部科学省にはお願いしていくということでした。今日の、海外日本人学校の喫緊の課題と言えると思います。アジアなどの規模の大きい日本人学校と異なり、また発展途上国における小規模な日本人学校とも異なり、欧米にある20数校の日本人学校については、特別支援教育の体制づくりが確保できるか、今後の課題となりそうです。
※2023年11月20日にインタビューに応じていただいた伊藤博校長、田和俊一教頭両先生に感謝いたします。

☞**日仏文化学院パリ日本人学校HP**：http://www.parinichi.com/
☞『在外教育施設教育振興法 法律・基本的な方針等』信山社，2023年

Q14　日本人が通う主な英語の学校とは

パリ市内16区にあるInternational School of Paris（https://www.isparis.edu/）は、日本人の生徒も受け入れている英語を教授言語とする学校です。約50年の歴史があり、幼稚園から高校まで、60の外国出自の700名の生徒を受け入れています。国際バカロレアの認可校であり、日本語も選択科目として選ぶことができます。

英語の学校としては、パリ西側の郊外にあるBritish School of Paris（https://www.britishschool.fr/）や、American School of Paris（https://www.asparis.org/）なども選択肢のひとつです。これらの学校を卒業後に日本の高校や大学を受験することも可能です。

Q15　現地校で日本語を学べる学校はありますか？

パリ16区にあるジャン＝ド＝ラ＝フォンテーヌ中高一貫校では、日本語の学習ができます。第6級（中学1年）から高校終了までバイリンガルコース「日本語学科」に在籍すると第1外国語として英語と日本語を選択できます。フランス政府公認の国際バカロレア（OIB）の受験が可能となります。この場合、日本の「国語」と「地理・歴史」を同時に履修することもできます。また、日本の高校との交流事業として3週間のホームステイなどがあります（https://pia.ac-paris.fr/serail/jcms/s6_224591/fr/en-savoir-plus-sur-le-japonais-a-la-fontaine）。

パリ郊外のサンジェルマン＝アン＝レイ市（https://lycee-international-stgermain.com/）あるいはリヨン市（https://www.apesj.fr/）の国際高校にも日本語学科があります。どちらも国際人の育成に力を入れたフランス公立の学校です。各言語別の学科のみ有償となります。また上述のジャン＝ド＝ラ＝フォンテーヌ同様に国際バカロレア（OIB）のプログラムを受けることができます。

Q16　日本にあるフランス政府公認の学校

フランス語圏から日本に帰国した人あるいは、フランス語圏出身者の人がフランス語の学校を希望する場合は、東京と京都にフランス政府公認の学校があります。東京国際フランス学園（Lycée français international de Tokyo）は、保育学校から高校まで備えています。フランス政府公認のバカロレア試験も受験できる学校です。1967年に暁星高等学校に付設して設置されたのち、1975年に独立した学校として創設されました。総生徒数は約1,550名に上り、125名の教員の下、運営されています。60以上の異なる国籍の児童生徒が通学しています。障がいのある生徒や就学言語としてのフランス語教育（FLSCO）なども整っています。給食や送迎バスのサービスも充実しています（https://www.lfitokyo.org/）。

同様のフランスの在外教育施設が京都にもあります。1997年に設立された新しい保育学校から高校まで備えた学校です。より規模は小さく、1クラスの平均は12人と小規模なのが特徴です（https://www.lfikyoto.org/ja/）。

おわりに

最後に、次の2本の映画を通じてフランスの学校や社会の特長のまとめに代えたいと思います。

①Les petites victoires：メラニ・オフレ監督、2023年

フランスのブルターニュ地方のある村長と学校の物語です。過疎化した村の女性は、村長と小学校教員を兼ねています。フランスには、先述したように過疎地域には単級学校があります。また市町村長に元教員が多いとも言われています。いまでも高等教育を卒業している知的職業として教員は社会評価が高い職業でもあります。信頼された教員や学校という本質は本映画や、先述した『ぼくの大好きな先生』にも共通した点です。近年、教員は社会的地位が低下しているとされていますが、なかでも小学校教員は未だに尊重されていると言えます。同時に、過疎地域における市町村長の成り手が減っていることも重なってこの映画のように、村の住民でもっともスマートで、信用の置ける人が教員であるというのもよく耳にすることです。本映画を通じて、そうしたフランスの学校の美しさや田舎の村社会を理解するヒントになるかと思います。もうひとつ、本映画を推薦する理由は、識字の問題です。フランスでは、約1割の非識字者がいます。この映画にあるように、フランス生まれ、育ちの人にも一定程度の非識字者が存在します。日本でも夜間中学校には、戦前・戦後に読み書きを学ぶことができなかった人や、学び直しを希望する人がいます（例：山田洋次監督『学校』1993年）。そうした識字と学校の関係、学校の統廃合を通じて、人口減少の市町村における学校の意味を考えさせてくれます。少子高齢化社会における学校の意味は先進国に共通した課題です。識字教育、綴り方教育が学校史の基本、中核にあったことを考えると、改めて考えさせられる映画です。フランスの（初等）学校は、特に子どもの個性を伸ばす教育を重視してきました。自由に絵をかいたり、歌ったり、詩を書いたりする、学習指導要領の

範囲で、教員裁量の自由が保障されてきました。本映画でもそうした学校（教員）の本質や意義について、非識字者である高齢の男性を通じて、識字を通じた自分の生きている知の世界の狭さに気が付かせてくれます。その証左として映画の結びで女性教員は、旅にでる決意をします。海外の学校を経験した子どもは、この映画同様に出自文化の学校から異文化の学校の旅にでることで、無限の出会いを楽しんでほしいと考えます。異言語との出会いは、一端は非識字者としての経験で、そのことは辛いことも多いと思います。ですが、言語の学習を通じた成長は、将来の人生において代えがたい経験です。

②La lutte des classes：ミッシェル・ルクレール監督、2019年

パリに隣接するバニョレ市における学校選択と多様性をテーマにしています。郊外における移民との関係、教職員の偏見、公私立校の違い、宗教的な偏見を含めたコメディ映画であると同時に社会派の動揺や、迷いをテーマに描いています。保護者（大人）からみた、社会統合、社会混成を前提としつつも、現代フランスの社会課題を象徴する価値（共和国・ライシテ）の対立をどう乗り越えることができるか。北アフリカ出身の母と音楽家の父を持つ9歳の少年の学校を通じた家族（夫婦）内の対立を描いています。母親は、地元バニョレ出身ですが、成功者であるため、社会上昇移動を通じて自身の価値観や移民街の周りの大人（保護者）との関係に戸惑いがみられます。自身のイスラームの価値観や、白人からみた価値（偏見）と対立や衝突がみられます。イスラーム出身であると同時に白人と生活を営むなかで、イスラーム女性のアイデンティティの揺らぎが描かれています。映画の中でも、たとえば学校は、外の治安から守るために様々なセキュリティーが考えられ、映画が進むにつれて強化されていく様子が描かれています。しかし、映画の最後は、9歳の少年が多民族な生徒のもとに戻って、仲良く過ごすように、子どもたちの心の中には、大人がみるような偏見や先入観はなく、多様な価値が併存し、交差して、より豊かな生き方が育っていることが示されています。

多様性を尊重しつつも、現実の課題にみる文化（宗教）摩擦や衝突について障壁を取り除くのが難しいのは教師や保護者であることが描かれています。映

画を通じて、フランスや欧米社会が抱えている社会統合の課題が理解できます。異文化に育つ子どもの成長を見届けるために、大人（親）にもレジリエンスが必要です。同時に、異文化体験が必要です。自身の出身言語や文化と異なる場所で学ばなければならない子どもを持つ、保護者には少しでも正しい情報を得ることが選択肢を増やすことになることでしょう。

本文が少しでも何かの役に立つことがあれば幸いです。フランスという国やそこに住む人々が、おしゃれだったり、多様なのは、こうした異国から入ってきた人たちと一緒に学んだり、働いたり、暮らしたりする日常の文化摩擦やコミュニケーションによる接近があります。こうした多様性を包摂する学校や教育制度には、柔軟性と規制の両面があります。本書を通じて様々な経験をプラスに転じて、より学びやすい時空間となれば嬉しいです。

参考サイト情報

- 文部科学省：https://www.mext.go.jp/index.htm
- 国際学力調査（PISA、TIMSS）：https://www.mext.go.jp/a_menu/shotou/gakuryoku-chousa/sonota/1344324.htm
- 国立教育政策研究所：https://www.nier.go.jp
- フランス国民教育省：https://www.education.gouv.fr/
- 教育統計：https://archives-statistiques-depp.education.gouv.fr/
- 学校に関する公式解説サイト：https://eduscol.education.fr/
- 国立教育研究所：https://ife.ens-lyon.fr/?
- パリ大学区（教育委員会）：http://www.ac-paris.fr/
- 学年暦：https://www.education.gouv.fr/calendrier-scolaire-100148
- フランス教育行政に関する学会：https://www.afae.fr/
- 教育法典：https://www.legifrance.gouv.fr/codes/texte_lc/LEGITEXT000006071191/2022-12-29（法律全般：https://www.legifrance.gouv.fr/）

デジタル教材に関するサイト情報

- 各学校のHPにおける情報・教材・動画：https://www.edutheque.fr/accueil.html
- 公式なデジタル教材（Edutheque, BRNE）：https://brne.eduplateforme.com/lms/#login
- CNED：Ma classe à la maison、Jules、ほかに数学、英語、独語など：
  - ・https://www.cned.fr/maclassealamaison/
  - ・https://devoirsfaits.cned.fr/JulesV2/login
- 優れた大学区教育委員会HP：
  - ・ストラスブール：https://www.ac-strasbourg.fr/pedagogie/dane/
  - ・ナンシー・メス：https://dane.ac-nancy-metz.fr

さらに深めたい人のための参考文献

園山大祐・辻野けんま（編）（2024）『世界の学校』放送大学振興会.

園山大祐（2023）「早期離学と進路保障」宮本みち子（編）『若者の権利と若者政策』明石書店, 40-63頁.

園山大祐（監修）（2022）『教師の社会学：フランスにみる教職の現在とジェンダー』勁草書房.

ヴェルヌイユ・イヴ（小畑理香訳）（2022）「アグレガシオンと教授能力」園山大祐（監修）『教師の社会学』勁草書房, 73-106頁.

園山大祐（編）（2021a）『フランスの高等教育改革と進路選択：学歴社会の「勝敗」はどのように生まれるか』明石書店.

田川千尋（2021）「高校から高等教育への進路選択システム」園山大祐（編）『フランスの高等教育改革と進路選択』明石書店, 105-122頁.

園山大祐（編）（2021b）『学校を離れる若者たち：ヨーロッパの教育政策にみる早期離学と進路保障』ナカニシヤ出版.

園山大祐（編）（2018）『フランスの社会階層と進路選択：学校制度からの排除と自己選抜のメカニズム』勁草書房.

園山大祐（編）（2016）『教育の大衆化は何をもたらしたか：フランス社会の階層と格差』勁草書房.

園山大祐（編）（2012）『学校選択のパラドックス：フランスの学区制と教育の公正』勁草書房.

渡邉雅子（2021）『「論理的思考」の社会的構築』岩波書店.

フランス教育学会（編）（2018）『現代フランスの教育改革』明石書店.

フランス教育学会紀要（年1回9月発行）.

日仏教育学会年報（年1回3月発行）.

AFAE（2022）*Le Système Éducatif Français et son administration*, AFAE.

Albertini Pierre（2014）*L'Ecole en France*, Hachette.

Auduc Jean-Louis（2020）*Le système éducatif français aujourd'hui*, Hachette.

Auduc Jean-Louis（2018）*Le système éducatif français*, Nathan.

Dalloz（2023）*Le code de l'éducation*, Dalloz.

Garnier Bruno（2015）*Les grands enjeux du système éducatif français*, Dunod.

Knittel Fabien et Castets-Fontaine（2015）*Le système scolaire en France du XIXe siècle à nos jours*, Ellipse.

略語一覧

AESH（Accompagnant d'élève en situation de handicap）障がい児童生徒のための支援員

ARS（Allocation de rentrée scolaire）就学手当

BEPC（Brevet d'études du premier cycle）前期中等教育免状（1947年－1977年）→DNB

CAP（Certificat d'aptitude professionnelle）職業適格証

CAPES（Certificat d'aptitude au professorat de l'enseignement du second degré）中等教育教師適性証書

CASNAV（Centre académique pour la scolarisation des enfants allophones nouvellement arrivés et des enfants issus de familles itinérantes et de voyageurs）新規他言語話者と移動生活者の子どもの就学のための大学区センター）

CEP（Certificat d'études primaires）小学校修了証

DA-SEN（Directeurs des services départementaux de l'Éducation nationale française）大学区国民教育事務局長

DNB（Diplôme national du brevet）中学校修了国家免状
ELCO（Enseignements de Langue et de Culture d'Origine）出身言語と文化の教育
EMS（Établissements médico-sociaux）医療社会施設
EPLE（Établissement public local d'enseignement）地方教育公施設法人
ESPÉ（Écoles Supérieures du Professorat et de l'Éducation）教員養成高等学院（2013年創設）→2019年からINSPÉ
IA-IPR（Inspecteurs d'académie-Inspecteurs pédagogiques régionaux）大学区視学官（1964年―）
IGEN（Inspection Générale de l'Éducation Nationale）国民教育総視学官（1802年－）
IGAENR（Inspection Générale de l'Administration de l'Éducation Nationale et de la Recherche）国民教育行政総（中央）視学官（1965年－）
IMP（Instituts médico-pédagogiques/ Institut médico-éducatif）教育医療施設
IMPro（Institut médico-professionnel）職業医療施設
INSPÉ（Instituts Nationaux Supérieurs du Professorat et de l'Éducation）国立教職・教育高等学院（2019年―）
IUFM（Instituts Universitaires de Formation des Maîtres）教師教育大学院（1990年－2013年）→ESPÉ
IUT（Institut Universitaire de Technologie）大学附設技術短期大学
MEEF（Métiers de l'Enseignement, de l'Éducation et de la Formation）教職課程（修士課程）
SEGPA（Section d'Enseignement Général et Professionnel Adapté）普通職業適応教育科（1996年創設）
STS（Section de technicien supérieur）上級技手養成短期高等教育課程
ULIS（Unités localisées pour l'inclusion scolaire/Unité locale d'inclusion scolaire)）障がい児のためのインクリュージョン教育単位（2015年－）→旧CLIS（小学校）、UPI（中等学校）
UPI（Unité pédagogique d'intégration）統合教育単位（中等学校）
UPIpro（Unité pédagogique d'intégration professionnelle）職業課程の統合教育単位（職業高校）
UPE2A（Unité pédagogique pour élèves allophones arrivants）新規他言語話者生徒のための教育単位（2012年－）

コラム5
海外における子どもの教育

石村 清則

海外駐在において大きな課題となるのは、子どもの教育についてです。どのような学校を選択すべきか、出発までの準備は、滞在中のサポートは、帰国してからの適応は等、考えることが山ほどあります。私はパリにあるインターナショナルスクールに38年間勤務し、多くの日本人生徒を見てきました。その経験から学んだ知識をお伝えしたいと思います。

【学校選択】

まず学校選択ですが、国にもよるでしょうが、大きく分けると以下の3種類になります。

①現地校

②インターナショナルスクール

③日本人学校または日本の学校の海外校

現地校のメリットは、現地の言語や文化をしっかりと学べることであり、学費も比較的低めであることです。反面、学校によって差が大きく、外国人に慣れていないときもあり、適応が難しい場合があります。現地校に関しては、できる限り多くの情報を集め、受け入れ体制を確認すべきです。

インターナショナルスクールにはいくつかの種類があります。現地校系、アメリカ・イギリス系（英語圏系）、独立系が主ですが、多くの学校は英語を教育言語としていて、学費も高めです。生徒の国籍は多彩で国際的環境が望め、採用しているプログラムもIB（国際バカロレア）等の国際的に通用するものがあります。

日本人学校の良い点は、日本とほとんど変わらない教育内容を受けられることです。駐在期間が短かい場合（2年未満等）は有効な選択肢です。ただお子様の学年が上がっていて、滞在も3年以上に渡る場合ですと、この機会を生かし異文化体験により大きく成長し、英語力（現地の言語も）を伸ばし、どの国でも通用するような資格を取っていくのが望ましいと考えます。私の勤務校でも、3年程度の滞在で英語力を伸ばし、IBのDP（ディプロマプログラム）を取得し、日本の大学のみならず世界中の大学に進学した生徒が数多くいます。

【出発前の準備】

出発前の準備としては、英語を聞く力を伸ばすことが大切です。新たな環境で一番のストレスとなるのは、何を言われているのかわからないことです。出された課題の内容や、先生の言っていることがある程度わかるまでに6か月程度はかかります。そして、自分の力で課題ができるようになるには一年程度の期間が必要です。

聞く力をつけるには、高学年ならば、日本にいる時に2か国語放送を活用して、英語でニュースを繰り返し聞くと良いです。似た内容を何度も聞いていると、自然と理解が進みます。また日本の好きな映画やアニメがあれば、英語吹き替え版を入手して何度も観て下さい。内容を知っているだけにわかりやすく、英語を聞く耳が育ちます。これは低学年のお子様でも同様です。たとえばよく知っているであろう「となりのトトロ」の英語吹き替えアニメを何度も観るのは役に立ちます。そのような方法で耳を慣らしておくことが大切です。

高学年のお子様でしたら、編入した学校で英語のエッセイを書かされることが増えます。そのための準備として、大学生や大学院生用に書かれた「英語エッセイの書き方」といった参考書を1冊入手して下さい。大きな書店ですと数種類置いてあるはずですので、自分で手に取ってわかりやすそうなものを選択して下さい。エッセイの構成の仕方や接続詞の使い方、結論の効果的な書き方等の実践的なことが必要になってきます。

また、もしお子様の第一言語が日本語であれば、日本語を伸ばすための教材を準備して下さい。主に読書のための文学作品等です。特に高学年には必須のものとなります。低学年のお子様でも、学校で日本語を学ぶ可能性は低いので、自宅で日本語の読書の習慣を身につけることが大切です。

英語が大変なのだから日本語は少し休んでもよいだろうという考えは間違いです。英語を伸ばそうと考えたら、日本語力をつけるべきです。第一言語が伸びないと、第二・第三言語は伸びません。学校で英語を使っていても、英語が第一言語ではない限り、複雑な思考は日本語で行っています。その時に日本語の語彙や知識が少なくては、高度な内容を理解できません。第一言語の力を伸ばすことが何よりも重要になります。

【在学中のサポート】

子どもさんが大変だからといって、親が課題の説明をするのは良いですが、代わりに仕上げるのはよくありません。教師が、この子は英語ができるのだと思い、課題や話す内容のレベルを上げてしまうからです。自分の力でできるところまで仕上げて提出すると、教師は子どもの力を把握することができますし、対処の方法を考えてくれます。

また、学校と連絡を密にすることが必要です。子どもは親を安心させるために、学校では何の問題もないと言うことがありますが、無理をしている場合があります。教師と保護者が連携を取りながら子どもの様子を観察し、必要な対処をしていくことが肝心です。そして、何よりも健康に留意してあげて下さい。食事や睡眠等、基本的なことがしっかりと行われているかどうかは、海外においては国内よりも一層大切になってきます。

両親が現地に馴染むことも必要です。父親が会社の日本人以外の同僚を家に招いて食事を共にして、子どもも参加させたり（特に高学年ならば）、母親が現地の言葉やお料理を習いに行ったり、両親が現地の文化を吸収しようとしている姿を見せることは、子どもに良い影響を与えます。家族ぐるみで現地の滞在を楽しむことができるようになります。

【帰国の準備】

帰国が近づくと、日本に目を向けがちですが、最後まで滞在先の学校の勉強を頑張り成績を上げておくことが、日本においてのより良い適応に繋がります。3年もいたのに現地のことは何も知らないね、と同級生に言われるのではなく、もっとその国のことを教えてほしいと言われるようになるのが理想です。

海外駐在によりご家族皆さんが現地の文化を吸収し、日本を外から見ることにより日本の理解も深まり、大きな成長の礎になることを心から願っています。

座談会

日本を含む８か国の学校事情について見比べてみよう

園山大祐、中丸和、二井紀美子、林寛平、
植田みどり、濵谷佳奈、シム チュン・キャット、
辻野けんま、髙橋哲

1　掃　除

司会：ここでは、世界の各国の学校の文化や習慣について、自由にお話いただきたいと思います。まず、掃除について、お尋ねしたいと思います。生徒による掃除がある国はどこかありますか？　シンガポールはいかがでしょうか。

シム：はい。シンガポールでは、週1回だけ、1コマ30分だけ、自分が使った教室だけを掃除しますが、日本みたいに毎日のように教室外のあちこちを掃除することは考えられませんね。

司会：そうですか。他の国で掃除しているところはありますか？

高橋：アメリカでも、やはり子どもが掃除をするということは考えられません。基本的には掃除の専門職員が学校に雇われていて、専用の道具や洗剤を使って、掃除をすることが一般的です。これは、感染症対策という意味でも、あるいは、危ない劇薬を使うという意味でも専門の職員が担当することが前提とされています。それから子どもに掃除をさせるということは、アメリカでは虐待や奴隷的隷属に値するとみられることもありますので、子どもが学校の掃除を行うということはまず考えられません。掃除は日本独特の文化という側面があると思います。

二井：ブラジルも同じですね、アメリカと。教室の中のごみを簡単に生徒たちが拾うぐらいのことはたまにありますが、ほうきとちり取りを持ってするような掃除はしません。さらに言えば、先生も掃除はしません。ですから、コロナの感染対策で、日本では先生が机などの消毒をしたと思うんですけども、ブラジルでは、専門業者が掃除をするのですが、その専門業者の人手が足りないから学校の消毒活動ができなくて、学校を再開ができないということがありました。

植田：イギリスは、下校時に椅子を机の上に上げて帰ることをするような学校を見たことはありますが、子どもたちに掃除をさせている学校は、初等、中等学校共にほとんど見たことがありません。Cleaner や Care taker など、掃除や学校の環境整備を担当する専門のスタッフを学校で雇用するか、掃除等の業務を民間企業に委託している場合がほとんどです。あるイギリスの中等学校の校長先生が日本の学校を見学した時に子どもたちが掃除をしている光景をみて、「子どもたちが掃除をしていることは信じられません。でも自分の学校で子どもたちが掃除をしてくれると50万ポンド（約1,000万円）近い予算が削減できる。でも子どもたちに掃除をさせることを保護者が認めてくれるとは思えない」とおっしゃっていたことがあります。このようにイギリスでは保護者も含めて子どもたちに学校での清掃活動をさせるという文化はありません。余談ですが、廊下などにゴミが落ちていることは問題行動が多いと判断するバロメーターのひとつなので、校長などは校内巡回をする際にゴミなどが落ちていると拾って歩くというのはイギリスの学校でよく見られる光景です。

林：スウェーデンでは、子どもや先生は片付けはしますが、掃除はしません。掃除をするのは専門の職員で、その多くは移民です。子どもたちは、一日の授業が終わると、掃除がしやすいように椅子を机の上に上げて帰ります。スウェーデンの学校施設は、自治体が一括で管理していることがあります（自治体によります）。この場合、学校は年間予算の中から市に賃料を払って、授業のある時間だけ建物を間借りしているという立場になります。こういった仕組みなので、ひとつの校舎に複数の学校が入居していることもあります。市の建物なので、庭木の剪定や設備のメンテナンスは、市役所の職員や委託業者が巡回して管理します。授業の無い時間には、体育館や教室、校庭を一般の人が有料で借りることもできます。体育館を子どものお誕生日会で使ったり、スポーツ大会の合宿で会場近くの教室を借りて寝袋持参で泊まったりすることもあります。なので、自分たちの教室は自分たちで掃除する、という感覚よりも、授業の時間に公共施設を借りて使っている、という意識なのだと思います。

濱谷：ドイツでは、掃除は専門のクリーニング業者が担っています。生徒は、授業が終わると、椅子を机の上に載せて帰宅することが求められますが、これを雑にして整理整頓がなされない場合もあります。日本から来てドイツの学校に在籍している生徒に出会ったことがありますが、その生徒は皆の分まで椅子を机の上に載せて、教室を整頓して帰宅していました。日本の学校での「掃除」が何を意味していて、それが子どもにどんな影響を与えているのか、道徳教育や市民性教育の一環とさえ捉えられている日本の学校の特殊な環境については、今一度振り返ってみる価値がありそうです。ドイツでは、あくまで業者さんの専門的な仕事ですから。そういえば、イースター休暇に入る前のドイツのギムナジウムで、珍しい「掃除」の光景を見かけました。最終学年のアビトゥア生がその日だけは学校を占拠して廊下や教室を「散らかし放題」にデコレーションし、イベントが行われた後、次の年のアビトゥア生が後片付けのため一生懸命掃除していました。順番だそうです。「秩序のない」状態を、一時的にしても学校という場で生徒が創造することの意味について考えさせられました。普段はもちろん、「秩序が保たれた」学校ですが。

中丸：日本ではここまで伺ってきた国々の多くとは異なり、子どもたち自身が教室に加えて、廊下やトイレ、音楽室などの特別教室等の清掃も行なうことが一般的です。また、その際には各クラスや縦割り等で班分けが行われることが多く、教師の指導のもとで教師と子どもとが一緒になって清掃活動が行われます。こうした清掃活動は、小学校学習指導要領（平成29年告示）において特別活動の中の学級活動のうち「社会参画意識の醸成や働くことの意義の理解」を目的として「清掃などの当番活動や係活動等の自己の役割を自覚して協働することの意義を理解」することのように位置付けられてもいます。

司会：こうしてみると、同じアジアのシンガポールでは、一部、掃除をしていることがあるようですが、それ以外でのイギリス、スウェーデン、ドイツもフランスもアメリカもブラジルも、学校での清掃活動というのは子どもや先生のやることではないということですね。30年前にガーナを訪問した時に、日本の清掃活動が実践されていました。最近では、エジプトで日本を真似て導入されているという報道がありました（NHKクローズアップ現代「世界が注目！　日本の教育「TOKKATSU」特別活動の意義は？：2023年12月6日放送)。1970年代に、広島大学の沖原豊氏らで世界103か国の学校掃除について比較研究をされています。改めて学校教育とは何か。教科外の教育に対して、どのように考えるのか、各自治体や学校単位で検討してほしいですね。特に外国人には、学校掃除（特別活動）の目的を生徒や保護者に理解していただくことが大事です。

2　部活動

司会：では次に、部活動のことについてお尋ねしていきましょう。学校での部活動があるか、ないか、いかがでしょうか。

辻野：はい。ドイツは基本的に、授業が終わったら子どもも先生も帰りますので、部活動はありません。

濱谷：そうですね、確かに、日本でのイメージとしては部活には見えないかもしれないですが、第5章で述べたとおり、ドイツでの放課後活動は、学童保育と終日学校の大きく2つに分けられます。そこで何が行われているかをよく見てみると、部活に類する活動も含まれていて、宿題を終えた後、手芸、ダンス、レゴ、サッカーなど、さまざまなプログラムに参加しているわけです。たとえば、中等教育段階のギムナジウムでは、自主的な活動グループとしてのAG（Arbeitsgemeinschaft）が多くの学校で組織されていて、午後の早い時間に授業が終わると、コーラス、演劇、天文学などの文化活動や、バレーボールなどのスポーツ活動が行われています。ただこれは週1回程度ですので、辻野さんの説明にあるように、ドイツでは多くの子どもたちが地域のスポーツクラブに加入し、放課後に各種スポーツに親しんでいます。日本では学校の部活動の地域移行が進められていますが、ドイツでは逆に、ほんらい課外活動の領域であった地域スポーツ活動が終日学校化に伴って減少するため、終日学校のプログラムにスポーツ活動を組み込む工夫が求められていると言えます。

園山：同じくフランスですが、フランスも基本的に部活動はありません。一部例外的に、学校の中で行われることがありますが、これはあくまでも任意な形で実施されています。かなり例外的なものだと理解していただけたらよろしいかと思います。特にパリなど都市部の学校に部活動を実施する体育館、ホールなどがありません。体育や演劇などは学校外の公共の施設を使用していることとも関係します。また最近では週2時間ですが、市町村の社会教育課として学校施設を活用した学童の普及に力を入れています。登録・参加は任意です。この中には、学習支援（補習）も含まれています。担当するのは、アニマトゥールという社会教育を担当する人です。

髙橋：アメリカでは、アフタースクールプログラムという形で、課外活動のような形で部活のようなものがあります。これについて教育委員会が公費を伴うプログラムとして提供しています。そのプログラムを担当するときに、学校の先生が担当することもありうるわけですが、この活動は学校の業務とはまったく切り離されています。学校の業務とは別に、副業として学校の先生方はアフタースクールプログラムを担当することができるのです。けれども、その時の対価は給料とは別に手当として出されています。なので、学校の業務とも、先生の給料とも切り離されて、アフタースクールプログラムが提供されているというところに特徴があるかなと思います。

二井：ブラジルも、フランスと同じように基本的にないですね。部活動はありません。全日制の私立学校によっては、部活動（クラブ）をしているところもありますが、公立学校では基本的にありません。多くの学校は半日制ですし、夜も成人向けの授業のために教室が使われる学校も珍しくなく、すぐ次の生徒たちが来てしまいますから、授業後に学校に残って活動することは難しいので、部活動を学校で行うという発想は出てきにくい環境だと思います。ごく一部の公立学校に部活があったとしても、それは本当に例外的なものだと思います。

シム：へー。なんか部活動はない国があると聞いてすごくびっくりしていますけども、シンガポールでは、小学校の参加率は8割以上で、中学校では必須です。つまりいわゆる日本でいう帰宅部は許されません。勉強以外にやっぱり部活に参加してチームワーク力とか、いろんな力を育んでほしいというのがその狙いです。だから部活っていうのは、教育における重要な活動の一環として進められています。

司会：なるほど、シンガポールは中学校では必須なんですね。あの、ちなみにですけど、シンガポールの部活動は何歳から始まるのですか？

シム：えー、小学校は必須じゃないですけども、参加率は8割で、小学校1年生から始まりますよ。私も小1からマーチングバンドに参加していました。

辻野：ちなみにドイツでは、学校に日本のような部活動はないんですけども、地域社会の方にたくさんのクラブ活動、クラブ活動の団体があります。スポーツや、音楽、芸術活動など、子どもたちは午後の時間に、いろんな活動をして過ごしていますし、先生たちも、授業が終わって帰宅すると、そういったさまざまな地域クラブに所属して、楽しんでいるということも多く見受けられます。

植田：イギリスでは、初等学校、中等学校共に、スポーツ系（サッカー、ネットボール、ラグビー、クリケットなど）や音楽系、文化系のものなどの多様な活動が学校において提供されています。興味深いものとしてはHomework clubというものもあります。放課後に1時間程度行われるものが多いですが、スポーツ系はもう少し長く行われるものもあります。また放課後だけでなく始業前やランチタイムに行われているものもあります。しかしこれは学校の教育活動とは分離したもので、参加は任意となっていますし、複数のものに参加することもできます。これらは学校の施設設備を利用しながら行われています。教員がコーチなどを務めるものもありますし、外部のクラブなどと提携して行われるものもあります。これは学校の教師としての業務とは切り離したものとして位置づけられています。そのため有給の場合もあれば、多くがボランティアで行われています。大会のようなものもありますが、勝利至上主義というよりも、スポーツや芸術活動を楽しみながら、スポーツマンシップやリーダーシップ、文化理解、地域への貢献という側面を重視しているように思います。また貧困地域では、スポーツや音楽、芸術に触れる機会を提供するという意味において重視されていますし、学校でのこのような活動を慈善団体や専門家団体が支援しています。たとえばバーミンガム市ではバーミンガム市交響楽団などのプロの演奏家が市内の学校の子どもたちを指導するプログラムを提供しています。

林：スウェーデンにも部活動はありません。地域のスポーツクラブが学校の施設を借りて活動していることはよくあります。文化系の活動は、市が運営する文化学校や音楽学校に子どもを通わせることもできます。また、学童やユースセンターもあって、子どもたちの放課後の居場所になっています。

中丸：日本では多くが中学校から、地域によっては小学校から部活動が学校の活動の一部として実施されています。大きく運動部と文化部とに分けてみられることがほとんどです。どの部活動も基本的には学校の先生が顧問の先生として指導を行いますが、外部コーチがいる場合もあります。学校がお休みの土日や長期休暇中も部活動が実施されることが多く、そうした場合に学校の先生が活動を見るために出勤したとしても手当が非常に少なく、職務内容に見合っていないことが現在問題となっています。他方で、部活動の実績が高校入試や大学入試においての評価項目になることもあるほか、子ども自身が学校生活の中で最も力を入れる活動となっていることもあります。

司会：日本やシンガポールと欧米との違いがここでも確認できました。日本にいる外国人背景のある人や帰国生が戸惑う点でもあります。部活動の課題はいくつかありますが、専門家による指導を受けたいとする欧州と違って、学校内で、同じ生徒と教師が担っている点が日本の特徴です。また全国大会、コンクールなど組織化され、進学にも影響を与える点、「隠れ教育費」と呼ばれ有償であること、土日など休日も参加しないといけない点や、怪我や事故への予防、対策が不十分なことも課題です。2017年に、「日本部活動学会」もできています。

3 宿 題

司会：では次にちょっとテーマを変えて今度はお勉強の話をしたいと思います。宿題ですね。日本では、宿題は、子どもたちがみんな頑張ってやったりしていますけども、さあ各国の学校では宿題はどうなっているんでしょう。まず日本では、コロナ中に宿題について、どんな議論がありましたか。そこから始めてみたいと思います。

中丸：コロナ禍では、ほとんどの学校が長らく休校となったため、子どもたちの学習に遅れが出ることのないよう、「学びを止めない」ために、教科書に準じた教材による家庭学習の課題（宿題）がたくさん出されました。ただし、保護者が必ずしも子どもの学習を家庭で見ることができるとは限らないため、家庭によって子どもたちの学習進度や学習理解の度合いの格差が生じる可能性があることが問題となりました。

園山：はい、フランスにおいて宿題は、小学校においては1950年代から特にないことになっています。より正確には、まったく出さないということではなくて、その日学んだ学習について繰り返すような作業であれば認められています。ただ新しい何か課題を出して解いてくださいというような宿題を出してはならないというルールとなっております。また中学生以上は、手帳を学校に持参することになり、各教科の先生が宿題を出すときに、同じ日に宿題や小テストが重ならないように生徒と協議をして調整することになっています。日本であれば、事前に職員室で各教科の先生が調整をすると思いますが、フランスでは、教室で直接生徒に確認して宿題の量や日程を決めるところは興味深いですね。また、中学進学後の宿題は年々増えていきます。

辻野：ドイツも学校が宿題を出すということには規制がかけられていて、1日の上限時間とか、厳しく小学校段階から、たとえば州によって違うんですが1

日30分以内に終わることとかですね、そういった規則が見られます。週末や夏休みなどの長期休暇に宿題を出すことは禁じられているという州が多いです。

濵谷：今のドイツのお話を実際の家庭での学習という観点から補足すると、やはり宿題がある場合も見受けられます。これは、学習がスタンダード化され、学力が重視される傾向にしたがって、増えてきたのかもしれません。たとえば、小学校で終日学校の部に参加している生徒は、午後の部の教師に学校で宿題を見てもらえるわけです。一方、半日で学校を終えて自宅に帰ってきた生徒は、家庭学習として宿題をしています。特に小学生の時期は、父親や母親の在宅勤務も増えて、いずれかが自宅にいたりしますので、家庭でのコミュニケーションのひとつとして学校でどんなことを学んでいるかを親が確認する機会にもなっているようです。ギムナジウムでも、先生による違いはありますが、課題が結構出される授業もあり、次回授業時に持参、というのは日本の中学校や高校とあまり変わらないようにも見えます。

林：スウェーデンでは、宿題がないことはないのですが、日本に比べるととても少ないです。ドイツのように明確な規制があるわけではないのですが、学校のことは学校でやるべき、という考えがあります。宿題を持ち帰らせると、余裕のない家庭ほど面倒が見れず、格差が開いてしまうという懸念もあります。多くの学校では「宿題ポリシー」を作っていて、宿題は必要最低限しか出さないこと、宿題を出すときには目的を知らせること、家でできない子のために、学校や学童で宿題サポートを提供すること、学校と家庭の役割分担などについてのガイドラインを示しています。出される宿題は音読や英単語、自由読書やアプリを使った計算練習などが一般的で、1週間のうち4回、各10分程度でできる内容です。自由度が高いのですが、クラスの3割程度しかやってこない、ということも多くあります。2か月以上の長い夏休みがあるスウェーデンの学校ですが、年度の替わり目でもあるので、夏休みの宿題はありません。そんな宿題レスな環境で育った子どもたちも、高校では、予習復習が前提になるので、自学自習の習慣が身に着いていなくてつまずく子たちが出てきます。最近では、大学生などを派遣して、高校生の宿題の手伝いをするビジネスが都市部を中心に始まっています。

植田：イギリスにも宿題（homework）があります。1998年に政府が宿題に関するガイドラインを作成し、5～7歳児は毎日1時間、読書や計算などの家庭学習をすることなどを提示しました。各学校では家庭学習の方針を作成していました。このガイドラインは、家庭での子どもたちの時間を制約する者であるとして2013年に破棄されましたが、現在でも多くのイギリスの学校は、家庭学習の方針を示し、一定量の家庭学習を出しています。入学時に学校と保護者、子どもたちは学校と家庭の協約に署名しますが、その中にも「家庭学習をきちんとする」という項目が入っていることが多いです。イギリスでは教科書やノートを持ち帰ることはほとんどありませんので、初等学校であれば能力に応じてレベル分けした本を持ち帰り、読書（あるいは音読）し、感想を書き、保護者が確認するなどが課題として出されています。イギリスでは、家庭学習は家庭での保護者の関与と大きく関係しているので、貧困などの家庭環境が学力差をもたらす要因のひとつとされています。そのため、貧困地域においては家庭学習への支援が重要視されていて、学校でホームワーククラブなどを開設し、家庭学習の課題を学校においてサポートを受けながらする機会を提供したりしています。

二井：ブラジルは、日常の宿題を出すことに関しては、特に何も制限がなく普通に宿題は出るんですが、やはり長期休みは宿題は出ないというのが一般的です。

シム：シンガポールでは、基本的に宿題は出すものです。というか、もし先生が出さないと、逆に、クレームを入れる保護者がでてきます。もっと出して、みたいな。ま、最近減らそうという方向性にはありますけども、やっぱり宿題を出してやっとその子の学力が確かめられるという方針ですね。

髙橋：アメリカでは学校ごとに宿題の出し方はまちまちです。ある学校では、州学力テストを意識して、テスト準備のための宿題を大量に出すところや、宿題をまったく出さないというような学校もあったりします。興味深いのは、こういう宿題を出さない学校というのは多くの場合、富裕層が住んでいる地域だということです。富裕層の地域では、むしろ子どもたちには勉強よりも遊びが大事だということが認識されていて、子どもたちの遊びの時間を奪わないために、宿題を出さないでほしいと保護者が求めることもあります。むしろ貧困地域の子どもたちの方が、多くの宿題を出されているという現状もあったりします。

園山：なるほど。ちょっと今のアメリカの話を聞いて、面白いなと思ったので質問させてください。フランスや多くのヨーロッパで、小学校段階で宿題を出さないということは、基本的な理由は各家庭の文化資本の格差があるが故にその拡大を最小限にとどめるという意味で、学校の学習は学校で終えるという考え方です。いま、アメリカの話を聞くと、富裕層の地区と貧困層の地区では宿題の量が違うというお話でした。で、貧困層の地区にこそより多くの宿題が出されているという話だったのですが、日本でもそうだと思いますが、貧困層の地区に行くほど、各家庭でお父さんお母さんあるいは保護者の人たちが、子どもの宿題を見てあげるということが難しい環境があるんじゃないかと思います。そういうところで、アメリカではどんな対策を取られているのか、もし、ご存じだったら教えてください。

髙橋：アメリカでは、貧困層の子どもたちに対して宿題を出すことの意味の一つは、やはり家庭に教育資源がないために、できる限り家庭内での学習習慣をつけようという意図があるんだと思います。ただしそれに対して、具体的なケアをしているということは、あまり聞いたことがありません。貧困層の子どもたちに対しては、夏休みなどに子どもたちの補習ができるようなサマースクールの機会を無償で提供するような試みがニューヨーク市などで行われています。その意味で、貧困層の子どもたちの学力をどうやって向上させていくかは、教育格差を改善していくために、現在でもひとつの課題となっているところです。

辻野：とても興味深く聞かせていただきました。宿題によって教育を保障できるのか、できないのか、そういった違いが興味深かったです。ドイツで、法や行政規則によって、強く宿題を規制するのは少し別の意味があります。学校という公的な機関、もう少し言うと「国家の教育施設」が、（宿題という手段により）家庭にその教育活動の領域を伸ばしていくという意味で捉えられます。学校というのは、何も規制をしなければ、どんどん学校外の活動を広げていくことが認識されていて、家庭の時間とか子どもが自由な時間を守るためには、学校の活動を制約しないといけないと考えられているのです。もし学校の時間がどんどんどんどん伸びていくと、せっかく休みの日なのに、あるいは学校が終わった放課後なのに、やっぱり学校の宿題に取り組んでいるということになり、子どものプライベートな時間が学校の活動に巻き込まれているという感覚が各家庭にあるわけです。ですので宿題が増えすぎてしまうと、家庭からの反発が出てくるということになります。なお、宿題の規制は先生方の負担軽減にもつながっていると考えられます。

シム：なるほどね。シンガポールでは、アメリカみたいに、学校というのはまあ学び舎、学びの場だから、宿題を出すということは、学びの習慣化につながるという考えが強いですね。あとまあ20年位前かな、宿題というのもペーパーの宿題ではなくて、そのラーニングマネージメントシステムで、オンラインデジタル宿題がメイン、主流で、だいたい保護者が見るんではなくて、先生がモニターする。カメはカメなりに、ウサギはウサギなりに、自分のペースとタイミングで宿題をやる。で先生はちゃんとデジタル的にチェックするというのが最近の主流ですね。

司会：宿題ひとつとってもほんとに各国各様で全然違うことがわかりますね。各国の学校史と社会習慣の違いがわかって面白いです。特に、辻野氏の指摘にあるドイツの例は、日本にとって重要な意義ある論点と感じます。木村涼子氏が『家庭教育はだれのもの？』（岩波ブックレット）にて触れているので、詳細はご覧いただきたいのですが、近年の国家による家庭への介入（教育基本法の改正、家庭教育支援法案、こども家庭庁など）には、戦前の家庭教育振興法や憲法改正論議との関わりから今後も注視していく必要があります。

4　高校入試

司会：続いて、高校入試についても考えていきたいと思います。日本のライフチャンスにおいて、高校入試はとっても大事ですが、海外ではどうでしょう。アメリカはいかがですか。

高橋：はい。アメリカでは一般的に高校入試というものは存在していなくて、地域の小学校、中学校を卒業した人たちがそのまま地域の公立高校に通うことが一般的です。なので、この中学校と高校の間に入試というのは存在していませんし、同じ地域の子どもたちが高校まで一緒に過ごすということが一般的です。それゆえ、高校の卒業式というのは非常に大事にされていて、思い出づくりのプロム・パーティが行われています。ただし、一般的な地域ではそうなんですが、都市部では少し様相が異なっています。多くの都市部では高校の学校選択が認められていますので、人気の高い高校ではそこに競争原理が生まれて、一定の選抜が行われています。日本のように全ての高校を対象とする統一入試というようなものは存在しませんが、中学校までの成績や、市が独自に行っている学力調査の結果をもとにして、選抜が行われることがあります。

二井：なるほど。ブラジルは、アメリカと近いところもあるんですけども、基本的に公立学校に関しては、入学試験はありません。家から近い高校に無条件で入れるようになっています。しかし、職業高校（技術課程など）など、公立高校の種類もいろいろありますし、各校の定員もありますので、生徒は、域内の公立学校の中で第3希望ぐらいまでを選んでその地域の教育局に申請します。最終的に教育局は学校までの距離など、各地域が決めた条件を加味して、生徒の入学する学校を決定します。また、一部の特殊な学校（技術学校など）の中には、独自の入試をしてるところもあるのですけど、基本的には公立学校は入試がないというのがブラジルの常識です。ただし、本文（79頁）でも説明した軍学校については、ポルトガル語と数学の入試があります。また、私立の高校への入学に関しては、やはり入試があります。

園山：そうですか。フランスは高校が普通高校と技術高校と職業高校というように3つに分かれていきます。ですが、中学校までの成績をもとに、本人の意思が大事とされていて、高校入試はありません。本人が希望する普通高校、技術高校、職業高校のいずれかに定員の範囲であれば無試験で入学できる制度です。私立学校への入学は日本のような一斉入試はなく、個々の面接で学期学年のいつでも入学できます。

シム：なるほど、シンガポールでは、基本的に学校という学び舎では、入口に試験があるのではなく、出口に卒業試験があるというわけですね。つまり自動車教習所みたいに、ちゃんと運転できることを確認したうえで、免許を与えるということです。運転できなければ、免許は与えられません。つまり、一定の学力に達していなければ卒業できない、留年するということに繋がります。どっかの国にみたいに、学校に通っていれば、卒業できるわけではありません。あと、先ほど言ったように、高校を選ぶときに、必須となっている部活動の活躍ぶりも非常に重要な指標となってきます。

司会：ということはシンガポールでは、高校入試はなく、その代わりに中学校までの部活動の活躍やあと成績が大事だということなんですね。

シム：そうですね、だから目指したい学校があれば、もう中1から頑張る、活躍するという決心は必要ですね。

辻野：ドイツは学校制度が違うのでそもそも中学校と高校というものが区別されていなくて、中等教育段階の学校が一貫しているという状況になります。ですので、日本のように中学校の卒業段階と高校の入学段階というものが切り離されていないので、そこの段階での入学試験はありません。ただし、シンガポールの先ほどの説明でありましたように、高校には厳しい卒業試験というものがありますので、高校の入試はないんですけども、卒業の段階では試験があります。

濵谷：ドイツでは、中等教育段階は中学校と高校が一貫教育となっているので、その間の入試はありません。本書の第5章で詳しく述べていますが、それより前に、小学校4年生の段階で、どの学校種に進むかの選択が行われます。進路選択に際しては本人の成績が基準となりますが、ギムナジウム進学に関しては、バイエルン州以外では、保護者の意向が優先されるようです。成績は教科ごとに1から6の6段階評価で示され、数が少ない方が良い成績ですので、日本とは逆になります。一方、後期中等教育段階としての高校卒業の際は、アビトゥア試験があります。このアビトゥア試験での成績が、そのまま大学入学資格取得と結びつくのですが、近年は、職業訓練等を経た人が、アビトゥアと同等の資格を有するとして大学に入学し、後に学位を取得する場合も増えているようです。

植田：日本の高等学校の年齢に当たる学校段階が、イギリスでは、義務教育段階の中等学校と非義務教育段階のシックスフォーム（Sixth Form）に当たります。シックスフォームは、中等学校に併設されているものと、独立したシックスフォームカレッジがあります。ここでは、大学入学資格を得るために必要な科目（通常3科目）のAレベル試験の勉強を中心にします。中等学校には11歳で入学するのに通常は学力試験はありません。居住地によって設定されている学区の中の学校から選択して入学します。多くが学校からの距離などによって決められます。グラマースクールは学力試験をすることが認められています。イギリスでは中等教育終了資格試験（GCSE）を受けることで義務教育を終了したことが証明され、次の学校段階に進むことができます。シックスフォームに入学する際も学校が指定するGCSEの成績を取っていれば入学することができます。このように学校ごとの試験ではなく、全国的に統一されたGCSEという試験の結果を活用して進学するという仕組みになっています。

林：スウェーデンは基礎学校（日本の小中学校に相当）の成績で入れる高校が決まります。オリンピックに出るようなスポーツ選手とか、全寮制のエリート私立高校のようなところは入学試験をしているところがありますが、これはほんのわずかな例外です。高校にさまざまなプログラムがあるのもスウェーデンの特徴です。大学進学だけでなく、電気工事やレストラン、トラックの運転手になるためのプログラムを選ぶこともできます。そのため、将来就きたい仕事を目指して進学先を決めることが多いです。また、基礎学校を卒業してストレートで高校に入って、そのまま卒業するという生徒だけでなく、高校に入った後に進路変更して別の高校やプログラムに入り直す生徒もいます。そういう意味では、日本の高校入試のように合否が人生に大きな影響を与える、というのとは少し違って、やる気があればいつでも学べる、という制度になっています。

中丸：日本の高校入試は、多くの子どもたちにとって義務教育を終え、その後の進路の分岐を決める重要な位置づけとなっています。入試制度は地域や公立・私立の別によって細かくは異なりますが、学力試験と中学校での学業成績のほか生活態度や課外活動の成績等（内申）が加味されて合否が判定されるほか、面接試験や中学校からの推薦制度がある場合もあります。高校ごとの学力「偏差値」が流通しており、それと自らの学業成績との兼ね合いで志望校を決めることも多く、そうした学力偏差値による進路指導は「輪切り」の進路指導として批判の対象ともなってきました。

司会：高校入試ひとつとっても全然違うということがよくわかりました。日本のように高校や大学入試を重視する国と、教育段階の終了時の国家統一試験による出口において質保証をしている国があることがわかります。教育段階の入口で選抜する制度は、近年増えている日本語を出身（家庭）言語としない児童生徒や、障がいがある児童生徒には厳しい制度と感じます。新卒採用、終身雇用といった日本型雇用制度では、高校終了まで教育機会を保障し、本人の能力を最大限活かしたタイミング（出口）で、統一試験を課すほうが公平な制度ではないか他国の事例を聞いて感じました。また日本の高卒、大卒資格の国際的な汎用性を検討する時期に来ていると思います。

5　日本の教育にぜひ導入してほしいと思う仕組みや特徴

司会：最後になりますが、それぞれの国から日本の教育にぜひ導入してほしいと思う仕組みや特徴について一言ずつお願いします。日本に関しては、世界と比較してどの点を輸出できると考えるかお聞かせください。

辻野：はい、ドイツからです。いま日本では学校の先生方の多忙化という問題が指摘されているんですけども、ドイツでは教員の教育上の自由という原則が法律で定められています。先生方が、いわゆるお国が定めた教育課程の基準ですとか、与えられた教科書でということではなくて、自分たちで創意工夫した教育、自分たちで研究した教育を実践していくということが保障されているわけです。もちろん、ドイツの先生も忙しくなってきているという問題はあるんですけど、そうした職務環境について責任を持っているのは、先生方だけではなくて、教育行政がきちっと責任を果たしているのかということが問われることになります。また、政治的に過度な介入などが行われないためにも、この教育の自由という原則がとても大事になります。そうしたことが日本でも守られて、日本の先生方も安んじて職務に精進できるというような環境が保障されてほしいなと思います。

濵谷：そうですね、ドイツでは教員不足によって子どもたちの学習機会が損なわれつつある、という問題も大変大きくなっています。幼児教育・保育の人員不足に対して、子どもと親が州議会前でデモンストレーションをしたり、中等教育学校の生徒と教師がより良い学習環境を求めて抗議活動を行うなど、各地で展開されています。また、そうしたコンフリクトを子どもたち自身で解決できるよう互いに話し合ったりするプログラムが学校で導入されていたりします。学校での社会科や政治教育を通じて、子どもや生徒が自ら市民として社会問題に対して関与し行動していくためのプロセスを学んでいるという点など、日本にも大きな示唆を与えるのではないでしょうか。

園山：はい、フランスからは、先ほどお話になった高校入試について問題提起したいと思います。フランスは高校入試がない国ですけれども、私が今非常に問題関心を持っているのは、日本における外国人の高校生たちの問題です。私が住んでいる大阪府においては、「特別入試枠」を設けている高校が8校あります。しかしこの特別入試によって外国人たちが入れる枠を用意している大阪府は例外的であって、全国すべての都道府県で導入されているわけではありません。したがって外国人の子どもたちの中には、高校に行くのが非常に難しい子どもたちが多数全国にいます。日本語の能力をはじめ、来日間もない人や、国際結婚のお子さんには不利な制度です。こうしたことを避けるためにも、ぜひとも高校入試をいっそのことなくしてはどうか。あるいは、日本語指導が必要な生徒に対して「特別の教育課程」というのは2023年4月からようやく日本の高等学校でも導入することが認められましたけども、より積極的に全国の高校の教育課程の中に出身（家庭）言語教育と日本語教育の特別の教育課程を一律に導入するということ、学習権をより積極的に高校まで保障していくために入試の撤廃を考えてみてはどうかと思っています。

シム：シンガポールから見ると、日本の学校にぜひ導入してほしいのは、やはり現場にいる教員へのサポートの強化です。教育の最前線に立つ教員に笑顔がなければ、笑顔にあふれる学校を作り上げることは、到底できません。シンガポールには教師への大統領賞がありますね。だから日本でも、たとえば教師への総理大臣賞があってもいいのではないかと思いますが、いかがでしょうか。

高橋：アメリカからは直近で導入できる措置として、給食費の無償性というのを学べるのではないかという風に思っています。元々全米でも給食費への家庭に対する補助というのは、非常に広い階層を対象としてきたんですが、ニューヨーク市では、現在、公立小学校から高校までの給食費がすべて無償とされています。しかも、昼食だけでなく朝食も無償で提供されていて、また夏休み等の長期休暇があったときには、学校に来れば給食が提供できるよという形で、特に貧困層の子どもたちの生活を保障するということがされています。日本でも給食費を払えないような家庭ですとか、あるいは学校で給食を食べることが唯一の栄養源となっているという子どもたちもたくさんいます。そうした中で、すべての子どもたちの学びを保障するためにこそ、給食という形で、生活を保障するということが、日本でも求められているのではないかというふうに考えられます。子どもたちの笑顔を守るためにまず、食事で笑顔を作るということから始めてもいいのではないかなというふうに思っている次第です。

二井：ブラジルから日本に導入したらいいかなと思うことは、青年・成人教育や民衆教育といった、学ぶべき時期、つまり適正な学齢時に学校に行けなかった人たちへの学びの保障です。ブラジルでは、まだたくさんの大人が字の読み書きのできない状態に置かれていますし、高校を中退する若者も非常にたくさんいます。そういった彼らへの教育の保障といったときに、ブラジルではですね、公的に青年・成人教育というものが用意されています。これは私立もありますけども、90%以上が公立でして、公立の青年・成人教育の学校では、もちろん先生は公務員の先生ですし、学ぶのももちろん無償です。それと同時に、また地域でも民衆教育といった形で住民の人たちが自ら識字の運動をし、学ぶ喜びというんですかね、そういったものを身近に感じているという現実があります。ブラジルの現在は、その教育の質としては決して高いとは言えない状態にあるんですが、それでもですね、学ぶことは決して遅すぎることはない、何歳になっても学ぶことに価値があるという考えが共有されていると思うんですね。再チャレンジすることを恐れない社会、いつでもどこでも誰でも学べる、そんな教育を作っていくことが、世界中どの国においてもやっぱり大事だと思います。

植田：イギリスの働き方改革の取り組みを挙げたいと思います。まずひとつめがサポートスタッフを活用して、子どもたちの学習環境を整備する仕組みです。イギリスでは、教職員数の約半数が教員以外のサポートスタッフであり、そのサポートスタッフの約半数が、特別な配慮が必要な児童生徒を個別あるいはグループで支援したり、教員の業務を支援するティーチングアシスタントです。またこれに加えて、PPA timeという授業の準備、計画立案、そして評価を行うことに専念できる時間を導入しました。さらに、教員がこのような業務をやりがいや高い満足度をもって行えるように、フレックスな働き方を保証したり、ウェルビーイングな職場環境を整備すること、教授活動の質を高めるための職能開発の機会を整備したり、そのためのツールキットや教材コンテンツの蓄積を図るなどの支援を充実させています。そして、学校管理職にはこれらの活動を円滑にかつ効率的に行えるような学校経営を行うことが求められています。とはいっても、イギリスも教員の長時間労働や教員不足などの問題を抱えています。ですが、トライアンドエラーをしながら、教師が働きがいをもって教師としてのキャリアを持続可能な形で全うできるように改革の歩みを止めずに取り組んでいます。その基盤として取り組んだ施策の成果を検証し、その結果に基づいて施策を見直していくというエビデンスベーストな教育政策を実施していることにも注目したいと思います。

林：授業時間数の上限と教室スペースの拡張ですかね。日本では登校日数や授業時数は「標準」ということで、幅をもって定められています。スウェーデンは法律で「上限」が定められています。スウェーデンでは労働時間の上限や一人当たりの労働スペースの規定があります。教室でも同じように考えて、子どもたちの健全な発達のために在校時間の上限を設けていますし、教室の収容定員を設けています。なので、授業時間数は少ないですし、少人数で教室をゆったり使っています。授業時数が制限されると、先生たちの就業時間も抑えられます。日本では「ゆとり」の学習指導要領がありましたけども、豊かな学校生活のためには、時間的・物理的な「ゆとり」も大切なのではないかと思います。

中丸：日本では日本語指導などについて、まだ外国人児童生徒や帰国生の学校での受け入れ体制が十分な状況であるとは言えません。ただ現在日本語指導が必要な子どもたち一人ひとりに応じて日本語や各教科の指導等に関する「特別の教育課程」の編成と実施が可能となりました。他方で、日本の学校では、地域の食材を存分に使用し、栄養バランスがしっかりと考えられた給食が提供されるとともに、そうした食材や栄養に関する指導が栄養教諭から子どもたちに行われる食育が盛んに行われていたり、宿泊を伴う野外学習や地域と協働した運動会の実施など多様な学校行事があるほか、どの地域に行っても教室・体育館・音楽室・保健室といった基本的な設備が整備されていることは日本の学校の特色であると言えるでしょう。

司会：以上、世界の各国の事情から、日本の教育の特色も見えてきました。それぞれの国や地域の教育は長い年月をかけて整備されてきました。また生徒、教師、保護者からのアイデアを基に学校制度や文化が作られてきた面もあるでしょう。こうした異同点を通して、少しでもより快適な学びの場を考えていく、当事者である生徒、教師、保護者へ何等かのヒントを提供できたらと願います。最後までお付き合いいただき、ありがとうございました。

資　料

学校系統図
統計比較表
項目一覧

日本の学校系統図（2023 年度）

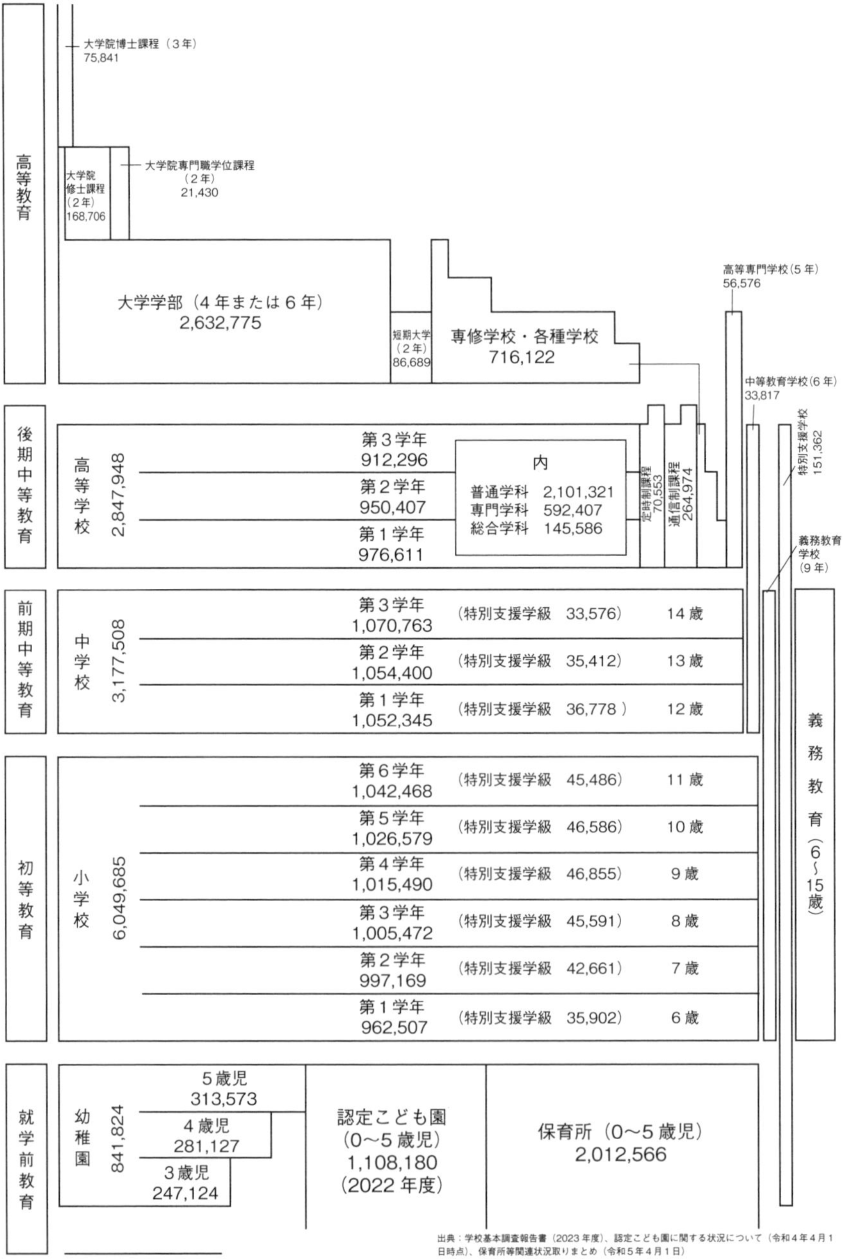

出典：学校基本調査報告書（2023 年度）、認定こども園に関する状況について（令和４年４月１日時点）、保育所等関連状況取りまとめ（令和５年４月１日）

ブラジルの学校系統図（2021～2022年度）

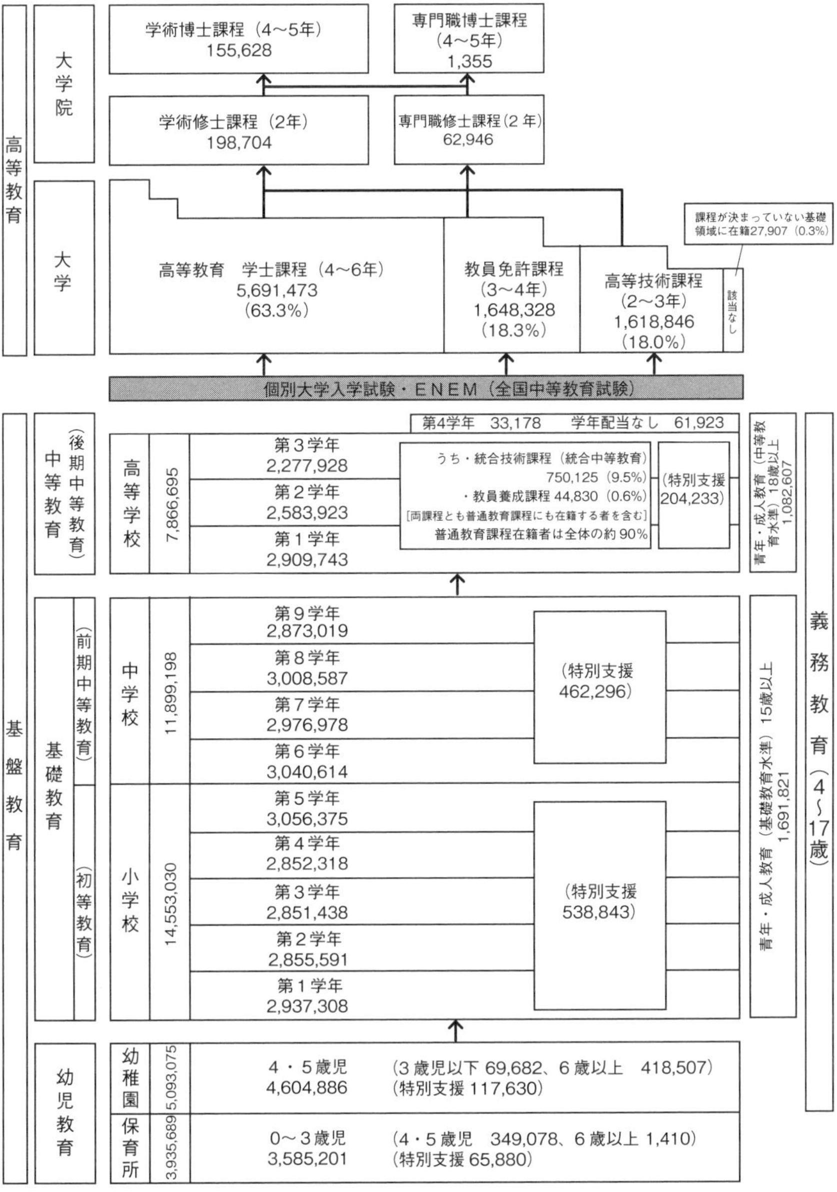

出典：INEP(2023)Sinopse Estatística da Educação Básica 2022, INEP(2022)Sinopse Estatística da Educação Superior 2021,
CAPES- Coordenação de Aperfeiçoamento de Pessoal de Nível Superior(2022)Sucupira: Coleta de Dados, Discentes da Pós-Graduação Stricto Sensu do Brasil.

スウェーデンの学校系統図（2022年10月現在）

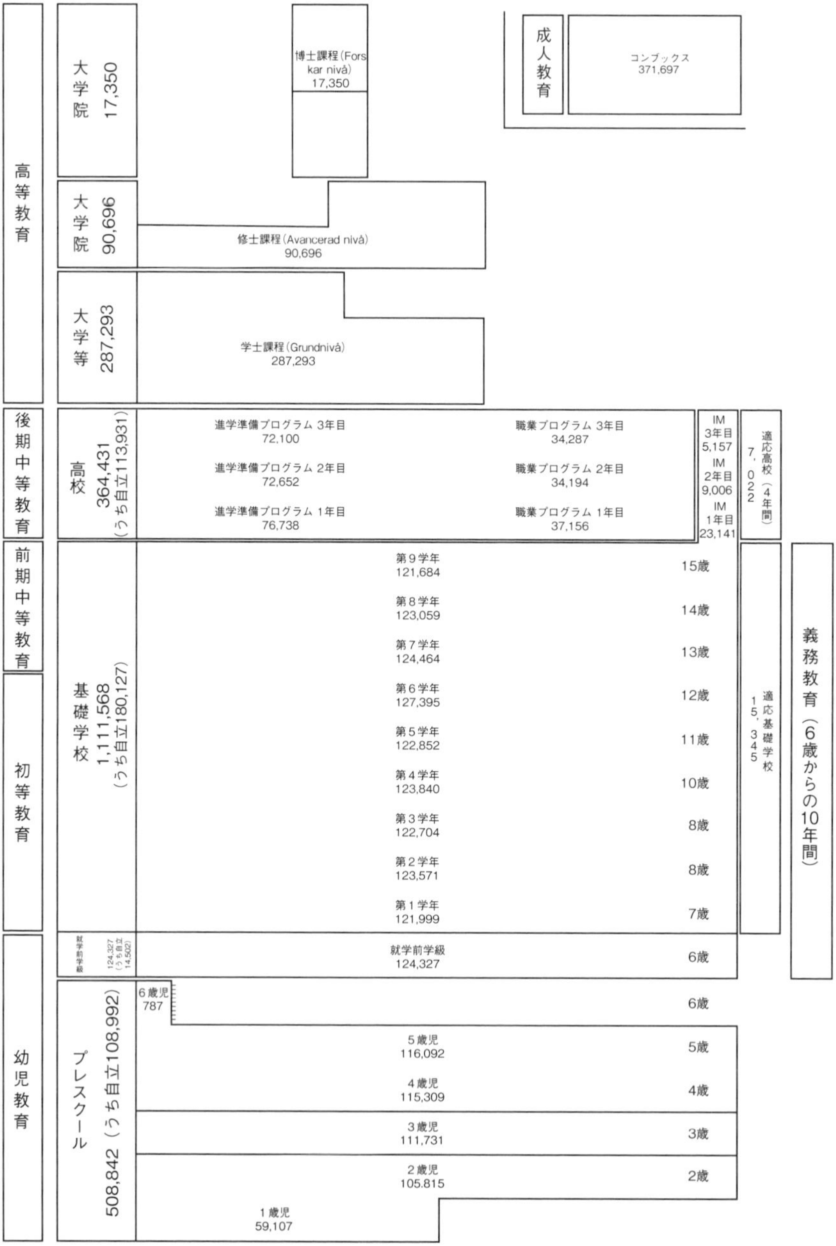

イギリスの学校系統図（2022～2023年度）

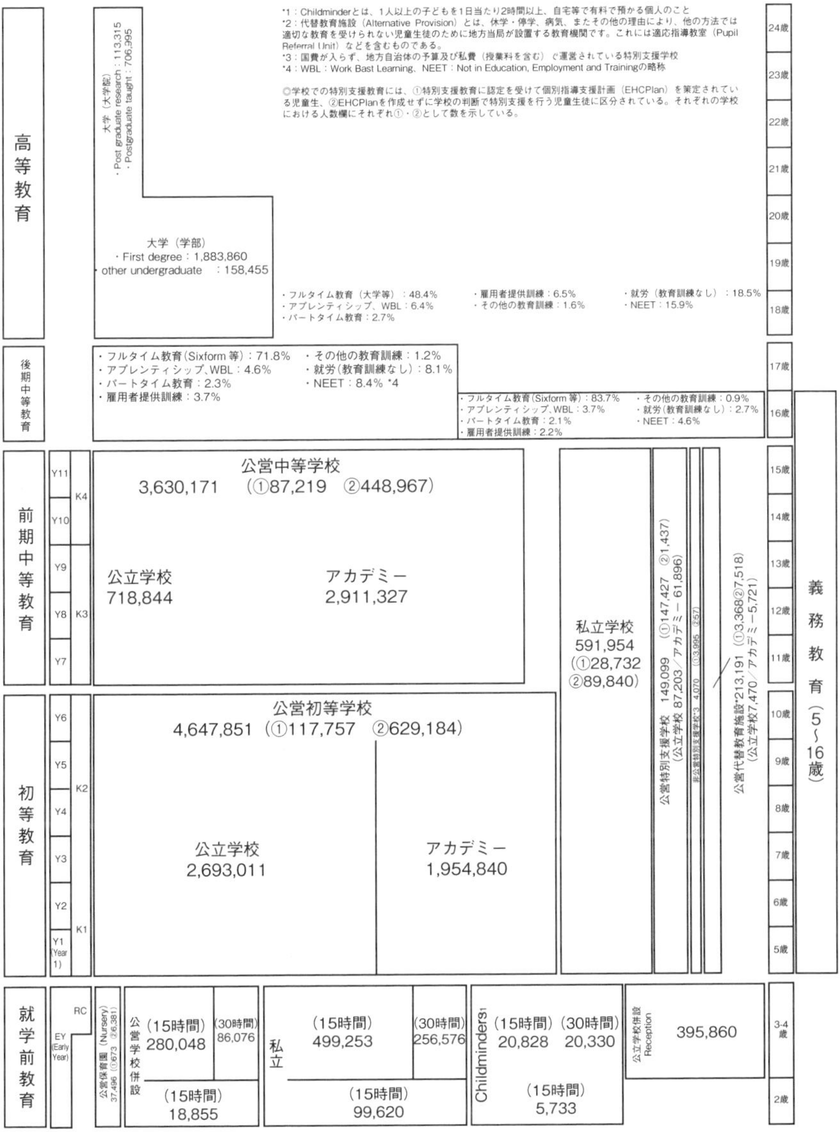

出典
・DfE (2023) Schools, pupils and their characteristics: Academic year 2022/23, https://explore-education-statistics.service.gov.uk/find-statistics/school-pupils-and-their-characteristics（2024年5月28日最終閲覧）
・DfE (2023) Education provision: children under 5 years of age: Reporting year 2023, https://explore-education-statistics.service.gov.uk/find-statistics/education-provision-children-under-5/2023#releaseHeadlines-tables（2024年5月28日最終閲覧）
・DfE (2023) Special educational needs in England: Academic year 2022/23, https://explore-education-statistics.service.gov.uk/find-statistics/special-educational-needs-in-england（2024年5月28日最終閲覧）
・DfE (2023) Participation in education, training and NEET age 16 to 17 by local authority: Academic year 2022/23, https://explore-education-statistics.service.gov.uk/find-statistics/participation-in-education-training-and-neet-age-16-to-17-by-local-authority/2022-23（2024年5月28日最終閲覧）
・HESA (2023) Higher Education Student Statistics: UK, 2021/22 - Student numbers and characteristics, https://www.hesa.ac.uk/news/19-01-2023/sb265-higher-education-student-statistics/numbers（2024年5月28日最終閲覧）

ドイツの学校系統図（2022～2023年度）

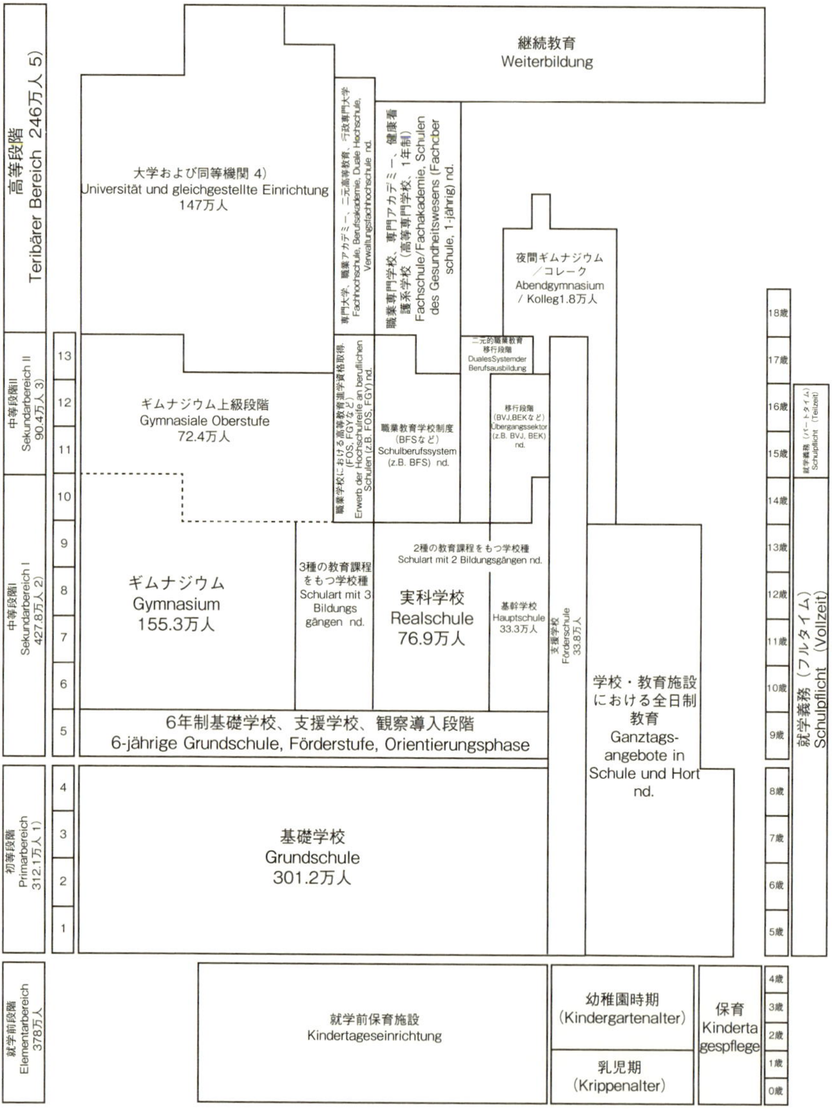

出典：BMBFホームページ
https://www.datenportal.bmbf.de/portal/de/K232.html
https://www.datenportal.bmbf.de/portal/de/K254.html
https://www.datenportal.bmbf.de/portal/de/B22.html
2022/2023年度統計（初等中等段階2023年9月29日, 高等段階2023年8月9日, 就学前教育2021年3月1日 現在）

注：1）統合型総合制学校とヴァルドルフ学校との合計値
2) 多課程制学校、学校種に関係ないオリエンテーション段階、ヴァルドルフ学校、夜間学校の合計値
3) 統合型総合制学校とヴァルドルフ学校との合計値
4) 教育、神学、美術、総合専門大学を含む
5) 大学と4)以外の専門大学との合計値

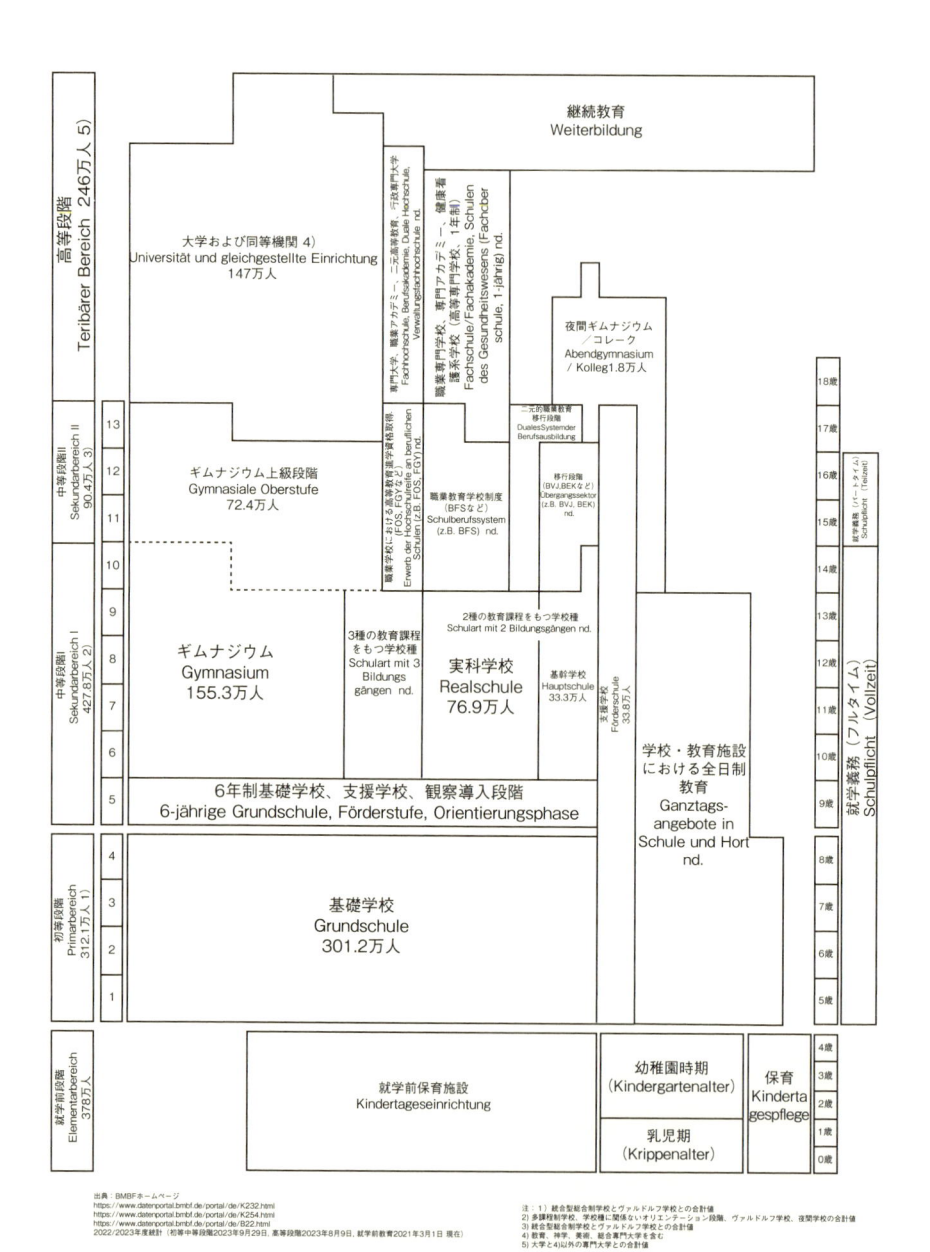

フランスの学校系統図（2022年度）

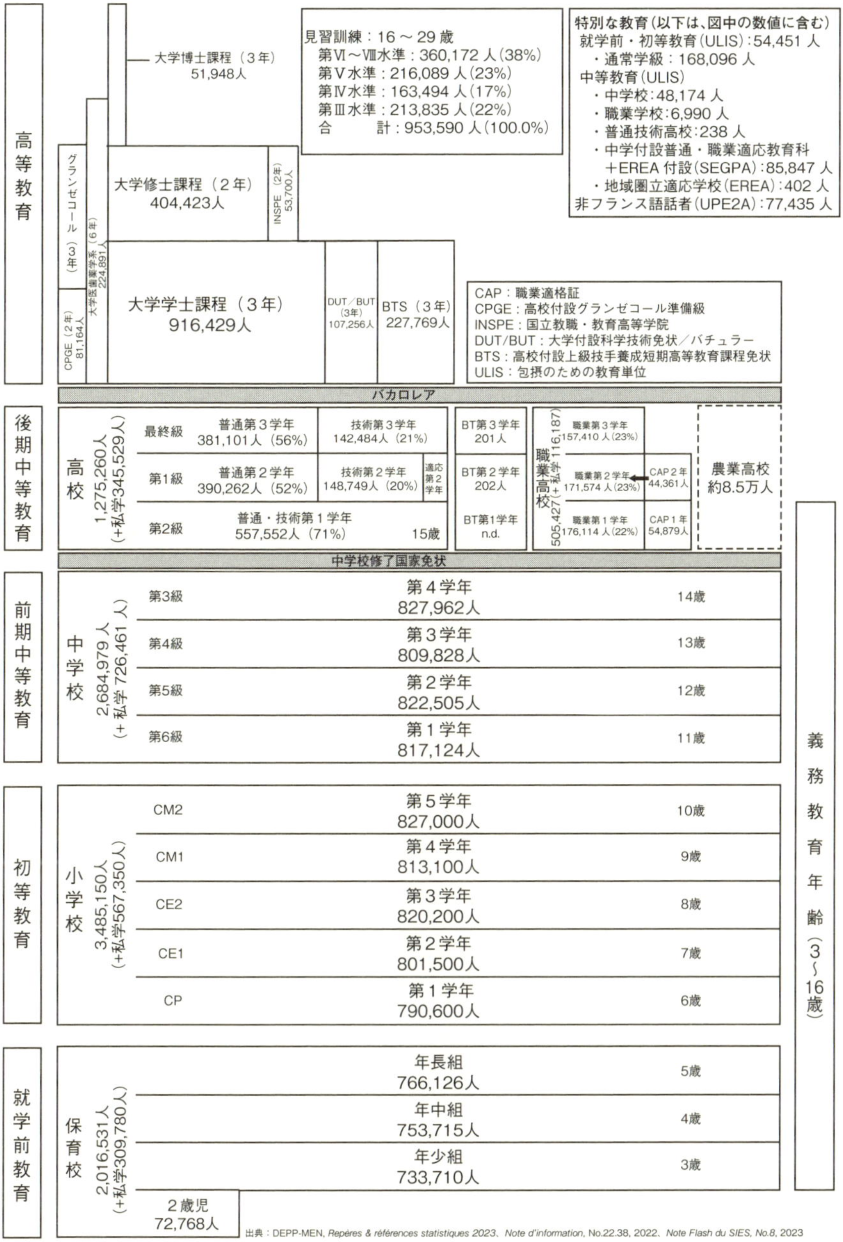
高等教育
大学博士課程（3年）
51,948人
グランゼコール（3年）
CPGE（2年）
81,164人
大学医歯薬学系（6年）
224,891人
大学修士課程（2年）
404,423人
INSPE（2年）
53,700人
大学学士課程（3年）
916,429人
DUT／BUT
（3年）
107,256人
BTS（3年）
227,769人
見習訓練：16～29歳
第Ⅵ～Ⅷ水準：360,172人（38%）
第Ⅴ水準：216,089人（23%）
第Ⅳ水準：163,494人（17%）
第Ⅲ水準：213,835人（22%）
合　計：953,590人（100.0%）
特別な教育（以下は、図中の数値に含む）
就学前・初等教育（ULIS）：54,451人
・通常学級：168,096人
中等教育（ULIS）
・中学校：48,174人
・職業学校：6,990人
・普通技術高校：238人
・中学付設普通・職業適応教育科
＋EREA付設（SEGPA）：85,847人
・地域圏立適応学校（EREA）：402人
非フランス語話者（UPE2A）：77,435人
CAP：職業適格証
CPGE：高校付設グランゼコール準備級
INSPE：国立教職・教育高等学院
DUT/BUT：大学付設科学技術免状／バチュラー
BTS：高校付設上級技手養成短期高等教育課程免状
ULIS：包摂のための教育単位
バカロレア
後期中等教育
高校
1,275,260人
（+私学345,529人）
最終級
普通第3学年
381,101人（56%）
技術第3学年
142,484人（21%）
第1級
普通第2学年
390,262人（52%）
技術第2学年
148,749人（20%）
適応第2学年
第2級
普通・技術第1学年
557,552人（71%）
15歳
BT第3学年
201人
BT第2学年
202人
BT第1学年
n.d.
職業高校
505,427（+私学116,187）
職業第3学年
157,410人（23%）
職業第2学年
171,574人（23%）
職業第1学年
176,114人（22%）
CAP2年
44,361人
CAP1年
54,879人
農業高校
約8.5万人
中学校修了国家免状
前期中等教育
中学校
2,684,979人
（+私学726,461人）
第3級
第4学年
827,962人
14歳
第4級
第3学年
809,828人
13歳
第5級
第2学年
822,505人
12歳
第6級
第1学年
817,124人
11歳
初等教育
小学校
3,485,150人
（+私学567,350人）
CM2
第5学年
827,000人
10歳
CM1
第4学年
813,100人
9歳
CE2
第3学年
820,200人
8歳
CE1
第2学年
801,500人
7歳
CP
第1学年
790,600人
6歳
就学前教育
保育校
2,016,531人
（+私学309,780人）
年長組
766,126人
5歳
年中組
753,715人
4歳
年少組
733,710人
3歳
2歳児
72,768人
義務教育年齢（3～16歳）

出典：DEPP-MEN, *Repères & références statistiques 2023*、*Note d'information*, No.22.38, 2022、*Note Flash du SIES*, No.8, 2023

統計比較表（1/2）

		日本	フランス	ドイツ
1　総人口（2020）（千人）		125,708	68,004	83,161
2　国内総生産（GDP）（2020）		553,203,700（百万円）	2,310,469（百万ユーロ）	3,405,430（百万ユーロ）
3　対GDP比教育支出（2020）（%）		初等中等教育 2.7 高等教育 1.4 全段階 4.1	初等中等教育 3.9 高等教育 1.6 全段階 5.5	初等中等教育 3.3 高等教育V 1.3 全段階 4.6
4　行政単位		都道府県：47 市町村：1,724	地域圏：18、県：101、 市町村広域連合体：1,253、 市町村：34,945	州：16 自治体：10,786
5　教育行政（2021）		文部科学省 都道府県教育委員会：47 市町村教育委員会：1,806	国民教育省、高等教育研究省 地域圏大学区：16	州文部省：16
6　教員1人あたり生徒数（2021）（人）		初等教育 15 前期中等教育 13 後期中等教育 11 高等教育 m	初等教育 18 前期中等教育 15 後期中等教育 11 高等教育 17	初等教育 15 前期中等教育 13 後期中等教育 12 高等教育 12
7　女子教員の比率（2019）（%）		初等教育 64.4 前期中等教育 43.0 後期中等教育 30.8 高等教育 28.4	初等教育 83.5 前期中等教育 60.2 後期中等教育 59.8 高等教育 44.9	初等教育 87.4 前期中等教育 66.4 後期中等教育 56.3 高等教育 39.5
8　年間教員給与（2022）（USドル）	初等教育	初任給：28,611 勤続15年：47,349 最高給与：58,562	初任給：34,611 勤続15年：40,683 最高給与：58,751	初任給：70,419 勤続15年：85,699 最高給与：91,713
	前期中等教育	初任給：28,611 勤続15年：47,349 最高給与：58,562	初任給：37,720 勤続15年：43,792 最高給与：62,169	初任給：77,905 勤続15年：93,085 最高給与：101,510
	後期中等教育	初任給：28,611 勤続15年：47,349 最高給与：60,106	初任給：37,720 勤続15年：43,792 最高給与：62,169	初任給：81,141 勤続15年：96,742 最高給与：110,694
9　総就学率（2019）（%）		就学前教育：86.7（2015年） 初等教育：97.8 前期中等教育：98.1 後期中等教育：103.6 高等教育：64.6	就学前教育：106.2 初等教育：102.5 前期中等教育：101.5 後期中等教育：108.0 高等教育：68.4	就学前教育：72.3 初等教育：102.5 前期中等教育：97.9 後期中等教育：96.8 高等教育：73.5

注：イギリスの「行政単位」と「教育行政」の統計は、イングランドのみを対象としたものである。

イギリス	ブラジル	スウェーデン	参照
67,081	211,756	10,353	EDUCATION AT A GLANCE 2023, p.450
2,206,160（百万ポンド）	7,609,597（百万レアル）	5,038,538（百万クローナ）	EDUCATION AT A GLANCE 2023, p.449
初等中等教育 4.2 高等教育 2.1 全段階 6.3	初等中等教育 m 高等教育 m 全段階 m	初等中等教育 4.1 高等教育 1.6 全段階 5.7	EDUCATION AT A GLANCE 2023, p.296
・ロンドン 地方政府-グレーター・ロンドン・オーソリティ：1 県・市町村機能：ロンドン区：32、シティオブロンドンコーポレーション：1 ・ロンドン以外 地方政府-コンバインド・オーソリティ：10 ＊大都市圏（一層制） 県・市町村機能-メトロポリタンディストリクトカウンシル：36 より小規模自治体機能-パリッシュ：ごく少数 ＊非大都市圏（二層制） 県機能-カウンティカウンシル：21 市町村機能-ディストリクトカウンシル：164 ＊非大都市圏（一層制） 県・市町村機能-ユニタリーカウンシル：63 ＊非大都市圏（二層制、一層制） より小規模自治体機能-パリッシュ：約1万	26州および1連邦直轄区、5,568市および2団体	コミューン（基礎自治体としての市）：290 レギオン（広域自治体としての県）：21 レーン（国の出先機関としての県）：21	
教育省 地方当局：151 （メトロポリタンディストリクトカウンシル：36、ユニタリティカウンシル：62、間ティカウンシル：21、ロンドン区：32）	教育省、国家教育評議会、州教育局：27、市教育局：5,568	国（教育省、学校教育庁、学校査察庁等）、コミューン（教育部、教育委員会等）、学校	
初等教育 19 前期中等教育 17 後期中等教育 18 高等教育 14	初等教育 23 前期中等教育 25 後期中等教育 23 高等教育 26	初等教育 13 前期中等教育 11 後期中等教育 13 高等教育 10	EDUCATION AT A GLANCE 2023, p.436
初等教育 86.1 前期中等教育 63.2 後期中等教育 60.2 高等教育 46.3	初等教育 88.2 前期中等教育 66.3 後期中等教育 57.4 高等教育 46.2	初等教育 81.7 前期中等教育 65.4 後期中等教育 53.9 高等教育 46.0	EDUCATION AT A GLANCE 2021, p.404
初任給：34,732 勤続15年：55,726 最高給与：55,726	初任給：20,261 勤続15年：m 最高給与：m	初任給：43,001 勤続15年：49,583 最高給与：57,042	EDUCATION AT A GLANCE 2023, p.398
初任給：34,732 勤続15年：55,726 最高給与：55,726	初任給：20,261 勤続15年：m 最高給与：m	初任給：43,941 勤続15年：50,398 最高給与：58,421	EDUCATION AT A GLANCE 2023, p.398
初任給：34,732 勤続15年：55,726 最高給与：55,726	初任給：20,261 勤続15年：m 最高給与：m	初任給：45,132 勤続15年：51,275 最高給与：59,048	EDUCATION AT A GLANCE 2023, p.398
就学前教育：54.3（2020年） 初等教育：100.5 前期中等教育：117.2 後期中等教育：120.0 高等教育：65.8	就学前教育：58.0 初等教育：107.4 前期中等教育：109.9 後期中等教育：96.4 高等教育：55.1	就学前教育：90.0 初等教育：126.2 前期中等教育：118.4 後期中等教育：175.7 高等教育：77.3	http://sdg4-data.uis.unesco.org/, http://data.uis.unesco.org/Index.aspx

統計比較表（2/2）

		日本	フランス	ドイツ
10　高等教育卒業者の専攻分野別・男女別割合（%）	女	教育：12.8 芸術・人文科学：20.8 社会科学・ジャーナリズム・情報：7.0 商学・行政学・法学：15.5 科学・工学・数学：7.4 保健・福祉：21.2 その他：15.2	教育：5.7 芸術・人文科学：10.7 社会科学・ジャーナリズム・情報：9.2 商学・行政学・法学：36.3 科学・工学・数学：14.6 保健・福祉：18.9 その他：4.7	教育：15.9 芸術・人文科学：14.1 社会科学・ジャーナリズム・情報：9.3 商学・行政学・法学：26.8 科学・工学・数学：19.2 保健・福祉：10.2 その他：4.6
	男	教育：5.0 芸術・人文科学：9.5 社会科学・ジャーナリズム・情報：7.4 商学・行政学・法学：24.8 科学・工学・数学：35.6 保健・福祉：10.7 その他：7.1	教育：2.1 芸術・人文科学：5.8 社会科学・ジャーナリズム・情報：5.4 商学・行政学・法学：32.3 科学・工学・数学：40.0 保健・福祉：8.2 その他：6.1	教育：3.6 芸術・人文科学：6.1 社会科学・ジャーナリズム・情報：4.5 商学・行政学・法学：22.3 科学・工学・数学：54.1 保健・福祉：4.1 その他：5.2
11　消費者物価指数（2015年＝100）		2005年 96.9 2010年 96.5 2015年 100.0 2022年 104.1	2005年 87.9 2010年 94.7 2015年 100.0 2022年 112.0	2005年 86.2 2010年 93.3 2015年 100.0 2022年 116.1
12　失業率（2022年）（%）		2.6	7.3	3.1
13　外国人数（人口に対する割合（%）、2019年）		2.2	7.3	13.1
14　国公立学校の必修カリキュラムの年間平均授業時間数（2023）	初等教育	778	864	724
	前期中等教育	890	864	724
15　国公立学校の年間平均授業時間数（2023）	初等教育	778	968	896
	前期中等教育	890	1247	896

16　必修授業時間に占める教科別授業時間数の割合（2023）

		国語	算数・数学	理科	社会	第二言語	その他の言語	保健体育
		(1)	(2)	(3)	(4)	(5)	(6)	(7)
初等教育	日本	23	16	7	6	3	a	10
	フランス	38	21	7	3	6	a	13
	ドイツ	27	21	4	6	5	a	11
	イギリス	m	m	m	m	a	a	m
	ブラジル	X（17）	X（17）	X（17）	X（17）	a	a	X（17）
	スウェーデン	28	19	8	12	7	1	7
前期中等教育	日本	12	12	12	11	13	a	10
	フランス	16	14	12	12	12	7	12
	ドイツ	13	13	11	12	12	5	9
	イギリス	m	m	m	m	m	a	m
	ブラジル	X（17）	X（17）	X（17）	X（17）	X（17）	a	X（17）
	スウェーデン	11	15	10	14	8	10	11

記号：a＝分類が当てはまらないためデータが適用できない；m＝データが得られない；X（＊）＝同じ行の別の区分（＊）にデータが含まれている

イギリス	ブラジル	スウェーデン	参照
教育：10.3 芸術・人文科学：16.2 社会科学・ジャーナリズム・情報：12.8 商学・行政学・法学：22.9 科学・工学・数学：18.2 保健・福祉：17.6 その他：1.9	教育：24.7 芸術・人文科学：3.4 社会科学・ジャーナリズム・情報：6.0 商学・行政学・法学：30.1 科学・工学・数学：10.8 保健・福祉：20.1 その他：4.9	教育：16.8 芸術・人文科学：6.3 社会科学・ジャーナリズム・情報：12.8 商学・行政学・法学：16.6 科学・工学・数学：15.8 保健・福祉：28.5 その他：3.1	EDUCATION AT A GLANCE 2021, p.209
教育：4.4 芸術・人文科学：12.7 社会科学・ジャーナリズム・情報：10.4 商学・行政学・法学：25.7 科学・工学・数学：37.5 保健・福祉：8.0 その他：1.3	教育：12.0 芸術・人文科学：3.8 社会科学・ジャーナリズム・情報：3.7 商学・行政学・法学：33.9 科学・工学・数学：30.0 保健・福祉：10.8 その他：5.8	教育：6.7 芸術・人文科学：6.3 社会科学・ジャーナリズム・情報：10.7 商学・行政学・法学：15.3 科学・工学・数学：46.3 保健・福祉：11.5 その他：3.1	EDUCATION AT A GLANCE 2021, p.209
2005年 79.4 2010年 90.1 2015年 100.0 2022年 120.5	2005年 57.5 2010年 72.3 2015年 100.0 2022年 147.8	2005年 89.5 2010年 96.5 2015年 100.0 2022年 118.7	資料：OECD Database (https://data.oecd.org/), Inflation (CPI), https://data.oecd.org/price/inflation-cpi.htm
3.7	9.2	7.4	ILOSTAT explore https://rshiny.ilo.org/dataexplorer1/?lang=en&segment=indicator&id=UNE_2EAP_SEX_AGE_RT_A
14	NA	9.3	https://data.oecd.org/migration/permanent-immigrant-inflows.htm#indicator-chart
m	800	714	EDUCATION AT A GLANCE 2023, p.371
m	m	m	
m	800	869	
m	m	m	

参照：EDUCATION AT A GLANCE 2023, pp.373-374

芸術	宗教・倫理・道徳教育	情報通信技術（ICT）	科学技術	職業技能	その他	時間配分が柔軟な必修教科	生徒が選択する必修教科	学校が選択する必修教科	必修カリキュラム合計
(8)	(9)	(10)	(11)	(12)	(13)	(14)	(15)	(16)	(17)
12	3	a	a	a	13	7	a	a	100
8	4	x (2, 3)	x (3)	a	a	a	a	a	100
13	6	0	2	0	4	a	1	a	100
m	m	m	m	a	a	m	a	a	m
X (17)	X (17)	a	a	a	a	a	X (17)	X (17)	100
7	a	a	3	5	a	a	3	a	100
7	3	a	3	a	12	5	a	a	100
7	x (4)	x (17)	4	1	2	a	a	a	100
9	5	1	3	2	2	a	5	a	100
m	m	m	m	a	m	m	a	a	m
X (17)	X (17)	a	a	X (17)	a	a	X (17)	X (17)	100
7	a	a	3	9	a	a	2	a	100

項目一覧［1/2］

大項目（タイトル）	内容（小項目や触れている項目等）	日本	ブラジル
		頁	頁
就学前教育	義務教育の対象	×16	○59
初等・前期中等教育	期間	16	57, 64-65
	学校種	16-17	57-59
	学校選択（公立）	△	△
	教科担任制、クラス担任制	小：クラス 中高：教科	小：クラス 中高：教科、62, 65
	就学義務の有無	○16	○59
	無償性	△20	○59-60
	留年	○22	○65
	飛び級	×22	△
	年齢主義・履修主義・修得主義	22-23	65
	教科書（無償配布・貸与制）	○	○59,94
	宗教教育（公立）	×	○65
	外国語教育	24-25	80-81
	学習期	−	65
	ナショナルカリキュラム（授業時間数）	○21	○60-62, 64-65
	校則	23	74-75
	通知表・成績の付け方	24	66
	家庭訪問、家庭との連絡	30	68
	授業参観日の有無	○30-31	×68
	子どもの1日の過ごし方（通学方法等）	21-22	66-67
	停学・退学	×	○
	教科外活動	○28-29	△67-68
高校教育	学校種	16-17, 36-37	70
	ナショナルカリキュラム（授業時間数）	○	○69-70
	高校進学率	16	70
	授業料の有無	○34	×69
	入学資格、入試	○35	×73
	卒業方法、中退	35	70-71
	卒業後の進路	17	73-74
	職業教育	36-37	71-73

注：網掛け箇所は、○×によって、有無を示している。△は何らかの条件が付いている場合を示している。数字はページを表している。

スウェーデン	イギリス	ドイツ	フランス
頁	頁	頁	頁
×100-102	×137-138	×157, 174	○194
103	132	157	192, 194
103	133-134	158-159	192-193
○100	○139	○（州ごとに異なる）	△：条件付
○107, 109	○	小中高：クラス 中高：教科	小：クラス、中：教科、 192
○103-104	×138	○157-159	×194
○105-106	○140	○157	○195-196
○104	○	○	○195
○104	△	○157	○195
―	145	157	194-195
○105	○134	○162	○195
○	○144	○156	×196
―	144	166	196-197
104	144	―	197-198
×	○143-145	○162	○198-201
―	141	162-163	185-186
109	144-145	158	201
109	139	174-175	185-186
○109	○	△（法的に認めている州あり）	×
105-107, 108-109, 123-124	139	171-172, 176	192
×	○141-142	○	○186
×	△	△	△196
110-111	133	158-159, 165	202
○110-111	○144	△（州ごとに異なる）165	○202-203
110	―	―	202
×112	○133, 146	×	×
×110, 111	○145	△165	×201-202, 219
112-113	145	165-166	203-204
112-113, 116	145-146	168	203
110	―	166-167	201-203

項目一覧［2/2］

大項目（タイトル）	内容（小項目や触れている項目等）	日本	ブラジル
		頁	頁
障害のある子どもの教育	有無	○31-32	○78-79
不登校・登校拒否の問題		32-33	76
教育統治構造	国と地方の教育行政組織	40	57-59
	教育委員会	40-42	–
	保護者の学校運営参加制度（PTA含む）	○42-44	○
外国人の子どもの教育	有無	△18-19	○81-82
成人教育	夜間中学等	33-34	76-78
大学	大学数、進学率	17	88-89
	授業料の有無	○44	×89
	奨学金制度	○44	○89-90
	選抜方法	44-45	86-88
教員養成、教員資格・人事	資格	46-47	62
	教員不足の有無	○47-48	○
	教員の定期異動の有無	○	×62
給食	有無	○25-26	○67
生徒指導	有無	○23, 26-27	○
進路指導	有無	○27	×
インターナショナル学校	有無	△38-39	○82-84
日本人学校	有無	-	○84-85
日本語を学べる学校	有無	○	○81

注：網掛け箇所は、○×によって、有無を示している。△は何らかの条件が付いている場合を示している。数字はページを表している。

スウェーデン	イギリス	ドイツ	フランス
頁	頁	頁	頁
○114-115	○142	○159-161	○204-205
103-104	–	–	195
99-100	134-135	156, 173	187-191
99-100	135	173	187-191
×(109)	○139-140	○163-164, 174-175	○186-187
○106-107	○142	○173-174	○205-207
120-123	–	–	207
115-116	–	168	208-209
△118（外国人は有料の場合あり）	○	△：共済費、EU/EEA圏外出身者は1セメスター1,500ユーロの州あり	△：登録料（留学生別枠あり）
○116	○	○	○
116-118	145	165-166, 168	208
124-125	146	168-169	209-213
○98	○146-148	○160	○
×	○147	△	×212
○108	○141	△：選択170-171	△：選択182, 196
×	○141-142	○164-165	○185-186, 192
○113	○146	○164-165	○192
○104	○143	○177	○215
×104	○143	○175-177	○213-215
△104-105家庭言語教育として。高校では日本語授業もある	○	○	○216-217

あとがき

パリオリンピックが開幕した。オリンピックの始まりは、フランスのピエール・ド・クーベルタンの発想にある。スポーツの祭典であり、オリンピアンの精神とは、世界平和である。パリ開催は1924年以来3回目と言う。第33回大会のスローガンは「広く開かれた大会」とのことである。セレモニーの最大の楽しみは、誰が聖火台に点火するかということらしいが、今大会ではフランスらしさを伺わせた。大会スローガンを象徴するように、国籍に関係なくスポーツ界で活躍したレジェンドたちが聖火リレーのトーチを手渡すシーンにおいてジェンダー、性的マイノリティ、パラリンピアン、人種等に配慮が見られたことは、人権の国とたとえられるフランスらしさが表現されていた。また初めてのスタジアム外での選手団のパレードの合間に見られた踊りやオペラ、歌においても世界中の芸術家の団結、連帯を感じさせ、フランスの世界観と開かれた思想、自由・平等・博愛の精神の重要性がメッセージとして込められていたことは高く評価したい。こうした芸術のセンスと哲学は、本書でも触れた学校および社会教育の伝統が引き継いできた成果の表れとも言える。スポーツに限らず、国際大会の式典には、こうした開催国の芸術性や哲学が示されることが多いだけに、教育学者としては、その国の教育の成果の象徴としてみることもできるため、興味深い。

本書は、そうした各国の教育の制度（しくみ）を通じて執筆者が日本との比較から感じてきたことを語っていただいた。各節見出しの疑問は、その思いを象徴している。どこに疑問を感じ、何が印象に残るのか、各執筆者によって異同点があり、全体を俯瞰すると、新たな発見も見いだせる。本書の153に及ぶQ項目と5つのコラムは、現地の保護者たちから受けた疑問に応えるかたちで構成されており、これら158の問いかけを読み解くことで、快適な学びの場を考えていくためのヒントが得られるのではないだろうか。

今後は比較研究として教育学的な課題にも挑戦してみたい。たとえば、年齢主義を基調とする日本などと教育課程の修得を重んじるために積極的な留年や飛び級を認めるフランスなどから、学校教育の目的は何か、改めて考えてみたい。年齢主義による形式（見なし）卒業や不登校者の当事者にとって、日本のこうした慣習はどう評価できるのか。また外国籍や帰国生の児童生徒にとって自動進級制はどう評価できるのか。こうした横断比較によって各教育制度の当たり前を今一度疑問視することの重要性を本書から読み取っていただければ幸いである。

ただ、何よりも、本書では、学校現場で苦労していたり、困っている児童生徒、教職員や保護者に、何らかのヒントになる情報提供や、異文化間交流とコミュニケーションに役立つことがあれば、この上ない喜びである。

最後に、本企画を受け入れてくださった明石書店の取締役編集部長の安田伸氏に深く感謝申し上げる。常に的確な支援と迅速に対応いただいたことに感謝したい。また編者の企画に賛同いただいた執筆者らにもお礼申し上げる。全体の編集作業においては、執筆者の一人で大学院生の中丸和さんの協力なくして実現しなかった企画でもある。自身の研究との兼ね合いのなかで調整いただいたことに感謝したい。

園山 大祐

◎編著者・著者紹介

園山 大祐（SONOYAMA Daisuke）―― 編者、第6章：フランス

大阪大学人間科学研究科

主要著書：『世界の学校』（放送大学教育振興会、2024年）、『教師の社会学：フランスにみる教職の現在とジェンダー』（勁草書房、2022年）、『学校を離れる若者たち：ヨーロッパの教育政策にみる早期離学と進路保障』（ナカニシヤ出版、2021年）、『フランスの高等教育改革と進路選択：学歴社会の「勝敗」はどのように生まれるのか』（明石書店、2021年）ほか。

中丸 和（NAKAMARU Nagomi）―― 第1章：日本

大阪大学人間科学研究科博士後期課程

主要論文：「国際比較に見るCOVID-19対策が浮き彫りにした教育行政の特質と課題」『日本教育行政学年報』47巻、25-45頁、2021年

二井 紀美子（NII Kimiko）―― 第2章：ブラジル

愛知教育大学教育学部

主要著書：「ブラジルの学校教育」園山大祐・辻野けんま編『世界の学校』放送大学教育振興会、2024年

林 寛平（HAYASHI Kampei）―― 第3章：スウェーデン、コラム2

信州大学大学院教育学研究科

主要著書：中田麗子・佐藤裕紀・本所恵・林寛平・北欧教育研究会編『北欧の教育再発見：ウェルビーイングのための子育てと学び』明石書店、2023年

植田 みどり（UEDA Midori）―― 第4章：イギリス、コラム3、コラム4

国立教育政策研究所教育政策・評価研究部

主要著書：「イギリスにおける多様な提供主体のパートナーシップによる教員養成」日本教師教育学会第11期課題研究Ⅲ部（編）佐藤仁（編著）『多様な教職ルートの国際比較：教員不足問題を交えて』学術研究出版、2024年

濵谷 佳奈（HAMATANI Kana）―― 第5章：ドイツ

中央大学文学部

主要著書：『現代ドイツの倫理・道徳教育にみる多様性と連携：中等教育の宗教科と倫理・哲学科との関係史』風間書房、2020年

シム チュン・キャット（SIM Choon Kiat）―― 座談会
昭和女子大学人間社会学部
主要著書：『世界のしんどい学校：東アジアとヨーロッパにみる学力格差是正の取り組み（シリーズ・学力格差 第4巻〈国際編〉）』明石書店、2019年

辻野 けんま（TSUJINO Kemma）―― 座談会
大阪公立大学文学部
主要著書：『コロナ禍に世界の学校はどう向き合ったのか：子ども・保護者・学校・教育行政に迫る』東洋館出版社、2022年

髙橋 哲（TAKAHASHI Satoshi）―― 座談会
大阪大学人間科学研究科
主要著書：『聖職と労働のあいだ:「教員の働き方改革」への法理論』岩波書店、2022年

Eri Hachiman（八幡 枝里）―― コラム1
ブラジル・サンパウロ州出身、サンカルロス連邦大学教育学部卒業、愛知教育大学大学院教育学研究科修士課程（教育支援高度化専攻日本型教育グローバルコース）

石村 清則（ISHIMURA Kiyonori）―― コラム5
国際バカロレア教師・同試験官
主要著書：『国際バカロレア：世界が認める卓越した教育プログラム』明石書店、2007年

海外の教育のしくみをのぞいてみよう
—— 日本、ブラジル、スウェーデン、イギリス、ドイツ、フランス

2024年12月13日　初版第1刷発行
2025年 1 月23日　初版第2刷発行

編著者：園山 大祐
発行者：大江 道雅
発行所：株式会社　明石書店
〒101-0021
東京都千代田区外神田6-9-5
TEL 03-5818-1171
FAX 03-5818-1174
https://www.akashi.co.jp/
振替 00100-7-24505

装丁：谷川 のりこ
組版：朝日メディアインターナショナル株式会社
印刷・製本：モリモト印刷株式会社

（定価はカバーに表示してあります）　ISBN 978-4-7503-5857-4

シリーズ・学力格差 全4巻

志水宏吉 監修

■Ａ５判／上製 ◎各巻２８００円

学力格差の是正は世界各国の共通課題だが、現時点の日本に、そして世界に、何が起こっているのか――それを教育社会学の観点から探究した本シリーズは、現代の学力格差研究の決定版といえる。

第１巻〈統計編〉 **日本と世界の学力格差**
国内・国際学力調査の統計分析から
川口俊明 編著

第２巻〈家庭編〉 **学力を支える家族と子育て戦略**
就学前後における大都市圏での追跡調査
伊佐夏実 編著

第３巻〈学校編〉 **学力格差に向き合う学校**
経年調査からみえてきた学力変化とその要因
若槻健、知念渉 編著

第４巻〈国際編〉 **世界のしんどい学校**
東アジアとヨーロッパにみる学力格差是正の取り組み
ハヤシザキカズヒコ、園山大祐、シム チュン・キャット 編著

子ども若者の権利とこども基本法
子ども若者の権利と政策①
末冨芳編著 末冨芳、秋田喜代美、宮本みち子監修 ◎２７００円

子ども若者の権利と学び・学校
子ども若者の権利と政策③
末冨芳編著 末冨芳、秋田喜代美、宮本みち子監修 ◎２７００円

若者の権利と若者政策
子ども若者の権利と政策④
宮本みち子編著 末冨芳、秋田喜代美、宮本みち子監修 ◎２７００円

多様な学びの場をつくる 外国につながる学習者たちの教育から考える
移民・ディアスポラ研究12
駒井洋監修 田巻松雄、吉富志津代編著 ◎３２００円

多文化ファシリテーション 多様性を活かして学び合う教育実践
秋庭裕子、米澤由香子編著 ◎２４００円

学士課程教育のグローバル・スタディーズ
国際的視野への転換を展望する
米澤彰純、嶋内佐絵、吉田文編著 ◎４５００円

国際高等教育 教育・研究の展開をみすえる
花田真吾著 ◎３０００円

高等教育改革の政治経済学
なぜ日本の改革は成功しないのか
田中秀明、大森不二雄、杉本和弘、大場淳著 ◎４５００円

〈価格は本体価格です〉